新编21世纪
高等职业教育精品教材
经贸类通用系列

经济法

（第三版）

主　编　潘慧明　潘美英

JINGJIFA

中国人民大学出版社
· 北京 ·

图书在版编目（CIP）数据

经济法 / 潘慧明，潘美英主编 . -- 3 版 . -- 北京：中国人民大学出版社，2024.2
新编 21 世纪高等职业教育精品教材 . 经贸类通用系列
ISBN 978-7-300-32446-3

Ⅰ . ①经… Ⅱ . ①潘… ②潘… Ⅲ . ①经济法—中国—高等职业教育—教材 Ⅳ . ① D922.29

中国国家版本馆 CIP 数据核字（2024）第 010718 号

新编 21 世纪高等职业教育精品教材 · 经贸类通用系列
经济法（第三版）
主　编　潘慧明　潘美英
Jingjifa

出版发行	中国人民大学出版社		
社　址	北京中关村大街 31 号	**邮政编码**	100080
电　话	010-62511242（总编室）		010-62511770（质管部）
	010-82501766（邮购部）		010-62514148（门市部）
	010-62515195（发行公司）		010-62515275（盗版举报）
网　址	http://www.crup.com.cn		
经　销	新华书店		
印　刷	北京市鑫霸印务有限公司	**版　次**	2014 年 8 月第 1 版
开　本	787 mm × 1092 mm 1/16		2024 年 2 月第 3 版
印　张	14.75	**印　次**	2024 年 2 月第 1 次印刷
字　数	327 000	**定　价**	42.00 元

PREFACE

前　言

本书自2014年第一版、2020年5月第二版出版后多次重印，受到了广大师生的高度评价。

党的二十大报告提出："加快建设法治社会。法治社会是构筑法治国家的基础。弘扬社会主义法治精神，传承中华优秀传统法律文化，引导全体人民做社会主义法治的忠实崇尚者、自觉遵守者、坚定捍卫者。"新时代新征程上，我们要全面贯彻落实党的二十大精神，深入贯彻习近平法治思想，弘扬社会主义核心价值观，增强全民法治观念，提升社会治理法治化水平。

随着相关法律法规的不断修正，为了适应新形势下高职教育的应用型需求，编者对本书进行了全面修订。此次修订有以下几个重点：

1. 坚持马克思主义指导地位，遵循正确的政治方向和价值导向，全面落实课程思政建设。在每个模块中增加"学思之窗"板块，以法学相关理论结合实际案例，引导学生在日常生活侵权责任的承担、依法诚信经营保障个人权益、知识产权保护、格式条款的运用、不正当竞争行为的认定等任务中树立正确的价值观念，弘扬劳动光荣、技能宝贵、创造伟大的时代风尚。

2. 突出职业教育类型的特点，增加了"实训练习"板块，并设置实践操作内容，以便学生能将理论知识更好地应用于实践过程。

3. 依据最新的法律法规进行内容的更新，如《中华人民共和国市场主体登记管理条例》、《中华人民共和国反垄断法》、《中华人民共和国民事诉讼法》、《最高人民法院关于适用〈中华人民共和国民事诉讼法〉的解释》(2022修正)、《人民法院在线诉讼规则》、《中华人民共和国食品安全法》等。

4. 增加了价值提升的内容，请学生比较一些较易混淆的概念，以便其能够对一些法学理论有更深入的理解。

5. 更新了教材中的案例。随着互联网新业态的发展，新型纠纷不断涌现，本书在修订过程中引用了最高人民法院发布的多个典型案例，使学生更及时地了解新型纠纷的裁判规则，以加深学生对相关知识点的理解，并在实际生活中有效运用。

由于修订时间紧张，头绪繁杂，本书难免会出现一些疏漏和错误，真诚欢迎各界人士批评指正，以便下一版予以修正，使其日臻完善。

编　者

CONTENTS

目 录

模块一　经济法律概述

◆ 知识目标

1. 熟悉法的基本概念、法的本质和特征；
2. 了解法的要素，掌握法律规则的逻辑结构；
3. 了解法的渊源、分类，掌握我国法的渊源；
4. 掌握法律关系的构成、法律事实的后果；
5. 了解法律责任的构成和分类，掌握法律责任的承担方式。

◆ 能力目标

1. 能正确判断并分析法律关系的构成；
2. 能正确判断并有效实施代理行为；
3. 能正确适用诉讼时效的相关规定。

◆ 素养目标

1. 有明确的知识学习目的，能认识到学习该课程的目的在于应用；
2. 有学习经济法相关知识与技能的愿望和兴趣；
3. 建立马克思主义法的本质理论框架；
4. 明德修身，砥砺品格，坚持正义，遵纪守法。

在现代市场经济条件下，随着市场主体数量越来越多、市场结构越来越复杂，市场竞争变得越来越激烈。社会主义市场经济本质上是法治经济，市场主体只有遵循市场经济规律，各种行为严格处于法律框架内，受法律约束，才能确保在市场经济的有序运行中更有活力，其合法权益才能得到有效的保护。

为此，相关领域的从业人员必须较为系统地了解法的一般理论，熟悉经济法律的基本内容和一般规律，掌握分析、处理、解决经济活动中的法律问题的基本思路和方法，以确保经济活动的合法性，并能运用法律知识与手段保护自己的合法权益不受损害。

单元一 法的基本理论

一、中国与西方国家历史上法的用词及法的定义

（一）中国历史上法的用词

在我国古代，“法”写作“灋”。东汉许慎《说文解字》记载：“灋：刑也。平之如水，从水；廌，所以触不直者；去之，从去。”这表明，古代的“灋”和“刑”通用，刑既有罚罪之意，也有规范之意；灋是指要像水一样公平，所以“灋”字是三点水旁（从水）；因为廌（古代传说的一种神兽，可以判断是非善恶）能够用角去触有罪的人，所以古代的“灋”字的另一边是廌和去（从去）。

在古代，“法”和“律”最初是分开使用的，含义也有所不同。《说文解字》记载：“律：均布也。”所谓均布，就是“范天下之不一而归于一”，即天下应该一致遵循的格式、准则。据《唐律疏议》记载，战国李悝收集各国的刑法，编纂了《法经》，“商鞅传授，改法为律”。在当时，已出现了将“法”与“律”合用的“法律”一词。虽然自秦汉以来，“法”和“律”可解为同义，但其含义仍是有区别的。一般来说，法的范围较广，通常指整个制度；而“律”则是指具体的行为规范，尤指刑律。而把“法”和“律”连用作为独立的合成词，却是在清末民初。

到了近现代，随着西方法学的传入，汉语中的“法律”一词的含义又有所发展，逐渐成为法学的专用术语。在法学理论和现代汉语中，法律可以指法律的整体，即广义的法律，它包括作为根本法的宪法、全国人民代表大会及其常务委员会制定的法律、国务院制定的行政法规、地方国家权力机关制定的地方性法规、国务院各部委和省级人民政府制定的规章等。狭义的法律仅指全国人民代表大会及其常务委员会制定的规范性文件，如《中华人民共和国刑法》《中华人民共和国民法典》等。

（二）西方国家历史上法的用词

在西方国家文字中含有“法”“法律”语义的词较为复杂。除英语中的“law”一词与

汉语中的“法律”对应外，在欧洲大陆各主要民族语言中，广义的法律（法）与狭义的法律分别用两个不同的词来表达。如拉丁文的 ius 和 lex，法文的 droit 和 loi，德文的 recht 和 gesetz 等。而 ius、droit、recht 等词除了“法”的意思，还都兼有权利、公平、正义等含义。

（三）法的定义

法是由国家制定或认可，体现统治阶级意志，以权利和义务为内容，由国家强制力保证实施的行为规范体系。

二、法的特征和本质

（一）法的特征

1. 法是调整人的行为的社会规范

法是一种社会规范。社会规范是指人与人相处的准则。法作为社会规范所调整的是人们之间的相互关系（社会关系）或交互行为。法的规范性具体体现在：法对人的行为进行规范和指向，明确规定可以做什么、必须做什么、禁止做什么；法是抽象的行为规则，不针对具体的事或人，在相同的条件下可以反复适用；法具有普遍的约束力，在国家权力所及的范围内对社会全体成员均有效。

2. 法是由国家制定或认可的社会规范

法区别于其他社会规范的首要之处在于，法是由国家创制的社会规范。制定和认可是国家创制法的两种基本形式。所谓法的制定，就是享有国家立法权的机关，按照法定程序创制规范性法律文件的活动。通过这种方式产生的法，称为制定法或成文法，如我国的各种法律（宪法、刑法、民法典）即属此类。所谓法的认可，是指国家通过一定的方式承认其他社会规范（道德、宗教、风俗、习惯等）具有法律效力的活动。法的认可就是对社会上已有的社会规范（如习惯、道德、政策等）赋予法的效力，这是从普通社会规范到国家法律的过程。国家认可的法律主要指判例法、习惯法和其他不成文法。不论是制定或认可的法律，都具有法的国家意志属性。

3. 法是以规定人们的权利和义务作为主要调整手段的社会规范

法通过设定以权利和义务为内容的行为模式的方式，指引人的行为，将人的行为纳入统一的秩序之中，以调节社会关系。权利意味着人们可以做或不做一定行为以及可以要求他人做或不做一定行为；通过规定权利，人们可以获得某些利益或者自由。义务意味着人们必须做或不做一定行为；通过规定义务，人们的行为受到某些约束。

4. 法是以国家强制力为后盾，通过法定程序保证实现的社会规范

一切社会规范（道德、教规、纪律、习惯等）都具有强制性，即借助一定的社会力量强迫人们遵守的性质。然而，法不同于其他社会规范，它具有国家强制性。法是以国家强制力（包括军队、警察、监狱、法庭等国家暴力机关）为后盾，由国家强制力保证实施的。法的国家强制性既表现为国家对违法行为的否定和制裁，也表现为国家对合法行为的肯定和保护；既表现为国家机关依法行使权力，也表现为公民可以依法请求国家保护其合法权利。

（二）法的本质

法的本质就是法的根本性质，法是统治阶级意志的体现。统治阶级利用掌握国家政权的优势，将本阶级的意志上升为国家意志，然后体现为国家的法律。法体现的统治阶级意志具有整体性，是统治阶级的整体意志、共同意志或根本意志。

三、法的要素

法的要素是指法的基本成分，即构成法的基本元素。一般认为，法的要素由法律概念、法律规则和法律原则构成。

（一）法律概念

法律概念是对各种有关法律的事物、状态、行为进行概括而形成的法律术语。法律概念与日常生活用语中的概念不同，它通常具有明确的定义和适用范围。法律概念是法律的构成要素之一，是法律知识体系中最基本的要素。

1. 法律概念的功能

法律概念对于法律的运作与法学研究具有重要意义。法律概念具有以下功能：一是表达功能，概念及概念间的连接使法律得以表达，同时法律概念也是表达司法判决的重要工具；二是认识功能，借助法律概念，民众可以认识法律的内容，进行法律交流和法律实践活动；三是改进功能，丰富、明确的法律概念可以提高法律的明确化程度和专业化程度，使法律成为专门的工具，使法律工作成为独立的职业。

2. 法律概念的分类

（1）依据概念涉及的内容分。依据概念涉及的内容分，法律概念分为涉人概念、涉事概念、涉物概念。涉人概念是关于人的概念，如“公民”“自然人”“法人”“法定代理人”等。涉事概念是关于法律事件和法律行为的概念，如“故意”“过失”“受贿”“代理”等。涉物概念是有关物品及其质量、数量和时间、空间等无人格的概念，如“标的”“金额”“动产”“不动产”“时效”等。

（2）依据概念的确定性程度分。依据概念的确定性程度分，法律概念分为确定性概念和不确定性概念。确定性概念通常是指由明确的法律确定其含义的概念，这些概念的解释不允许自由裁量；不确定性概念没有明确的法律确定其含义，在运用时需要法官或执法者自由裁量。

（3）依据概念的涵盖面分。依据概念的涵盖面分，法律概念分为一般法律概念和部门法律概念。一般法律概念是指适用于整个法律领域的法律概念，是法律概念的最高等级，如权利、义务、责任、规则、原则等。部门法律概念是指仅适用于某一法律领域的法律概念，如债务、行政相对人、开庭等，分别适用于民法、行政法、诉讼法领域。

（二）法律规则

1. 法律规则的释义

法律规则是规定法律上的权利、义务、责任的准则、标准，或是赋予某种事实状态以法律意义的指示、规定。

2. 法律规则的逻辑结构

法律规则由假定、处理和法律后果三个要素构成。

（1）假定。假定也称为“条件”或“条件假设”，是法律规则中关于适用该规则的条件的规定。只有当一定条件具备时，该规则才能对人的行为产生约束力。如我国《刑法》第二百二十一条规定：“捏造并散布虚伪事实，损害他人的商业信誉、商品声誉，给他人造成重大损失或者有其他严重情节的，处二年以下有期徒刑或者拘役，并处或者单处罚金。”其中，“捏造并散布虚伪事实，损害他人的商业信誉、商品声誉，给他人造成重大损失或者有其他严重情节的”部分就是假定，而且是由多项适用条件组成。

（2）处理。处理是法律规则关于行为模式的规定，即法律关于允许做什么、必须做什么和禁止做什么的规定。由于法律允许做什么就是授予可以为一定行为的权利，法律要求做什么、禁止做什么就是设定必须为一定行为、不得为一定行为的义务，因此，处理也称为“权利和义务的规定”。

在法律文件中，关于处理的规定通常使用这样一些术语或表达方式：可以、有权、有……的自由，应当、必须，不得、禁止，等等。

（3）法律后果。法律后果是法律规则中对遵守规则或违反规则的行为予以肯定或否定的规定。肯定性法律后果是确认行为以及由此产生的利益和状态具有合法性和有效性，并予以保护甚至奖励。否定性后果是否认行为及由此产生的利益和状态具有合法性和有效性，不予保护甚至对行为人施以制裁。

任何一条完整意义的法律规则都是由假定、处理、法律后果三要素按照一定逻辑关系结合而成，缺一不可。当然，在立法实践中，有时出于立法技术的考虑，为了防止法律条文过于烦琐，在表述法律规则的内容时，常常会省略某个要素。但是，省略并非不存在，被省略的要素存在于法律内在的逻辑关系中，只是没有被明文表述出来而已。要把法律规则和法律条文区别开来，法律条文只是法律规则的表述形式，通常情况下，一条规则的全部要素是通过数个条文加以表述的，有时其中的一个要素也可能分别见诸不同的法律条文。

3. 法律规则的分类

法律规则最基本的分类包括：

（1）按照法律规则的内容是授予权利还是设定义务分。按照法律规则的内容是授予权利还是设定义务，法律规则可分为授权性规则、义务性规则和权义复合性规则。

授权性规则是指示人们可以作为、不作为或要求别人作为、不作为的规则。授权性规则为权利主体提供一定的自由，对于权利主体而言不具有强制性，既不强令权利人作为，也不强令权利人不作为。授权性规则通常采用“可以”“有权”“有……的自由”等用语。

义务性规则是直接要求人们作为或不作为的规则。义务性规则表现为对义务主体的约束，具有强制性、必要性和不利性的特点。义务性规则通常采用“应当”“应该”“必须”“不得”“禁止”等用语。

权义复合性规则是指兼具授予权利、设定义务两种性质的法律规则。这种规则大多是有关国家机关组织和活动的规则。

（2）按照权利义务的刚性程度分。按照权利义务的刚性程度分，法律规则可分为强行性规则和任意性规则。

强行性规则是指所规定的权利、义务具有绝对肯定形式，不允许以当事人合意或单方意志予以变更的法律规则。

任意性规则是指所规定的权利、义务具有相对肯定性，允许当事人合意或单方意志予以变更的法律规则。

（三）法律原则

法律原则是法律的基础性真理、原理，或是为其他法律要素提供基础或本源的综合性原理或出发点。法律原则对法律的制定、对理解法律具有指导意义；法律原则还是对立法、司法和法律实践活动具有普遍指导意义和约束功能的基本行为准则。

法律原则的适用需把握两个条件：一是穷尽法律规则，才能适用法律原则；二是除非为了实现个案正义，否则不得舍弃法律规则而直接适用法律原则；三是没有更强理由，不得径行适用法律原则。

四、法的渊源与法律体系

（一）法的渊源

1. 法的渊源的含义

法的渊源简称“法源”，一般有实质意义上的渊源和形式意义上的渊源两种不同的解释。在实质意义上，法的渊源是指法的内容的来源，如法源于经济关系；在形式意义上，法的渊源也就是法的效力渊源，通常是指法的创立方式及表现为何种法律文件形式，是指一定的国家机关依照法定职权和程序制定或认可的具有不同法的效力和地位的不同表现形式，如制定法、判例法、习惯法、法理等。在我国，对法的渊源的理解一般是指形式意义上的渊源，即一个行为规则通过什么方式产生、具有何种外部形式才被认为是法律规范，具有法律规范的效力，并成为国家机关审理案件或处理问题的规范性依据。

民族社会的法最早是从习惯法发展而来的。在朝代更迭过程中，法的渊源种类多、变化大，总的来说，以成文法为主要形式，包括律、令、格、式、典、敕、科等。到清末，我国的法律开始学习并借鉴民法法系的渊源，形成了包括宪法、法律、行政法规等在内的法的渊源。

2. 当代中国法的渊源

当代中国法的渊源主要为以宪法为核心的各种制定法，包括宪法、法律、行政法规、行政规章、地方性法规、自治条例和单行条例（民族自治法规）、国际条约和国际惯例等。

（1）宪法。宪法是我国社会主义法律最根本的法的渊源，其法律地位和效力是最高的。宪法规定了当代中国根本的社会、经济和政治制度，各种基本原则，公民的基本权利和义务，各主要国家机关的组成和职权、职责等，涉及社会生活各个领域的最根本、最重要的方面。

宪法是由我国最高权力机关——全国人民代表大会制定和修改的，宪法的地位决定了其制定和修改的程序极其严格，不同于一般法律。宪法具有最高的法律效力，一切法律、行政法规和地方性法规都不得同宪法相抵触。

（2）法律。法律是由全国人民代表大会及其常务委员会制定的规范性文件。法律的地位和效力仅次于宪法。法律又分为基本法律和基本法律以外的其他法律。全国人大制定和修改的刑事、民事、国家机构和其他方面的规范性文件，如刑法、刑事诉讼法等，称为基本法律；全国人大常委会制定和修改的规范性文件，如公司法、商标法等，称为基本法律以外的其他法律。全国人大及其常委会作出的具有规范性的决议、决定、规定、办法等，也属于“法律”类法的渊源。

（3）行政法规。行政法规是由作为国家最高行政机关的国务院所制定的规范性文件，其法律地位和效力仅次于宪法和法律。行政法规是为了保证宪法和法律实施而颁布的具有普遍约束力的法律规则，在法的渊源体系中具有承上启下的作用。行政法规所调整的社会关系和规定的事项，一般比法律调整的对象更广泛、更具体。国务院所发布的决定和命令，凡属于规范性的，也属于“行政法规”类法的渊源。我国行政法规的名称为条例、规定、办法等。

（4）行政规章。行政规章是有关行政机关在各自权限内制定和发布的有关行政管理的规范性文件的总称。行政规章分为部门规章和地方政府规章两种。部门规章的制定机关是国务院各部委、央行、审计署、直属管理机构；地方政府规章的制定机关是设区的市和自治州以上的地方各级人民政府。

（5）地方性法规。地方性法规的制定机关是设区的市、自治州以上的地方各级人大及其常委会，一般采用条例、规则、规定、办法等名称。

（6）自治条例和单行条例（民族自治法规）。自治条例和单行条例的制定机关是自治区、自治州、自治县的人大。自治条例是综合性法规，内容比较广泛。单行条例是规定某一方面事务的规范性文件，一般采用条例、规定、变通规定、变通办法等名称。

（7）国际条约和国际惯例。我国缔结或参加的国际条约和国际惯例，也是当代中国的正式的法的渊源。

（8）其他的法的正式渊源。它包括经济特区的规范性文件；特别行政区的法律及中央军委制定的军事法规和军内有关方面制定的军事规章。

（二）法律体系

1. 法律体系的含义

法律体系，又称部门法体系，是指一国的全部现行法律规范，按照一定的标准和原则，划分为不同的法律部门而形成的内部和谐一致、有机联系的整体。法律体系是一国国内法构成的体系，不包括完整意义的国际法即国际公法。法律体系是一国现行法构成的体系，反映一国法律的现实状况。它既不包括废止的已经不再有效的法律，也不包括尚待制定或者已经制定但尚未生效的法律。

2. 法律部门（部门法）的含义

法律体系可以划分为不同的相对独立的部分，这就是法律部门。法律部门，又称部门法，是根据一定标准和原则所划定的调整同一类社会关系的法律规范的总称。由于社会关系复杂交错、彼此联系，因此法律部门之间往往很难截然分开。事实上，有的社会关系需要由几个法律部门来调整，如经济关系就需要由经济法、民法、行政法、劳动法等调整。

3. 当代中国的法律部门

当代中国的法律部门包括：宪法及宪法相关法、行政法、民商法、经济法、刑法、诉讼与非诉讼程序法、劳动法与社会保障法。

（1）宪法及宪法相关法。宪法作为一个法律部门，在当代中国的法律体系中具有特殊的地位，是整个法律体系的基础。它不仅反映了当代中国法的本质和基本原则，而且确定了其他法律部门的指导原则。宪法规定了我国的各种基本制度、原则、方针、政策，公民的基本权利和义务，各主要国家机关的地位、职权和职责等。宪法部门最基本的规范，主要反映在《中华人民共和国宪法》这样的规范性文件中。宪法是我国的根本大法，具有最高的法律效力，其他任何法律、法规都不能违反宪法，与宪法相抵触。

除了宪法这一主要的、居于主导地位的规范性法律文件外，宪法部门还包括以下几个附属的较低层次的法律，包括《中华人民共和国国务院组织法》、《中华人民共和国选举法》、《中华人民共和国民族区域自治法》、《中华人民共和国国籍法》、特别行政区基本法、授权法和其他公民权利法等。

（2）行政法。行政法是调整国家行政管理活动中各种社会关系的法律规范的总和。它包括规定行政管理体制的规范，确定行政管理基本原则的规范，规定行政机关活动的方式、方法、程序的规范，规定国家公务员的规范等。行政法包括一般行政法和特别行政法，涉及范围很广，如治安、民政、工商、文教、卫生、税务、财政、交通、环境、边境等各方面的行政管理法规。我国一般行政法方面的规范性文件较少，主要有行政复议办法等；特别行政法方面有《中华人民共和国药品管理法》《中华人民共和国邮政法》《中华人民共和国海关法》等。

（3）民商法。民法是调整作为平等主体的公民之间、法人之间、公民和法人之间的财产关系和人身关系的法律。财产关系是人们在占有、使用和分配物质财富过程中所发生的社会关系，民法并非调整所有的财产关系，而只是调整平等主体之间发生的财产关系，如所有权关系、债权关系等。

我国民法部门主要由《中华人民共和国民法典》和单行民事法律组成。《中华人民共和国民法典》是民法部门的基本法。单行民事法律主要有《中华人民共和国商标法》《中华人民共和国专利法》《中华人民共和国著作权法》等。

商法是调整平等主体之间的商事关系或商事行为的法律。我国的商法包括《中华人民共和国企业破产法》《中华人民共和国海商法》《中华人民共和国公司法》《中华人民共和国票据法》《中华人民共和国保险法》等。

民法与商法是一般法与特别法的关系，商法有规定则优先适用商法，商法未规定的则以民法进行补充。

（4）经济法。经济法是调整国家在经济管理中发生的经济关系的法律。作为法律部门的经济法是随着商品经济的发展和市场经济体制的逐步建立，适应国家对宏观经济实行间接调控的需要而发展起来的一个法律部门。经济法这一法律部门主要包括有关企业管理的法律规范，如《中华人民共和国全民所有制工业企业法》等；有关财政、金融和税务方面的法律、法规，如《中华人民共和国中国人民银行法》《中华人民共和国税收征收管理法》等；有关宏观调控的法律、法规，如《中华人民共和国预算法》《中华人民共和国统计法》《中华人民共和国会计法》等；有关市场主体、市场秩序的法律、法规，如《中华人民共和国反不正当竞争法》《中华人民共和国消费者权益保护法》等。

（5）刑法。刑法是规定犯罪和刑罚的法律，是当代中国法律体系中一个基本法律部门。在人们日常生活中，刑法也是最受人关注的一种法律。刑法这一法律部门中，占主导地位的规范性文件是《中华人民共和国刑法》，以及《中华人民共和国国家安全法》等一些单行法律、法规。

（6）诉讼与非诉讼程序法。诉讼法，又称诉讼程序法，是有关各种诉讼活动的法律，它从诉讼程序方面保证实体法的正确实施，保证实体权利和义务的实现。诉讼法这一法律部门中的主要规范性文件为《中华人民共和国刑事诉讼法》《中华人民共和国民事诉讼法》《中华人民共和国行政诉讼法》。非诉讼程序法是诉讼程序法以外的程序法，包括《中华人民共和国法官法》《中华人民共和国公证法》《中华人民共和国人民调解法》《中华人民共和国仲裁法》等。

（7）劳动法与社会保障法。劳动法是调整劳动关系的法律。社会保障法是调整有关社会保障、社会福利的法律。这一法律部门的法律包括有关用工制度和劳动合同方面的法律规范，有关职工参加企业管理、工作时间和劳动报酬方面的法律规范，有关劳动卫生和劳动安全的法律规范，有关劳动纪律和奖励办法的法律规范，有关劳动保险和社会福利方面的法律规范，有关社会保障方面的法律规范，有关劳动争议的处理程序和办法的法律规范等。劳动法与社会保障法这一法律部门的主要规范性文件包括《中华人民共和国劳动法》《中华人民共和国劳动合同法》《中华人民共和国工会法》等。

五、法律关系

作为法律领域的基本概念，法律关系既是法对社会生活进行规制和调整的结果，也是法用来分析各种法律问题的重要工具。在法律实践中，处理法律问题时通常要按照法律的逻辑和方法区分出各种法律关系，分析每种法律关系所应适用的法律规范，明确法律关系的主体和客体，明晰法律关系的权利、义务或者责任。

（一）法律关系的概念

法律关系是法律规范在调整人们行为过程中所形成的权利义务关系。其基本特征是：

1. 法律关系是法律调整的社会关系

法律关系不同于事实上存在的社会关系，法律规范是法律关系产生的前提。如果法律对某些领域的社会关系不进行调整，那么人们之间就不可能形成法律上的权利义务关系，也就谈不上具有法律关系。例如，人们在恋爱过程中的情感关系，法律就没有进行干预和调整，恋爱双方自认为彼此之间存在的“情感权利”和“情感义务”得不到法律的认可，情感破裂也无法进行法律救助，但双方一旦办理婚姻登记，形成婚姻关系，法律就要进行调整，从而使夫妻双方之间形成一系列法律上的权利义务关系。

2. 法律关系必须是具体的权利义务关系

法律关系并不等同于和法律问题有关的任何关系，如果没有明确的权利义务关系，就是没有法律关系。例如，甲公司欠乙公司 50 万元，乙公司欠丙公司 50 万元，在这种关系中，甲公司是否按期归还乙公司的欠款可能直接影响丙公司债权的实现，但在一般情况下丙公司并不能直接向甲公司要求归还 50 万元，因为丙公司与甲公司之间不存在直接的债权债务关系，即使它们之间也客观上存在某种与法律有关的联系。

3. 法律关系是由国家强制力作为保障手段的社会关系

法律关系是由法律规范所调整或创设的社会关系，而法律规范又是国家意志的体现。因此，法律关系像法律规范一样体现国家的意志，并由国家强制力予以保障。在法律关系中，一个人可以做什么、必须做什么和不得做什么都是国家意志的体现，反映国家对社会秩序的一种维持态度。当法律关系受到破坏时，就意味着国家意志所授予的权利受到侵犯，意味着国家意志所设定的义务被拒绝履行。这时，权利受侵害一方就有权请求国家机关运用国家强制力，责令侵害方履行义务或承担未履行义务所应承担的法律责任，即对违法者予以相应的制裁。因此，一种社会关系如果被纳入法律调整的范围之内，就意味着国家对它实行了强制性的保护。这种国家的强制力主要体现在对法律责任的规定上。

按照法律规范所属的法律部门的不同，法律关系可分为不同的种类，如民事法律关系、行政法律关系、刑事法律关系等。民事法律关系是指基于民事法律事实并由民事法律规范调整形成的民事权利义务关系，是民法所调整的平等主体之间的财产关系和人身关系在法律上的表现。行政法律关系是指受行政法律规范调控的因行政活动而形成或产生的各种权利义务关系。这种关系既包括在行政活动过程中所形成的行政主体与行政相对人之间的行政法上的权利义务关系，也包括因行政活动产生或引发的救济或监督关系。刑事法律关系是指刑事法律所调整的国家与公民之间的社会关系而形成的权利义务关系。

（二）法律关系主体

1. 法律关系主体的概念

法律关系的主体就是法律关系的参加者，即在法律关系中一定权利的享有者和一定义务的承担者。在每一具体的法律关系中，主体的多少各不相同，但大体上都归属于相对应的双方：一方是权利的享有者，称为权利主体；另一方是义务的承担者，称为义务主体。

法律关系主体包括自然人、法人、非法人团体，在特殊情况下，国家可以作为一个整体成为法律关系主体。

2. 法律关系主体构成的资格

要成为法律关系的主体，必须具备相应的资格。通常认为，任何法律关系的参加者都必须具有权利能力。而参加某些特定类型的法律关系，除了要具有权利能力之外，还必须具有行为能力。

（1）权利能力。权利能力，又称权义能力（权利义务能力），是指能够参与一定的法律关系，依法享有一定权利和承担一定义务的法律资格。它是法律关系主体实际取得权利、承担义务的前提条件。权利能力是有关的主体参加任何法律关系都必须具备的条件，如果不具备权利能力，不仅意味着没有资格享有权利，而且没有资格承担义务。按照法律部门的不同，权利能力可以分为民事权利能力、政治权利能力、行政权利能力、劳动权利能力、诉讼权利能力等。

（2）行为能力。行为能力是指法律所承认的、法律关系主体能够通过自己的行为行使权利和履行义务的能力。具有行为能力就意味着法律允许权利主体和义务主体以自己的名义独立地参加法律关系，行使自己的权利或履行自己的义务。

（三）法律关系客体

1. 法律关系客体的概念

法律关系客体就是法律关系主体之间权利和义务所指向的对象，也可称为权利客体或义务客体。通俗地讲，我们可以把法律关系的客体理解为主体之间进行交易的对象。法律关系的客体实际上就是权利和义务所承载的具体利益。在每一具体的法律关系中，由于权利所要求的就是义务所要提供的东西，因此权利客体和义务客体实际上是重合的。

2. 法律关系客体的种类

（1）物。作为法律关系客体的物，是指法律关系主体支配的、在生产和生活中所需的物质客体。它既可以是天然物，也可以是人造物；既可以是动产，也可以是不动产。

（2）行为。行为在法律关系客体的意义上，是指能发生法律效力的人们的意志行为，即根据当事人的个人意愿形成的一种有意识的活动，它是在社会生活中引起法律关系产生、变更和消灭的最经常的事实。法律行为包括直接意义上的作为，也包括不作为（即对于一定行为的抑制）。通常又把前者称为积极的法律行为，把后者称为消极的法律行为。

（3）智力成果。作为客体的智力成果指的是人们在智力活动中所创造的精神财富，它是知识产权所指向的对象。

（4）人身利益。人身利益包括人格利益和身份利益，是人格权和身份权的客体。

（四）法律关系的内容

法律关系的内容是指法律关系主体所享有的权利和承担的义务。

1. 法律权利

法律权利是国家通过法律规定，对法律关系主体可以自主决定作出某种行为的许可和保障手段。法律权利的结构和内容包括：

（1）权利人可以自主决定作出一定行为的权利；

（2）权利人要求他人履行一定法定义务的权利；

（3）权利人在自己的权利受到侵犯时，请求国家机关予以保护的权利。

权利和权利能力是两个概念，既有联系也有区别。两者的联系表现在：权利以权利能力为前提，是权利能力这一法律资格在法律关系中的具体反映。两者的区别是：第一，任何人具有权利能力，并不必然表明他可以参与某种法律关系，而要参与法律关系，就必须有具体的权利；第二，权利能力包括享有权利和承担义务这两方面的法律资格，而权利本身不包括义务在内。

2. 法律义务

法律义务是国家通过法律规定约束法律主体行为的一种手段。它或者表现为要求人们根据权利的内容作出一定的行为，或者表现为要求人们不得作出一定的行为。要求人们必须积极作出一定行为的义务，在法学上被称为“作为义务”或“积极义务”，如赡养父母、纳税、履行合同等。要求人们不得作出一定行为的义务，被称为“不作为义务”或“消极义务”，如不得破坏公共财产、禁止非法拘禁等。法律义务的履行，是实现法律规范、保障法律权利的重要步骤。义务人履行义务是守法的重要内容。而不履行义务就构成了对他人权利的侵犯，就是违法，须承担一定的法律责任。因此，法律义务不等同于法律责任，它是构成法律责任的法定前提条件。

3. 法律权利和法律义务的联系

权利和义务作为构成法律关系内容的要素，是紧密联系、不可分割的，它们共处于法律关系的统一体中。没有无义务的权利，也没有无权利的义务。权利和义务又是相对立的、相区别的。权利不能被看成义务，义务也不能被视为权利。混淆两者的界限，必然会导致法律上的错误。也就是说，权利和义务有各自的范围和限度。超出这个限度，就不为法律所保护，甚至是违反法律的。具体而言，超出权利的限度，就可能构成越权或滥用权利，属于违法行为。而要求义务人作出超出义务范围的行为，同样是法律所禁止的。

（五）法律关系的产生、变更和消灭

1. 法律关系的产生、变更和消灭的条件

法律关系有一个产生、变更和消灭的过程。法律关系的产生是指在主体之间形成了权利义务关系，如订立合同；法律关系的变更是指法律关系的主体、客体或权利义务关系发生变化，如变更合同内容；法律关系的消灭是指主体间的权利义务关系完全终止，如合同履行完毕。

法律关系的产生、变更和消灭不是随意的，它必须具备两个主要条件：一是法律规范；二是法律事实。法律规范是法律关系产生、变更和消灭的法律依据，没有一定的法律规范就不会有相应的法律关系。但法律规范的规定只是主体权利和义务关系的一般模式，还不是现实的法律关系本身。法律关系的产生、变更和消灭还必须具备直接的前提条件，这就是法律事实。法律事实是指法律规范所规定的，能够引起法律关系产生、变更和消灭的客观情况或现象。

法律关系是由法律规范调整而形成的，但是法律规范的颁布、实施，以及它对法律关系主体、客体、内容所作的具体要求并不能“直接”引起法律关系的产生、变更和消灭。一个具体的法律关系的产生、变更和消灭，都是由实践中符合法律规定的客观事实直接引起的，这种客观事实就是我们所说的法律事实。例如，《中华人民共和国民法典》“合同编”对买卖合同法律关系的主体、客体、内容已经作出了具体的规定，但并没有因此直接使企业之间建立起具体的买卖合同关系。如果两家公司就某种商品的买卖事宜通过协商达成一致，这个“协商达成一致”的行为就会在这两家公司之间建立起一个具体的买卖合同关系，该行为就是我们说的民事法律事实。

当然，并不是任何事实都能成为法律事实，只有根据法律规定，能引起法律关系产生、变更或者消灭的事实才是法律事实。例如，当事人之间因订立建设工程合同而发生的财产关系是平等主体之间的财产关系，则订立建设工程合同的事实是法律事实；当事人约定到某年某月某日义务人不履行合同的，合同即解除，如义务人到期不履行义务就会使原来的法律关系消灭或产生其他法律后果。人们的情感关系、友谊关系不适宜由法律来调整，基于这类关系发生的事实就不是法律事实；有些客观现象，如潮起潮落、寒来暑往，不会引起法律关系的产生、变更或消灭，也不是法律事实。

2. 法律事实的种类

按照法律事实是否与当事人的意志有关，可以把法律事实分为法律事件和法律行为。

（1）法律事件。法律事件是指法律规范规定的、与当事人的意志无关的，能够引起法律关系产生、变更或消灭的客观事实。法律事件可分为社会事件和自然事件两类，前者如

战争、政变、金融危机等，后者如地震、洪水、人的自然出生和死亡等。这些事件的出现，都能导致特定的主体之间的法律关系产生、变更和消亡。例如，一个自然人的出生能引起自然人民事主体资格的产生、父母对子女监护关系的产生等；一个自然人的死亡能引起自然人民事主体资格的消灭、继承法律关系的发生等；发生自然灾害或意外事故的自然事件能引起合同关系的变更或解除以及免除民事责任等法律后果。

（2）法律行为。法律行为是指与当事人的意志有关的，能够引起法律关系产生、变更或消灭的作为或不作为，它既包括合法行为，也包括违法行为，如订立合同、故意杀人、违法驾车等。

学中做 1-1

A就职于B公司，在C银行办理按揭贷款，向D公司购买房屋一套。后A与E结婚，两年后，A因车祸死亡，由E及其寡母F继承其遗产。

讨论：本案涉及的法律关系有哪些？各个法律关系的主体、客体、内容是什么？法律事实是什么？

六、法律责任

（一）法律责任的界定

1. 法律责任的概念

法律责任是指由于违法行为、违约行为或者由于法律规定而应承受的某种不利的法律后果。欠债还钱、杀人偿命是人们对法律责任的最通俗的解释。“还钱”“偿命”对责任人来说，都是不利的法律后果。

2. 产生法律责任的原因

产生法律责任的原因大体上可以分为以下三种：

（1）侵权行为，也就是违法行为。侵犯他人的财产权利、人身权利、知识产权、政治权利或精神权利产生的法律责任在全部法律责任中占多数。

（2）违约行为，即违反合同约定，没有履行一定法律关系中的作为的义务或不作为的义务。

（3）法律规定，这是指无过错责任，也称严格责任。从表面上看，责任人并没有侵犯任何人的权利，也没有违反任何契约义务，仅仅由于出现了法律所规定的法律事实，就要承担某种赔偿责任，如产品致人损害。

（二）法律责任的构成

法律责任的构成包括责任主体、心理状态、违法或违约行为、损害结果和因果关系五个方面。

1. 责任主体

责任主体是指因违法或违约行为而承担法律责任的人，包括自然人、法人和其他组织。但是，并非任何人都可以成为违法或违约行为的实施者，责任主体对于法律责任的有无、种类、大小有着密切关系。例如，按照《中华人民共和国民法典》的规定，十八周岁以上的自然人为成年人，不满十八周岁的自然人为未成年人。成年人为完全民事行为能力人，可以独立实施民事法律行为。十六周岁以上的未成年人，以自己的劳动收入为主要生活来源的，视为完全民事行为能力人。八周岁以上的未成年人为限制民事行为能力人，不满八周岁的未成年人为无民事行为能力人，相应的法律责任也有所不同。

2. 心理状态

心理状态是指行为人实施违法或违约行为时的主观方面。刑事责任一般采用过错责任原则；民事责任则以过错责任为原则，以无过错责任为补充。

过错，包括故意和过失两类。故意是指明知自己的行为会造成危害社会的结果，仍希望或放任这种后果发生的心理状态；过失是指应当预见自己的行为可能造成损害他人、危害社会的结果，因为疏忽大意而没有预见，或者已经预见而轻信能够避免，以致造成这种结果的心理状态。过失行为一般要负民事责任，只有在法律有明文规定时才负刑事责任。

3. 违法或违约行为

违法或违约行为是法律责任的核心要素。违法或违约行为可以分为作为和不作为。作为，是指直接做了法律所禁止或合同不允许的事，如故意杀人、侵犯他人专利权、逾期付款等。不作为，是指行为人能够履行自己应尽的义务而不履行该义务，如政府行政不作为、义务人疏忽导致重大责任事故等。

4. 损害结果

损害结果是指违法或违约行为给他人或社会的合法权益造成的损失或伤害。损失形式包括实际损失、已得利益和期待利益三种。损害结果可以是人身损害、财产损害、精神损害和其他方面的损害，但必须是已发生的事实。损害结果的认定，可以依据法定、约定、公理甚至一般的公众意识。

5. 因果关系

因果关系即违法或违约行为与损害结果之间的必然联系。法律上的因果关系包括直接因果关系和间接因果关系。直接因果关系是指一个现象直接导致另一个现象的产生，如债权人为逼债而非法拘禁债务人，直接导致债务人失去人身自由；间接因果关系是指一个现象是另一个现象出现的必要条件，如高层窗台放置的花盆被狂风吹落导致路人伤亡，在窗台放置花盆这一行为就是致人损害的必要条件。一般来说，对直接因果关系造成损害应当承担责任，而对间接因果关系造成的损害，只有法律有明文规定时才承担责任。

（三）归责原则

1. 责任法定、责任相当和责任自负原则

责任法定原则，即根据法律的规定确定责任的范围和程度。责任法定是指只有法律上的明文规定，才能成为确认和追究违法责任的依据。对违法责任的确认和追究，必须严格依法进行，并严格限制类推适用。违法行为或违约行为发生后，应当按照事先规定的性质、范围程度、期限、方式追究违法者、违约者或相关人的责任。责任法定原则的基本特点为法定性、合理性和明确性，即事先用成文的法律形式明确地规定法律责任，而且规定必须合理。

责任相当原则，即法律责任的性质与违法或违约行为的性质相适应，法律责任的种类和轻重与违法或违约行为的情节相适应，法律责任的轻重和种类与行为人的主观恶性相适应。

责任自负原则是指凡是实施了违法或违约行为的人，应当对自己的违法或违约行为负责，必须独立承担法律责任；不能让没有违法行为的人承担法律责任，反对株连或变相株连；要保证责任人受到法律追究，无责任人受到法律保护，即不枉不纵、公平合理。

2. 过错责任、无过错责任和公平责任原则

过错责任原则是以行为人存在主观过错为前提而承担法律责任。其含义包括：

（1）以过错责任为归责要件，只有行为人具有主观过错才承担责任，即无过错就无责任。

（2）以过错责任的范围和责任大小为依据，如受害人与侵权人共同过错导致损害，侵害人只对自己的过错部分承担责任；如损害是数个行为人造成的，则各自按过错的程度大小分担责任。

无过错责任原则，又称严格责任原则，是指这种法律责任不必考虑行为人是否存在主观过错。在现实生活中，无过错的合法行为也会造成损害，但要证明过错与损害之间的关系往往十分困难，法律为此设定了在某些特殊情况下适用无过错责任的制度。例如，《中华人民共和国民用航空法》第一百二十五条规定，因发生在航空运输期间的事件，造成旅客的托运行李毁灭、遗失或者损坏的，承运人应当承担责任。一般而言，无过错责任不适用《中华人民共和国刑法》。

公平责任原则是指法律无明文规定适用无过错责任，但适用过错责任又显失公平，因而不以行为人的主观过错为前提而由当事人合理分担的一种特殊责任。

（四）免责条件

免责是指行为人存在违法或违约的事实，且具备承担法律责任的条件，但因某些法律规定而可以减轻或免除法律责任。常见的免责条件有：

（1）超过时效。权利人经过一定期限而不行使权利，义务人就免除责任。

（2）不起诉。义务人由于不被起诉而实际上免除了责任。

（3）及时、有效补救。义务人或其他人在司法机关归责前及时采取有效补救措施，可以减免其责任。

（4）达成协议。即“私了”，双方当事人在法律允许的范围内协商同意的免责。

（5）自首、立功、刑事案件中对于违法后有自首或立功表现的人，可以减免责任。

学思之窗

乐于助人且无过错不应承担侵权责任

以2022年2月23日最高人民法院发布“第二批人民法院大力弘扬社会主义核心价值观典型民事案例”中，乐于助人且无过错不应承担侵权责任——李某某诉某市第一人民医院、徐某某健康权纠纷案为引入，通过学生对案情及相关法院对该案作出的判决的基本了解，引导学生认识到乐于助人、善意施惠既是中华民族的传统美德，又是社会主义核心价值观的应有之义。

从侵权责任的过错责任归责原则入手，分析该案中徐某某出于好意，用保洁人员放在走廊里的拖把清理开水房的积水及附近走廊里的水渍，并无过错，不应承担责任。从专业角度入手，分析了过错责任原则在案件中的适用，免除了乐于助人的后顾之忧，为培养学生的个人品格提供理论支持。

近年来，关于老人摔倒扶不扶等问题，受到社会各界热议。一度出现了公众担心承担法律责任不敢扶、不愿扶的现象，影响了人们实施善意行为的积极性。通过对该案的分析，人民法院认定徐某某助人为乐的行为不具有过错，不但不应承担法律责任，反而应予提倡和鼓励，旗帜鲜明地为助人为乐者撑腰，让人民群众能够感受到司法的温度、法律的温情及社会的公平正义。该案免除了乐于助人者的后顾之忧，对于弘扬友善的社会主义核心价值观，培育我为人人、人人向善的社会风气，构建和谐社会，具有重要意义。

单元二　民法相关规定

一、民法基本规定

（一）民法概述

民法是调整平等主体的自然人、法人和非法人组织之间的人身关系和财产关系的法律规范的总称。《中华人民共和国民法典》（以下简称《民法典》）已由第十三届全国人民代表大会第三次会议于2020年5月28日通过，自2021年1月1日起施行。

民法是中国特色社会主义法律体系的重要组成部分，是民事领域的基础性、综合性法律，它规范各类民事主体的各种财产关系和人身关系，涉及社会和经济生活的方方面面，被称为社会生活的“百科全书”。编纂《民法典》就是全面总结我国的民事立法和司法实践经验，对现行单行民事法律进行系统编订纂修，将相关民事法律规范编纂成一部综合性法典，这对于推进全面依法治国、以法治方式推进国家治理体系和治理能力现代化，具有重大的现实意义和深远的历史意义。

《民法典》共7编、1 260条，各编依次为总则、物权、合同、人格权、婚姻家庭、继承、侵权责任。

（二）民法基本原则

在民事活动中必须遵循民法的基本原则，它是贯穿民法始终，对民事立法、守法、司法具有普遍约束力的指导思想和基本准则。民法的基本原则体现了商品经济的根本要求，是民法精神实质之所在。学习、理解民法的基本原则，有助于人们更深刻地领会民法各项具体规定的精神实质，更好地实现依法办事的目的与要求。同时，人们在寻求法律依据从事民事活动的过程中，如果发现寻法不着、法律规定过于粗疏、法律规定严重落后于时代要求等问题，民法的基本原则就成为弥补法律规范缺陷的行为准则。

民法基本原则的具体内容主要包括：

第一，平等原则。《民法典》第四条规定：“民事主体在民事活动中的法律地位一律平等。”平等原则的主要含义是：当事人在从事民事活动时互不隶属，处在同等的地位，可以充分表达自己的意愿、保持自己独立的意志自由；民事主体平等地享有权利、承担义务；民事主体的合法权益都平等地受到法律的保护。

第二，自愿原则。《民法典》第五条规定：“民事主体从事民事活动，应当遵循自愿原则，按照自己的意思设立、变更、终止民事法律关系。”自愿原则的主要含义是：民法的大多数规范都属于任意性规范，只要当事人的行为不违反法的强制性规定，即具有法律效力；民事主体根据自己的意愿设立、变更、终止民事法律关系，他人不得非法干预；双方和多方的民事行为的内容与形式是由当事人自愿协商的。

第三，公平原则。《民法典》第六条规定：“民事主体从事民事活动，应当遵循公平原则，合理确定各方的权利和义务。”公平原则的主要含义是指民事主体在权利、义务与责任的承担上应当合理分配、体现正义，兼顾各方当事人的利益。

第四，诚信原则。《民法典》第七条规定：“民事主体从事民事活动，应当遵循诚信原则，秉持诚实，恪守承诺。”诚信原则的主要含义是：民事主体行使民事权利，与他人之间设立、变更或消灭民事法律关系，均应诚实、不做假、不欺诈、不损害他人利益和社会利益；民事主体应恪守信用、履行义务，不履行义务使他人受到损害时，应承担法律责任；民事主体在照顾自己利益的同时亦应合理地照顾对方的利益。

第五，守法与公序良俗原则。《民法典》第八条规定：“民事主体从事民事活动，不得违反法律，不得违背公序良俗。”即民事主体的行为应当服从国家法律，遵守公共秩序，符合善良风俗，不得违背国家的公共秩序和社会的一般道德。

第六，绿色原则。《民法典》第九条规定："民事主体从事民事活动，应当有利于节约资源、保护生态环境。"

二、民事法律关系主体

（一）民事法律关系主体的概念

民事法律关系的主体是指参加民事法律关系，享受民事权利和承担民事义务的当事人。

（二）民事法律关系主体的种类

1. 自然人

自然人是在自然状态下出生的人。

（1）自然人的权利能力。从法律关系的主体资格而言，自然人的权利能力是指法律赋予自然人享受权利和承担义务的资格和可能性，它虽然不是实际权利，还没有为自然人带来实际利益，但它是获得权利的前提。自然人的权利能力的内容和范围由法律加以规定，与自然人的个人意志没有直接关系。

自然人在大多数情况下是作为民事法律关系主体的身份而存在的，自然人的民事权利能力是自然人作为民事主体进行民事活动的前提条件。根据《民法典》第十三条、第十四条的规定，自然人从出生时起到死亡时止，具有民事权利能力，依法享有民事权利，承担民事义务，其民事权利能力一律平等。

（2）自然人的民事行为能力。自然人的民事行为能力是自然人能够以自己的行为依法行使权利和承担义务，从而使法律关系发生、变更或消灭的资格，是自然人作为民事主体独立地以自己的行为为自己或他人取得民事权利和承担民事义务的能力，是自然人的意识能力在法律上的反映。民事行为能力为自然人享有民事权利、承担民事义务提供了现实性。

确定自然人有无民事行为能力，其标准有二：一是能否认识自己行为的性质、意义和后果；二是能否控制自己的行为并对自己的行为负责。因此，自然人是否达到一定年龄、神智是否正常，就成为自然人享有民事行为能力的标志。例如，对于婴幼儿、精神病患者而言，因为他们不可能预见自己行为的后果，所以在法律上不能赋予其行为能力。在这里，自然人的行为能力不同于其权利能力。具有行为能力必须首先具有权利能力，但具有权利能力并不必然具有行为能力。这表明，在每个自然人的法律关系主体资格构成中，这两种能力可能是统一的，也可能是分离的。

自然人的行为能力问题，是由法律予以规定的。我国《民法典》规定，十八周岁以上的自然人为成年人，不满十八周岁的自然人为未成年人。按照不同年龄阶段和精神状态是否正常，《民法典》将自然人的民事行为能力分为三种类型：完全民事行为能力、限制民事行为能力、无民事行为能力。

1）完全民事行为能力，是指自然人完全具有通过自己独立的行为行使民事权利、履行民事义务的能力。《民法典》第十八条规定："成年人为完全民事行为能力人，可以独立实施民事法律行为。十六周岁以上的未成年人，以自己的劳动收入为主要生活来源的，视为完全民事行为能力人。"

完全民事行为能力人包括十八周岁以上并且精神状态正常的自然人，以及十六周岁以上不满十八周岁、以自己的劳动收入为主要生活来源的自然人。完全民事行为能力人可以独立从事民法所允许的任何民事活动，并且原则上应当独立承担由于自身不法行为所引起的民事责任。

2）限制民事行为能力，是指自然人在一定范围内具有民事行为能力，超出一定范围便不具有相应的民事行为能力。

八周岁以上的未成年人（十六周岁以上不满十八周岁、以自己的劳动收入为主要生活来源的自然人除外）为限制民事行为能力人，实施民事法律行为由其法定代理人代理或者经其法定代理人同意、追认，但是可以独立实施纯获利益的民事法律行为或者与其年龄、智力相适应的民事法律行为。

不能完全辨认自己行为的成年人为限制民事行为能力人，实施民事法律行为由其法定代理人代理或者经其法定代理人同意、追认，但是可以独立实施纯获利益的民事法律行为或者与其智力、精神健康状况相适应的民事法律行为。

3）无民事行为能力，是指自然人不具有以自己的行为取得民事权利和承担民事义务的能力。

不满八周岁的未成年人为无民事行为能力人，由其法定代理人代理实施民事法律行为。

不能辨认自己行为的成年人为无民事行为能力人，由其法定代理人代理实施民事法律行为。

学中做 1-2

甲商场搞有奖销售活动，13 岁的小张买了 20 元的洗发水，中奖 10 000 元，母亲王某和小张一起去领回了奖金。王某拿其中的 1 000 元为自己购买了化妆品。几天后王某发现小张多了一部手机，追问下小张承认这是自己偷偷拿走 7 000 元在乙商店买的手机。王某于是找到乙商店要求退货退钱。

讨论：

（1）小张买洗发水的行为合法吗？奖金应归谁？

（2）王某买化妆品的行为合法吗？

（3）小张买手机的行为有效吗？王某要求退货退钱合理吗？

（4）上述案例中有多少法律关系？

2. 机构和组织

机构和组织主要包括三类：一是各种国家机关（立法机关、行政机关和司法机关等），二是各种企事业组织，三是各政党和社会团体。这些机构和组织主体，在法学上可以笼统地称为法人。其中，既包括公法人（参与宪法关系、行政法律关系、刑事法律关系的各机关、组织），也包括私法人（参与民事或商事法律关系的机关、组织）。

（1）法人。法人是具有民事权利能力和民事行为能力，依法独立享有民事权利和承担民事义务的组织。随着经济、社会的发展，为弥补单个自然人能力的不足，法律允许若干自然人组成集合性的社会组织从事各类民事、经济活动。民法对于其中符合法定条件的社会组织，赋予其“独立”的民事权利能力与民事行为能力，允许其以社会组织“自己”的名义开展民事活动，并规定直接由该社会组织以自己独立的财产为限承担民事责任，这种社会组织即“法人”，包括营利法人和非营利法人。

营利法人是以取得利润并分配给股东等出资人为目的成立的法人。营利法人包括有限责任公司、股份有限公司和其他企业法人等。

非营利法人是为公益目的或者其他非营利目的成立，不向出资人、设立人或者会员分配所取得利润的法人。非营利法人包括事业单位、社会团体、基金会、社会服务机构等。

机关法人、农村集体经济组织法人、城镇农村的合作经济组织法人、基层群众性自治组织（居委会、村委会）法人，在民法上称为特别法人。

法人相对于自然人而言，是在法律上人格化了的、依法具有民事权利能力和民事行为能力并独立享有民事权利、承担民事义务的组织。一个组织若要取得法人资格，成为法人型的民事主体，需要具备相应条件。

《民法典》第五十八条规定：“法人应当依法成立。法人应当有自己的名称、组织机构、住所、财产或者经费。法人成立的具体条件和程序，依照法律、行政法规的规定。”

1）依法成立。首先，法人组织的设立要合法，其设立的目的、宗旨要符合国家和社会公共利益的要求，其组织机构、设立方式、经营范围、经营方式等要符合国家法律的要求；其次，法人的成立程序要符合法律、法规的规定。

2）有必要的财产或者经费。法人作为独立的民事主体，要独立进行各种民事活动，独立承担民事活动的后果。因此，法人应有与法人的性质、规模等相适应的、完全属于法人自身的财产或经费，否则法人无法进行各种民事活动。

3）有自己的名称、组织机构、住所。首先，法人应该有自己的名称，通过名称的确定使自己与其他法人相区别。其次，法人还应该有自己的组织机构，如公司法人的组织机构依法应由三部分组成：权力机构——股东会，执行机构——董事会，监督机构——监事会。这些机构相互配合、相互制约，共同组成一个有机的整体，代表公司进行相应的活动，从而保证公司作为市场主体参与市场交易和竞争。最后，法人应该有自己的住所，法人的住所，既可以是自己所有的，也可以是租赁的。

法人以其主要办事机构所在地为住所。依法需要办理法人登记的，应当将主要办事机构所在地登记为住所。

法人的民事权利能力和民事行为能力，从法人成立时产生，到法人终止时消灭。

法人以其全部财产独立承担民事责任。法人独立承担民事责任的前提就是其具有必要的财产或经费，法人能够独立承担民事责任既是法人得以成立所需要具备的条件之一，也是法人成立的结果。

（2）非法人组织。非法人组织是不具有法人资格，但是能够依法以自己的名义从事民事活动的组织。非法人组织包括个人独资企业、合伙企业、不具有法人资格的专业服务机构等。非法人组织应当依照法律的规定登记。

同为组织型的民事主体，非法人组织与法人最大的区别在于非法人组织不能像法人一样“独立”承担民事责任。法人在民事活动中所产生的民事责任，仅以法人自己独立拥有的财产承担，与法人的出资人、法人的成员通常没有关系。而非法人组织的民事权利能力和民事行为能力是受限制的，非法人组织的财产不足以清偿债务的，其出资人或者设立人承担无限责任。

3. 国家

在特殊情况下，国家可以作为一个整体成为法律关系主体。例如，国家作为主权者是国际公法关系的主体，可以成为外贸关系中的债权人或债务人。在国内法中，国家作为法律关系主体的地位比较特殊，既不同于一般自然人，也不同于法人。国家可以直接以自己的名义参与国内的法律关系（如发行国库券），但在多数情况下则由国家机关或授权的组织作为代表参加法律关系。

三、民事权利

（一）民事权利的概念及分类

1. 民事权利的概念

民事权利是民事主体依法享有并受法律保护的利益范围或者实施某一行为（作为或不作为）以实现某种利益的可能性。

2. 民事权利的分类

（1）根据权利所体现的利益的不同分类，民事权利可分为财产权和人身权两大类。

1）财产权，是指以财产利益为内容，直接体现财产利益的民事权利。财产权既包括物权、债权、继承权，也包括知识产权中的财产权利。

2）人身权，是指不直接具有财产内容，与主体人身不可分离的权利。人身权包括人格权和身份权。

（2）根据权利的作用分类，民事权利可分为支配权、请求权、抗辩权和形成权。

1）支配权，是指主体对权利客体可直接加以支配并享受其利益的权利。物权、人身权、知识产权都属于支配权。

2）请求权，是指请求他人为一定行为或不为一定行为的权利。

3）抗辩权，广义上是指对抗请求权或否认他人的权利主张的权利，也称异议权；狭义上仅指对抗请求权的权利。

4）形成权，是指权利人得以自己一方的意思表示而使法律关系发生变化的权利。

（3）根据权利的效力范围分类，民事权利可分为绝对权和相对权。

1）绝对权，又称对世权，是指其效力及于一切人（即义务人为不特定的任何人）的权利。物权、知识产权、人身权都为绝对权。

2）相对权，又称对人权，是指其效力及于特定人的权利，即义务人为特定人的权利。债权为典型的相对权。

（4）根据两项相互关联的权利之间的关系分类，民事权利可分为主权利与从权利。

1）主权利，是指两项有关联的权利中不依赖另一权利可独立存在的权利。

2）从权利，是指两项有关联的权利中其效力受另一权利制约的权利。

（5）根据相互间是否有派生关系分类，民事权利可分为原权利与救济权。

1）原权利是基础权利，是权利性民事法律关系中的权利。

2）救济权是由原权利派生的，为在原权利受到侵害或有受侵害的现实危险而发生的权利，是保护性法律关系中的权利。

（6）根据权利有无移转性分类，民事权利可分为专属权与非专属权。

1）专属权，是指无移转性，权利人一般不能转让，也不能依继承程序转移的权利。人身权就属于专属权。

2）非专属权，是指具有转移性，权利人可以转让，也可依继承程序移转的权利。财产权多为非专属权。

（二）民事权利体系

根据《民法典》的规定，民事权利体系包含人身权和财产权两大类。

1. 人身权

人身权是与人身相联系或不可分离的没有直接财产内容的权利，亦称人身非财产权。人身权是我国自然人和法人的人身关系在法律上的体现和反映。人身权不直接具有财产内容，不能以金钱来衡量其价值，一般不具有可让与性，受到侵害时主要需以非财产的方式予以救济。人身权包括人格权和身份权两大类。其中，人格权包括生命权、身体权、健康权、姓名权、名称权、名誉权、肖像权等，身份权包括亲权、配偶权、亲属权、荣誉权等。

《民法典》第一百零九条、第一百一十条、第一百一十一条和一百一十二条规定，自然人的人身自由、人格尊严受法律保护。自然人享有生命权、身体权、健康权、姓名权、肖像权、名誉权、荣誉权、隐私权、婚姻自主权等权利。自然人的个人信息受法律保护。自然人因婚姻家庭关系等产生的人身权利受法律保护。

法人、非法人组织享有名称权、名誉权和荣誉权。

2. 财产权

财产权是指以财产利益为内容，直接体现财产利益的民事权利。财产权可以以金钱计算价值，一般具有可让与性，受到侵害时需以财产方式予以救济。财产权包括物权、债权、知识产权、继承权等实体财产权利，还包括投资性权利，数据、网络虚拟财产权，法律规定的其他民事权利和利益。

《民法典》第一百一十三条规定，民事主体的财产权利受法律平等保护。

（1）物权。物权是权利人依法对特定的物享有直接支配和排他的权利，包括所有权、用益物权和担保物权。物权的客体是物，包括不动产和动产。

在我国，不动产是指依自然性质或法律规定不可移动或者移动后会引起性质、形状改变的财产。一般而言，国家都规定不动产的类型，如我国规定不动产的类型有：土地、建筑物、构筑物以及添附于土地和建（构）筑物的物。动产是指能够移动而不损害其经济用途和经济价值的物。与不动产相对，一般指金钱、有价值的物品等。

1）所有权。所有权是所有人依法对自己财产所享有的占有、使用、收益和处分的权利。所有权是物权中最重要也最完全的一种权利，具有绝对性、排他性、永续性三个特征，具体内容包括占有、使用、收益、处分四项权利。

占有权是所有人对所有物加以实际管领或控制的权利；使用权是指在不损毁所有物或改变其性质的前提下，依照物的性能和用途加以利用的权利；收益权是收取所有物所生利息（孳息）的权利，收益权是与使用权有密切联系的所有权权利；处分权是指对所有物依法予以处置的权利，包括事实上的处分和法律上的处分。其中，处分权是所有权内容的核心和拥有所有权的根本标志，通常只能由所有人自己行使。

2）用益物权。用益物权是指用益物权人对他人所有的不动产或者动产，依法享有占有、使用和收益的权利。如土地承包经营权、建设用地使用权、宅基地使用权、地役权、自然资源使用权（海域使用权、探矿权、采矿权、取水权和使用水域、滩涂从事养殖、捕捞的权利）等。

3）担保物权。担保物权是指为确保债权的实现而设定的，以直接取得或者支配特定财产的交换价值为内容的权利。担保物权包括抵押权、质权和留置权。

（2）债权。债是按照合同的约定或者依照法律的规定，在当事人间产生的特定的权利义务关系。债权是因合同、侵权行为、无因管理、不当得利以及法律的其他规定，权利人请求特定义务人为或者不为一定行为的权利。享有权利的人是债权人，负有义务的人是债务人。和物权不同的是，债权是一种典型的相对权，只在债权人和债务人之间发生效力，原则上债权人和债务人之间的债权关系不能对抗第三人。

债发生的原因主要可分为合同、侵权行为、无因管理和不当得利等。

1）合同。合同是债权产生最主要的原因，基于合同产生的债即为合同之债。合同之债是当事人在平等基础上自愿设定的，是民事主体主动参与民事活动、积极开展各种经济交往的法律表现。同时，只有依法成立的合同才能产生合同之债。《民法典》第一百一十九条规定：“依法成立的合同，对当事人具有法律约束力。”

2）侵权行为。侵权行为是指行为人由于过错侵害他人人身权、财产权和其他合法权益，依法应承担民事责任的不法行为，以及依照法律特殊规定应当承担民事责任的其他侵害行为。《民法典》第一百二十条规定："民事权益受到侵害的，被侵权人有权请求侵权人承担侵权责任。"

3）无因管理。管理人没有法定的或者约定的义务，为避免他人利益受损失而管理他人事务的，可以请求受益人偿还因管理事务而支出的必要费用；管理人因管理事务受到损失的，可以请求受益人给予适当补偿。

4）不当得利。得利人没有法律根据取得不当利益的，受损失的人可以请求得利人返还取得的利益。

（3）知识产权。知识产权是指人们就其智力劳动成果所依法享有的专有权利，通常是国家赋予创造者对其智力成果在一定时期内享有的专有权或独占权。知识产权从本质上说是一种无形财产权，客体是智力成果或是知识产品，是一种无形财产或者精神财富，是创造性的智力劳动所创造的劳动成果。

知识产权是权利人依法就下列客体享有的专有的权利：1）作品；2）发明、实用新型、外观设计；3）商标；4）地理标志；5）商业秘密；6）集成电路布图设计；7）植物新品种；8）法律规定的其他客体。

（4）继承权。继承权是指继承人依法取得被继承人遗产的权利。它包括两种含义：一是客观意义上的继承权，是指继承开始前，公民依照法律的规定或者遗嘱的指定而接受被继承人遗产的资格，即继承人所具有的继承遗产的权利能力；二是主观意义上的继承权，是指当法定的条件具备时，继承人对被继承人留下的遗产已经拥有的事实上的财产权利，即已经属于继承人并给他带来实际财产利益的继承权。《民法典》第一百二十四条规定："自然人依法享有继承权。自然人合法的私有财产，可以依法继承。"

（5）投资性权利，数据、网络虚拟财产权，其他民事权利和利益。《民法典》第一百二十五条、第一百二十六条、第一百二十七条规定，民事主体依法享有股权和其他投资性权利，享有法律规定的其他民事权利和利益，法律对数据、网络虚拟财产的保护有规定的，依照其规定。

四、民事法律行为

（一）民事法律行为的概念和特征

视频：民事法律行为

1. 民事法律行为的概念

民事法律行为是民事主体以意思表示为要素，旨在设立、变更、终止一定民事法律关系的合法行为。《民法典》第一百三十三条规定："民事法律行为是民事主体通过意思表示设立、变更、终止民事法律关系的行为。"

民事法律行为的上位概念是民事行为。民事行为是指民事主体以意思表示为要素，旨在引起一定法律关系变动的行为，是引起法律关系变动的主要原因。最典型的民事行为是合同、遗嘱和婚姻。

民事主体的意图在于引起法律关系的变动，但能否达到预想的效果，取决于该行为是否符合法律规定的民事行为的有效要件。符合有效要件的为民事法律行为，效力为法律承认，受法律保护；如果不符合法律规定的要件，可能为无效、可撤销或效力待定。

2. 民事法律行为的特征

民事法律行为具有以下几方面特征：

（1）民事法律行为是私行为。民事法律行为是由自然人、法人等私主体作出的行为，与政府机关行使国家权力作出的国家行为、法院依审判权作出的裁判行为相区别。民事法律行为是由自然人、法人依意思作出的变动民事关系的行为，而不是利用公权力作出的行为。

（2）民事法律行为是表示行为。民事法律行为的核心是意思表示。所谓意思表示，是当事人想要实现一定效果的内心意思对外表示。任何民事法律行为都必须具备意思表示这一要素，不具备意思表示，就不称其为民事法律行为。

（3）民事法律行为是意思决定效果的行为。民法的基本理念是意思自治，它主张人们在民事生活中自己做主、自己负责。只要意思表示中所要实现的效果是合法的，法律就听任其依照内容发生法律效果，设定权利、负担义务，或使权利义务关系变更、终止。

（二）民事法律行为的形式

《民法典》第一百三十五条规定："民事法律行为可以采用书面形式、口头形式或者其他形式；法律、行政法规规定或者当事人约定采用特定形式的，应当采用特定形式。"

在我国，民事立法确认民事法律行为可采用的形式包括明示形式和默示形式两大类。

1. 明示形式

所谓明示形式就是行为人用积极的、直接的、明确的方式表达其内部意思于外部，具体包括用言语表达内心意思的口头形式、用文字表达内心意思的书面形式及其他形式。其他形式具体可表现为视听资料形式和须经特定主管机关履行特定手续的特殊书面形式，如公证、审核批准、登记等。

（1）口头形式。口头形式是行为人通过言语表达其内心意思而成立的民事法律行为，如当事人之间当面交谈、电话联系等。口头形式是社会公众在社会生活中广泛适用于民事法律行为的形式，其优点是快捷、迅速，大多用于即时清结的小额交易行为，但因其缺乏客观记载，在发生纠纷时难以取证；对于金额较大、非即时清结的民事法律行为，不宜采用口头形式。

（2）书面形式。书面形式是行为人以文字符号表达内心意思而成立的民事法律行为。书面形式的优点是通过文字符号将行为人所实施民事法律行为的内容客观地记载于一定的载体上，成为确定当事人权利和义务的依据，有利于防止民事活动中的异议和便于民事纠纷的处理。根据《民法典》第四百六十九条的规定，（订立合同的）书面形式是指合同书、信件和数据电文（包括电报、电传、传真、电子数据交换和电子邮件）等可以有形地表现所载内容的形式。

（3）其他形式。

1）视听资料，就是行为人通过录音、录像等所反映的声音和形象以及电子计算机所储存的资料表现民事法律行为内容的形式。

2）公证是由公证机关对于民事法律行为的真实性和合法性予以审查并加以证明的形式。公证的作用仅仅是证明民事法律行为是真实的和合法的。当发生争议时，经过公证的民事法律行为具有最强的证据力，当事人不得以其他形式的证据否认公证的效力。应当强调的是，我国法律行为未经公证的，并不影响其法律效力。

3）审核批准是指依法必须经有关主管机关审核批准才能成立的民事法律行为。

4）登记是指依法必须向有关主管机关办理登记才能生效的形式。在我国，基于不动产的公信原则，与不动产（如房屋、土地、交通工具等）相关的民事法律行为一般都依法要办理登记。这是此类民事法律行为的必备形式。

2. 默示形式

默示形式是指不依赖语言或文字等明示形式，而通过某种事实即可推知行为人的意思表示而成立的民事法律行为形式。行为人虽然并没有作出明示的意思表示，但根据法律的规定，可以认定行为人的某种客观事实状态就是表达同意进行民事活动的意思。

法律对民事法律行为的默示形式是有严格限定的。只有在法律明确规定的情况下才能认定行为人以默示的形式表示其意思。例如，《民法典》第一千一百二十四条第一款规定："继承开始后，继承人放弃继承的，应当在遗产处理前，以书面形式作出放弃继承的表示；没有表示的，视为接受继承。"

（三）民事法律行为的分类

1. 单方法律行为、双方法律行为和多方法律行为

根据其成立需要一方还是双方或者多方的意思表示，民事法律行为可以分为单方法律行为、双方法律行为和多方法律行为。单方法律行为是指根据一方当事人的意思表示就能成立的法律行为；双方法律行为是指须双方当事人意思表示一致才能成立的法律行为；多方法律行为是指两个以上的多方当事人意思表示一致才能成立的法律行为。

2. 要式法律行为和不要式法律行为

根据其是否必须采取法律规定的形式，民事法律行为可以分为要式法律行为和不要式法律行为。要式法律行为是指必须具备某种特定形式或履行某种特定程序才能成立的法律行为。不要式法律行为是指不必具有特定形式或履行特定程序即可成立的法律行为。

3. 有偿法律行为和无偿法律行为

根据其行为是否需要当事人支付对价（互为对价，但是非为要求等价性），民事法律

行为可以分为有偿法律行为和无偿法律行为。有偿法律行为是指当事人一方享有利益必须给付对方相应代价的法律行为。无偿法律行为是指当事人一方享有利益不需要支付任何对价的法律行为。

4. 双务法律行为和单务法律行为

根据其当事人双方的权利义务关系，民事法律行为可以分为双务法律行为和单务法律行为。双务法律行为是指当事人双方均负担相应义务的法律行为，一方的义务也就是另一方的权利。单务法律行为是指当事人一方仅负担义务而另一方仅享有权利的法律行为。

5. 要物法律行为和不要物法律行为

根据行为的成立是否须交付标的物，民事法律行为可分为要物法律行为和不要物法律行为。要物法律行为，又称实践性法律行为，是指除当事人意思表示一致外，还必须交付标的物才能成立的民事法律行为。不要物法律行为，又称诺成性法律行为，是指当事人意思表示一致即告成立的民事法律行为。

6. 主法律行为和从法律行为

根据其相互间的关系，民事法律行为可以分为主法律行为和从法律行为。主法律行为是指在两个有联系的法律行为中，不依赖于他行为而可独立存在的法律行为；而须依赖于他行为而存在的法律行为，就是从法律行为。从法律行为依赖于主法律行为。

7. 财产法律行为和人身法律行为

根据行为人实施行为所要发生法律后果的性质，民事法律行为可以分为财产法律行为和人身法律行为。财产法律行为是指发生财产关系变动效果的法律行为。人身法律行为是指发生身份关系变动效果的法律行为。

学中做 1-3

王某与张某签订了一份书面合同，约定由王某在签约后 3 日内借给张某 2 万元，张某于半年后偿还该 2 万元并支付 10% 的利息。

讨论：该行为属于有偿法律行为还是无偿法律行为？属于要物法律行为还是不要物法律行为？

（四）民事法律行为的有效要件

根据《民法典》第一百四十三条的规定，具备下列条件的民事法律行为有效：

1. 行为人具有相应的民事行为能力

民事行为能力是民事主体据以独立实施民事法律行为的法律资格。法律不仅要求民事法律行为的行为人具有行为能力，而且要求民事行为能力与行为人“相应”。行为人只有具有健全的心智，才能进行相应的民事活动，这一条件主要是为了保护限制行为能力人和无行为能力人的利益而设。根据自然人的不同年龄和智力状况，《民法典》将自然人的民事行为能力分为完全民事行为能力、限制民事行为能力、无民事行为能力三种。对自然人而言，完全民事行为能力人可以单独实施法律行为，而限制民事行为能力人只能进行与其年龄、智力和精神健康状况相适应的民事活动，无民事行为能力人一般不能独立进行民事活动，但纯获利益的活动后二者均可为之；对法人而言，其民事行为能力是和民事权利能力相一致的，法人的行为能力不能超出法律或章程规定的业务范围。因此，法人实施民事法律行为，必须在核准登记的生产经营和业务范围之内。除此之外，法人只有权从事为维持其存在所必需的法律行为。

2. 意思表示真实

意思表示是民事法律行为的核心要素。意思表示真实，即要求行为人的内心意愿为行为人自觉自愿而产生的，同时与其所表达的意思相一致。当事人的意思表示真实，包括两个方面的含义：一是指当事人在意志自由的前提下进行意思表示，不是在受他人欺诈、胁迫之下作出的违背其内心意愿的行为，即意思表示自由；二是指行为人的内心意思与外部的表示行为相一致，并非因重大误解等原因而表错意，即意思表示无误。

3. 不违反法律、行政法规的强制性规定，不违背公序良俗

这是民事法律行为合法性的本质要求。所谓不违反法律、行政法规的强制性规定，指的是意思表示的内容不得与法律、行政法规的强制性或禁止性规范相抵触。

公序，即公共秩序，是指社会的存在及其发展所必需的一般秩序；良俗，即善良风俗，是指社会的存在及其发展所必需的一般道德。公序良俗包括社会经济秩序、政治安定、道德风尚，反映了社会全体成员的共同利益。遵守公共秩序和善良习俗，是民事主体进行民事活动的道德底线。民事主体的行为应当遵守公共秩序，符合善良风俗，不得违反国家的公共秩序和社会的一般道德。

学中做 1-4

甲、乙系叔侄关系。乙今年 11 岁，甲为了鼓励乙好好读书，与乙约定并立下字据：“如果乙今年班级成绩排名第一，过年时甲奖励乙 5 000 元。”乙当年果然考了班级第一名，遂要求甲履行诺言。但甲以乙是小孩为由，拒绝拿出 5 000 元给乙。

讨论：甲、乙之间的约定是否有效？甲的理由是否成立？

（五）无效的民事行为

无效的民事行为是指已经成立的民事行为严重欠缺民事行为的生效要件，因而自始、绝对、确定、当然、永久不按照行为人设立、变更和终止民事法律关系的意思表示发生法律效力的民事行为。

下列为无效的民事行为：

（1）无民事行为能力人实施的民事法律行为；

（2）以虚假的意思表示实施的民事法律行为；

（3）违反法律、行政法规的强制性规定的民事法律行为；

（4）损害国家利益和社会公共利益的民事法律行为；

（5）违背公序良俗的民事法律行为；

（6）行为人与相对人恶意串通，损害他人合法权益的民事法律行为。

（六）可撤销的民事行为

可撤销的民事行为是指缺乏民事法律行为的有效条件，一方有权请求人民法院或者仲裁机关予以撤销的民事行为。

可撤销的民事行为由于行为人意思表示不真实，不符合民事法律行为有效要件。因只涉及当事人的利益关系，不涉及民事行为的合法性以及社会公共利益问题，法律并不直接否认其效力，而是赋予当事人以变更权或撤销权。这既体现了法律对公平交易的要求，又体现了意思自治原则。

1. 可撤销的民事行为的种类

根据《民法典》的相关规定，下列为可以撤销的民事行为：

（1）基于重大误解实施的民事法律行为，行为人有权请求人民法院或者仲裁机构予以撤销。

（2）一方以欺诈手段，使对方在违背真实意思的情况下实施的民事法律行为，受欺诈方有权请求人民法院或者仲裁机构予以撤销。第三人实施欺诈行为，使一方在违背真实意思的情况下实施的民事法律行为，对方知道或者应当知道该欺诈行为的，受欺诈方有权请求人民法院或者仲裁机构予以撤销。

（3）一方或者第三人以胁迫手段，使对方在违背真实意思的情况下实施的民事法律行为，受胁迫方有权请求人民法院或者仲裁机构予以撤销。

（4）一方利用对方处于危困状态、缺乏判断能力等情形，致使民事法律行为成立时显失公平的，受损害方有权请求人民法院或者仲裁机构予以撤销。

2. 撤销权的消灭

可撤销民事行为自成立之时起就发生效力，只是因存在可撤销的事由，经撤销后才自始无效。如果撤销权人在规定时间内不行使撤销权或者仅仅对民事行为的部分内容作出变更，当事人仍受民事行为的约束，不得以民事行为具有可撤销的因素为由而拒不履行相应义务。

民事行为的撤销与否取决于撤销权人是否行使撤销权。由于可撤销民事行为主要涉及的是当事人意思表示不真实的问题，而当事人意思表示是否真实，其他人难以知晓；即使他人知道，而当事人自愿承受该行为的后果，根据意思自治原则，法律也没有干涉的必要。因此，法院采取不告不理的态度：如果当事人不主张撤销，法院不能主动撤销；当事人请求变更的，法院和仲裁机构只能变更合同，也不得撤销。

撤销权是一种形成权。形成权是指权利人依自己一方的意思表示而使法律关系发生变化的权利。民事行为撤销权的行使，不外乎两种后果：一是合法得当行使，则发生民事法律关系变动的后果；二是非法不当行使，不发生民事法律关系变动的后果，却发生对权利相对人的损害赔偿或者应要求继续履行责任。对于第一种后果，既然相应的变动后果已经发生，时间已经不可逆转，权利人也只有接受而不可能再享有撤销权；对于第二种后果，撤销权的不当行使，使得不发生相应的合法后果，此权利的对方当事人因此而享有要求继续履行、损害赔偿的权利。

撤销权人必须在法定时间内行使撤销权，否则撤销权消灭。

《民法典》第一百五十二条规定，有下列情形之一的，撤销权消灭：

（1）当事人自知道或者应当知道撤销事由之日起一年内、重大误解的当事人自知道或者应当知道撤销事由之日起九十日内没有行使撤销权；

（2）当事人受胁迫，自胁迫行为终止之日起一年内没有行使撤销权；

（3）当事人知道撤销事由后明确表示或者以自己的行为表明放弃撤销权。

当事人自民事法律行为发生之日起五年内没有行使撤销权的，撤销权消灭。

（七）无效或者被撤销民事行为的法律后果

无效的或者被撤销的民事法律行为自始没有法律约束力。

民事法律行为部分无效，不影响其他部分效力的，其他部分仍然有效。

民事法律行为无效、被撤销或者确定不发生效力后，行为人因该行为取得的财产，应当予以返还；不能返还或者没有必要返还的，应当折价补偿。有过错的一方应当赔偿对方由此所受到的损失；各方都有过错的，应当各自承担相应的责任。法律另有规定的，依照其规定。

学中做 1-5

消费者刘某从甲家具公司购买发票上称为橡木的沙发一组。半年后，刘某发现该沙发其实为橡胶木。橡木沙发价格昂贵，橡胶木沙发价格便宜。经权威机构鉴定，刘某所买沙发果然是橡胶木沙发。刘某遂要求甲家具公司退货赔款。

讨论：对于甲家具公司的意思表示的瑕疵以及刘某与甲家具公司的行为性质应如何认定？

（八）效力待定的民事行为

1. 效力待定的民事行为的含义

效力待定的民事行为，又称效力未定的民事行为，是指民事行为虽已成立，由于欠缺一定的民事法律行为有效要件，其成立时有效或无效处于不确定状态，只有经由特定当事人的行为，才能确定生效或不生效的民事行为。

效力待定的民事行为的具体含义是：

第一，效力待定的民事行为的效力是不确定的：它既非有效，亦非无效，而是处于悬而未决的不确定状态之中。

第二，效力待定的民事行为的效力确定，取决于特定当事人的行为与态度。该特定当事人称为同意权人或追认权人，对效力待定的民事行为享有同意或拒绝的权利。

第三，效力待定的民事行为最终可向两个方向发展：经同意权人同意后，其效力确定地溯及于行为成立时，成为民事法律行为而发生相应的民事法律后果；经同意权人拒绝，即确定地自始无效，转化为无效民事行为。

2. 效力待定的民事行为的类型

（1）限制民事行为能力人所实施的依法不能独立实施的多方民事行为。自然人实施的民事法律行为，必须具有相应的民事行为能力。限制民事行为能力人实施的纯获利益的民事法律行为或者与其年龄、智力、精神健康状况相适应的民事法律行为有效；实施的与其年龄、智力、精神健康状况不相适应的民事法律行为经法定代理人同意或者追认后有效，未经法定代理人同意或者追认的为无效。

相对人可以催告法定代理人自收到通知之日起一个月内予以追认。法定代理人未作表示的，视为拒绝追认。民事法律行为被追认前，善意相对人有撤销的权利。撤销应当以通知的方式作出。

（2）无权处分行为。无处分权人处分他人之物或权利的行为，由于实施处分行为的人无处分权，因而一般不发生效力，但经权利人追认，即可产生处分的效力。

（3）无权代理行为。代理人以被代理人的名义对外实施的民事行为，只有在代理权限范围内才能对被代理人有效。无权代理的行为对被代理人不发生效力，但经被代理人追认的，仍对被代理人发生效力。

五、代理

（一）代理的概念和种类

视频：代理

1. 代理的概念

代理是通过他人为自己从事民事法律行为的制度。在这种制度中，实际行为人为被服务人的利益，在法定或者被服务人授予的权限范围内，独立与相对人从事民事法律行为，而该民事法律行为的后果由被服务人取得。

《民法典》第一百六十二条规定："代理人在代理权限内，以被代理人名义实施的民事法律行为，对被代理人发生效力。"

从民事活动的角度看，通常的民事法律行为都能通过代理来完成。但是依照法律规定、当事人约定或者民事法律行为的性质，应当由本人亲自实施的民事法律行为，不得代理。

2. 代理的种类

我国《民法典》规定的代理种类有两种：

（1）委托代理。委托代理是指代理人按照被代理人的委托而进行的代理。委托代理中代理人所享有的代理权是被代理人授予的，所以委托代理又称授权代理。授权行为是一种单方民事法律行为，被代理人一方作出授权的意思表示，代理人就取得代理权。委托代理人按照被代理人的委托行使代理权。

委托代理授权采用书面形式的，授权委托书应当载明代理人的姓名或者名称、代理事项、权限和期间，并由被代理人签名或者盖章。

（2）法定代理。法定代理是指根据法律的直接规定而发生的代理关系。法定代理人依照法律的规定行使代理权。

《民法典》第二十三条规定："无民事行为能力人、限制民事行为能力人的监护人是其法定代理人。"这一规定就是为无民事行为能力人、限制民事行为能力人设定法定代理人的法律依据。监护人代理被监护人实施民事法律行为，以实现和保护被监护人的合法权益。

（二）代理权的行使

代理权的行使是指代理人在代理权限范围内，独立、依法、有效地实施民事法律行为，以达到被代理人所希望的或者客观上符合被代理人利益的法律效果。

1. 行使代理权的原则

根据《民法典》的规定，代理人在行使代理权的过程中应当遵循以下原则：

（1）代理人应在代理权限范围内行使代理权，不得无权代理。代理人应当在代理权限内实施代理行为，完成代理任务。代理人只有在代理权限范围内进行的民事活动，才被看成是被代理人的行为，由被代理人承担代理行为的法律后果。代理人非经被代理人的同意，不得擅自扩大、变更代理权限。代理人超越或变更代理权限所为的行为，非经被代理人追认，对被代理人不发生法律效力，由此给被代理人造成经济损失的，代理人还应承担赔偿责任。《民法典》第一百七十一条规定："行为人没有代理权、超越代理权或者代理权终止后，仍然实施代理行为，未经被代理人追认的，对被代理人不发生效力。"

（2）代理人应亲自行使代理权，不得任意转托他人代理。在委托代理中，代理人与被代理人之间通常具有人身信赖关系；在法定代理中，代理人与被代理人之间多为亲属关系或职务关系。只有代理人亲自行使代理权，才有利于代理事务的完成。《民法典》第一百六十九条规定："代理人需要转委托第三人代理的，应当取得被代理人的同意或者追认。转委托代理经被代理人同意或者追认的，被代理人可以就代理事务直接指示转委托的第三人，代理人仅就第三人的选任以及对第三人的指示承担责任。转委托代理未经被代理人同意或者追认的，代理人应当对转委托的第三人的行为承担责任；但是，在紧急情况下代理人为了维护被代理人的利益需要转委托第三人代理的除外。"

（3）代理人应积极行使代理权，尽勤勉和谨慎的义务。首先，代理人应认真工作，尽到相当的注意义务。其次，在委托代理中，代理人应根据被代理人的指示进行代理活动，代理人不遵守被代理人指示，构成代理人过错，由此给被代理人造成损失的，代理人应承担赔偿责任。最后，代理人应尽报告与保密的义务。代理人未尽到职责，给被代理人造成损害的，代理人应承担民事责任。

（4）代理人应从维护被代理人的利益出发，争取在对被代理人最为有利的情况下完成代理行为。《民法典》第一百六十四条第一款规定："代理人不履行或者不完全履行职责，造成被代理人损害的，应当承担民事责任。"

2. 行使代理权的限制

（1）禁止违法代理。代理人知道或者应当知道代理事项违法仍然实施代理行为，或者被代理人知道或者应当知道代理人的代理行为违法未作反对表示的，被代理人和代理人应当承担连带责任。

（2）禁止自己代理。自己代理是指代理人以被代理人的名义与自己实施民事行为。在这种情况下，代理人同时为代理关系中的代理人和第三人，交易双方的交易行为实际上只由一个人实施。一般情况下，自己代理是不被允许的，除非事前得到被代理人的同意或者事后得到被代理人的追认。《民法典》第一百六十八条第一款规定："代理人不得以被代理人的名义与自己实施民事法律行为，但是被代理人同意或者追认的除外。"

（3）禁止双方代理。双方代理，又称同时代理，是指一人同时担任双方的代理人进行民事行为。通常认为，双方代理应予禁止，原则上是无效行为，但经被代理人同意或追认的双方代理的后果由被代理人承受。禁止双方代理是为了保护被代理人的利益，如被代理人已经同意或追认，则无保护之必要。《民法典》第一百六十八条第二款规定："代理人不得以被代理人的名义与自己同时代理的其他人实施民事法律行为，但是被代理的双方同意或者追认的除外。"

（4）禁止代理人和相对人恶意串通，损害被代理人的利益。代理人的职责是为被代理人实施一定的民事法律行为，维护被代理人的利益。代理人与相对人恶意串通损害被代理人的利益，显然与其职责不相称，违背了代理关系中被代理人对代理人的信任，属于滥用代理权的极端表现。《民法典》第一百六十四条第二款规定："代理人和相对人恶意串通，损害被代理人合法权益的，代理人和相对人应当承担连带责任。"

（三）无权代理

无权代理是指行为人没有代理权、超越代理权或者代理权终止后，仍然实施代理的行为。根据无权代理具体情况的不同，我们把无权代理分为狭义的无权代理和表见代理两类。

1. 狭义的无权代理

狭义的无权代理是指行为人既没有代理权，也没有令相对人相信其有代理权的事实或理由，却以被代理人的名义所进行的"代理"。

狭义的无权代理的构成要件是：第一，行为人既没有法定或委托的代理权，也没有令人相信其有代理权的事实或理由；第二，行为人以被代理人的名义与相对人实施民事行为；第三，相对人须为善意且无过失；第四，行为人与相对人具有相应的民事行为能力。

狭义的无权代理的情形有：一是行为人自始没有代理权，却以被代理人的名义与相对人实施民事行为；二是行为人超越代理权，即行为人享有代理权但他超越代理权与相对人实施民事行为；三是代理权终止后的代理，即在代理权终止以后行为人仍以代理人的名义与相对人进行民事行为。

狭义的无权代理行为属于效力待定的民事行为，其中被代理人享有追认权。首先，被代理人可以追认该狭义的无权代理行为有效而承受该行为的法律后果。其次，在被代理人追认之前，相对人可以撤回与行为人所为的意思表示，也可以催告本人予以追认；如果得不到本人的追认，相对人也不撤回其意思表示，行为人则应承担相应的民事责任。

《民法典》第一百七十一条规定："行为人没有代理权、超越代理权或者代理权终止后，仍然实施代理行为，未经被代理人追认的，对被代理人不发生效力。"

相对人可以催告被代理人自收到通知之日起一个月内予以追认。被代理人未作表示的，视为拒绝追认。行为人实施的行为被追认前，善意相对人有撤销的权利。撤销应当以通知的方式作出。

行为人实施的行为未被追认的，善意相对人有权请求行为人履行债务或者就其受到的损害请求行为人赔偿，但是赔偿的范围不得超过被代理人追认时相对人所能获得的利益。

相对人知道或者应当知道行为人无权代理的，相对人和行为人按照各自的过错承担责任。

2. 表见代理

表见代理是指行为人本无代理权，但因被代理人的原因，致使相对人有理由相信行为人有代理权而与其实施民事法律行为，法律使之发生与有权代理相同法律效果的"代理"。

（1）表见代理的构成要件。

1）行为人无代理权。成立表见代理的第一要件是行为人无代理权，如果行为人拥有代理权则属于有权代理，就不会发生表见代理的问题。

2）必须有相对人相信行为人具有代理权的事实或理由。通常情况下主要包括：一是被代理人明知行为人以其名义订立合同而不否认的；二是被代理人的高层管理人员从事与其职责相关的民事活动的；三是行为人持有被代理人法定代表人或者单位负责人名章或单位印章和单位介绍信订立合同的；四是被代理人授权范围不明的；五是代理权被终止或者被限制，但被代理人未及时通知相对人的。

3）相对人必须为善意。即第三人不知行为人所为的行为系无权代理行为。如果相对人明知他人为无权代理仍与其实施民事行为，或者相对人应当知道他人为无权代理却因过失而不知与其实施民事行为，则不能认定为表见代理。

（2）表见代理的法律后果。《民法典》第一百七十二条规定："行为人没有代理权、超越代理权或者代理权终止后，仍然实施代理行为，相对人有理由相信行为人有代理权的，代理行为有效。"由此可见：

1）表见代理对被代理人产生有权代理的效力，即在相对人与本人之间产生民事法律关系，本人应受表见代理人与相对人之间实施的民事法律行为的约束，享有该行为设定的权利和履行该行为约定的义务。被代理人不得以无权代理为抗辩，不得以行为人故意或具有过失为理由而拒绝承受表见代理的后果，也不得以自己没有过失作为抗辩。

2）表见代理对相对人来说，相对人既可以主张狭义无权代理，也可主张成立表见代理。如果相对人认为向无权代理人追究责任更为有利，则可以主张狭义无权代理，向无权代理人追究责任；相对人也可以主张成立表见代理，向被代理人追究责任。

学中做 1-6

李某系甲公司业务员，长期负责甲公司与乙公司的家电买卖业务。2019年3月，李某因严重违反公司的规章制度被甲公司开除。但是，甲公司并未收回给李某开出的仍在有效期内的介绍信和授权委托书。同年5月，李某以甲公司的名义，与老合作伙伴乙公司签订了20万元的家电购买合同，并约定在交货后一个月内付款。乙公司在与李某签订合同时，并不知李某已被开除。乙公司依约向李某交货一个月后，李某仍未付款，也不知其下落。乙公司于是要求甲公司支付20万元货款，而甲公司以李某已被开除与公司无关为由拒绝支付，双方发生争执。

讨论：李某以甲公司名义与乙公司签订的家电购买合同的效力如何？甲公司拒绝支付货款的理由是否成立？该案应如何处理？

（四）职务代理

1. 职务代表与职务代理

职务行为通常是指工作人员行使职务的行为，是履行职责的活动，与工作人员的个人行为相对应。法人组织的工作人员可分为两类：法定代表人和其他工作人员。据此，职务行为可分为法定代表人的职务代表行为和其他工作人员的职务代理行为两种。

（1）职务代表行为。法定代表人是代表法人从事民事活动的负责人，其行为的性质在法理上属于职务代表行为，且该行为本身即被视为法人之行为。

（2）职务代理行为。法人的法定代表人以外的其他工作人员，如法人的职能部门或内部机构的经理、负责人或业务人员等，在法人的明确授权下，与外部相对人进行交易和交往的行为就是职务代理行为。职务代理即根据其所担任的职务而产生的代理。

这种职务代理行为呈现出如下特征：1）法人与其他工作人员之间的代理法律关系是以委托或劳动合同关系为基础关系而产生的。这些基础关系也通常决定了代理人从事代理活动的范围和权限。2）其他工作人员进行职务代理行为时须有法人的明确授权，包括具体性授权和常规性授权。3）对于职务代理行为，从外观来看，因代理人与法人存在劳动雇佣关系，而较容易使相对人对代理人是否具备充分代理权形成误判。

职务代理具有委托代理的本质特点，即都是被代理人单方授权行为的结果，代理人都只能在授权范围内以被代理人的名义对外进行民事活动。因此，职务代理实质上是委托代理的特殊形式。

2. 职务代理行为的法律后果

职务代理行为是代理人在有代理权的前提下所为之行为，是有权代理行为，其法律后果归属于法人。当事人无代理权、超越代理权或代理权终止后所为之行为，则属于无权代理，该行为只是当事人之个人行为，且行为的法律后果由当事人个人承担。可见，代理权之有无，是判别职务行为与个人行为的根本标准。

职务代理人的职权范围依据法律、法规、交易习惯或单位的规章制度来确定。这种职权范围可以通过规章制度等文件加以限制，但这种限制不得对抗第三人。

《民法典》第一百七十条规定："执行法人或者非法人组织工作任务的人员，就其职权范围内的事项，以法人或者非法人组织的名义实施的民事法律行为，对法人或者非法人组织发生效力。法人或者非法人组织对执行其工作任务的人员职权范围的限制，不得对抗善意相对人。"

学中做 1-7

甲公司法定代表人张某与乙公司订立借款合同，约定甲公司从乙公司处借款100万元，甲公司法定代表人承担连带还款责任。借款到期前，张某卸任，王某继任甲公司法定代表人，现借款到期未能偿还。

讨论：

（1）乙公司是否有权请求甲公司偿还借款？

（2）乙公司能否请求原法定代表人张某承担连带还款责任？

（五）代理权的终止

1. 委托代理的终止

根据《民法典》第一百七十三条的规定，有下列情形之一的，委托代理终止：

（1）代理期限届满或者代理事务完成；

（2）被代理人取消委托或者代理人辞去委托；

（3）代理人丧失民事行为能力；

（4）代理人或者被代理人死亡；

（5）作为代理人或者被代理人的法人、非法人组织终止。

被代理人死亡后，有下列情形之一的，委托代理人实施的代理行为有效：1）代理人不知道并且不应当知道被代理人死亡；2）被代理人的继承人予以承认；3）授权中明确代理权在代理事务完成时终止；4）被代理人死亡前已经实施，为了被代理人的继承人的利益继续代理。

作为被代理人的法人、非法人组织终止的，参照适用以上规定。

2. 法定代理的终止

根据《民法典》第一百七十五条的规定，有下列情形之一的，法定代理终止：

（1）被代理人取得或者恢复完全民事行为能力；

（2）代理人丧失民事行为能力；

（3）代理人或者被代理人死亡；

（4）法律规定的其他情形。

学中做 1-8

［案例一］甲公司为向银行借款，由其副总与乙公司财务部经理商量，要求乙公司为其担保。乙公司财务部经理未经乙公司领导同意，就在甲公司带来的银行格式借款担保合同的担保人盖章处，盖上了乙公司的财务章。后甲公司到期未能偿还借款，银行要求乙公司承担担保责任，乙公司拒绝。乙公司的抗辩理由是：财务部经理对外提供担保未经公司授权，其盖章行为属于利用职务之便，不能代表公司。

［案例二］甲公司与乙公司在多个领域有合作关系，乙公司也多次为甲公司向丙银行融资提供过担保。担保手续均由乙公司办公室主任亲自办理。某日甲公司又向丙银行借款，并向银行表示由乙公司提供担保。丙银行按照惯常做法，将借款担保合同交乙公司办公室主任，由该主任在合同上担保人处盖章。合同盖章后，即交丙银行。后甲公司未能按期偿还借款，银行要求乙公司承担担保责任，乙公司抗辩认为：乙公司办公室主任在盖章前一周已被免职，盖章的当天该主任只是在办公室整理、交接文件，已不能代表乙公司。

讨论：分析以上两案例中乙的担保合同是否有效，并概括总结表见代理和狭义的无权代理的区别。

六、诉讼时效

（一）诉讼时效的概念

视频：诉讼时效

诉讼时效是对权利人行使民事权利法定期间的问题所作的法律规定，是规定权利人不在法定期间内行使权利，就不能在民事诉讼中胜诉并请求法院强制义务人履行义务的法律制度。

民事权利的享有者没有在法定的诉讼时效期间内及时行使权利，将导致其不能在民事诉讼中胜诉并请求法院强制义务人履行义务的法律后果，也就是说法律不再给予其强制性的保护。权利人超出诉讼时效期间不行使民事权利，只是使该权利失去了国家强制力的保护，但该权利本身并没有因此而消灭。《民法典》第一百九十二条规定：“诉讼时效期间届满的，义务人可以提出不履行义务的抗辩。诉讼时效期间届满后，义务人同意履行的，不得以诉讼时效期间届满为由抗辩；义务人已经自愿履行的，不得请求返还。”也就是说，超出诉讼时效期间以后义务人自动履行义务的，权利人有权接受；义务人履行义务以后，以自己不知道关于诉讼时效的规定为由，向人民法院起诉要求权利人返还的，人民法院不予支持。

（二）诉讼时效的适用范围

1. 诉讼时效适用于请求权

请求权适用于诉讼时效，意味着请求权以外的其他民事权利，不存在适用诉讼时效的问题。

2. 并非所有的请求权都适用诉讼时效

根据《民法典》第一百九十六条的规定，下列请求权不适用诉讼时效的规定：

（1）请求停止侵害、排除妨碍、消除危险；

（2）不动产物权和登记的动产物权的权利人请求返还财产；

（3）请求支付抚养费、赡养费或者扶养费；

（4）依法不适用诉讼时效的其他请求权。

3. 不适用诉讼时效的债权请求权

当事人可以对债权请求权提出诉讼时效抗辩，但对下列债权请求权提出诉讼时效抗辩的，人民法院不予支持：

（1）支付存款本金及利息请求权；

（2）兑付国债、金融债券以及向不特定对象发行的企业债券本息请求权；

（3）基于投资关系产生的缴付出资请求权。

（三）诉讼时效的类型

诉讼时效期间属于法定期间，当事人无权对诉讼时效期间作出与法律不同的约定。诉讼时效的类型有以下三种：

1. 普通诉讼时效

普通诉讼时效是指在法律没有特别规定的情况下，请求权所应适用的诉讼时效。《民法典》第一百八十八条第一款规定：“向人民法院请求保护民事权利的诉讼时效期间为三年。法律另有规定的，依照其规定。”该规定明确指出在一般情况下，即凡是法律没有特殊规定的情况下，诉讼时效期间均为三年。

2. 特别诉讼时效

特别诉讼时效是指特定债权不适用普通诉讼时效，而适用法律为其特别规定的诉讼时效。《民法典》第五百九十四条规定：“因国际货物买卖合同和技术进出口合同争议提起诉讼或者申请仲裁的时效期间为四年。”

3. 民事权利的最长保护期限

民事权利的最长保护期限为二十年。

（四）诉讼时效期间的起算

诉讼时效期间的起算是指从什么时候开始计算诉讼时效。《民法典》第一百八十八条第二款规定："诉讼时效期间自权利人知道或者应当知道权利受到损害以及义务人之日起计算。法律另有规定的，依照其规定。但是，自权利受到损害之日起超过二十年的，人民法院不予保护，有特殊情况的，人民法院可以根据权利人的申请决定延长。"

这是我国民法关于诉讼时效起算的一般规定。诉讼时效期间的起算，法律有特别规定的，应依法律的特别规定。例如，我国《海商法》第二百五十八条规定，海上旅客运输中有关旅客人身伤害向承运人要求赔偿的诉讼时效期间，自旅客离船或者应当离船之日起计算。

学中做 1-9

陈某于2018年1月2日借给宋某10 000元，宋某出具欠条一张，欠条载明"今借陈某壹万元整（10 000元），3月份归还"。其后，陈某于2019年12月29日通过电话向宋某追偿该借款，但宋某之妻王某在通话过程中以没钱为由拒绝给付。2020年1月5日陈某将宋某诉至法院，要求其返还借款及利息。

讨论：陈某的起诉是否超过诉讼时效？为什么？

（五）特殊情况下诉讼时效期间的计算

1. 诉讼时效的中止

诉讼时效的中止是指在诉讼时效进行中，因法定事由的发生而使权利人无法行使请求权，则暂时停止计算诉讼时效期间。

《民法典》第一百九十四条规定，在诉讼时效期间的最后六个月内，因下列障碍，不能行使请求权的，诉讼时效中止：（1）不可抗力；（2）无民事行为能力人或者限制民事行为能力人没有法定代理人，或者法定代理人死亡、丧失民事行为能力、丧失代理权；（3）继承开始后未确定继承人或者遗产管理人；（4）权利人被义务人或者其他人控制；（5）其他导致权利人不能行使请求权的障碍。自中止时效的原因消除之日起满六个月，诉讼时效期间届满。

2. 诉讼时效的中断

诉讼时效的中断是指在诉讼时效进行中，因法定事由的发生致使已经进行的诉讼时效期间全部归于无效，诉讼时效期间重新计算。

《民法典》第一百九十五条规定，有下列情形之一的，诉讼时效中断，从中断、有关程序终结时起，诉讼时效期间重新计算：（1）权利人向义务人提出履行请求；（2）义务人同意履行义务；（3）权利人提起诉讼或者申请仲裁；（4）与提起诉讼或者申请仲裁具有同等效力的其他情形。

诉讼时效中断的事由发生后，以前已经进行的诉讼时效全部归于无效，诉讼时效重新计算。而且在新的诉讼时效期间内，可因上述几种法定事由的再次出现而导致诉讼时效再次中断。

权利最长保护期间为不变期间，不适用中止、中断规则。

单元三　经济法概述

一、经济法的含义

（一）通俗意义的“经济法”

经济法，从字面上看，我们可以理解为“有关经济活动与经济关系”的法。也就是说，凡是约束经济活动与经济关系的法，我们都可以通俗地称之为“经济法”。

在市场经济体制下，市场是资源配置的主要手段和经济活动的主要载体，经济活动与经济关系首先表现为市场主体之间以“平等”“自愿”为基础的、横向的市场交易行为与关系。然而，由于市场具有自发性、盲目性等固有缺陷，国家权力亦需要在必要的时机和场合，对横向的市场交易行为与关系进行必要的组织、指挥、计划、协调、引导、控制、调节、干预、监督等一系列的管理，以克服市场缺陷、维护正常的市场经济秩序、更好地实现公共利益，从而在国家与市场主体之间形成纵向的经济管理关系。同时，市场主体依法正确、妥善解决相互之间在市场交易活动中发生的纠纷，亦是经济活动与经济关系中的重要内容。

根据以上分析，高等职业教育商科类专业的学生将来从事经济活动的内容，可以概括为以下三个方面：第一，在自身满足法定条件的情况下与其他市场主体平等、自由地开展交易活动，在这种活动中，通常国家不予直接干预；第二，在从业过程中接受、服从国家为维护经济秩序、实现公共利益而依法进行的必要的经济管理；第三，处理经济活动中的纠纷。

以上三方面的经济活动以及由此形成的经济关系所涉及的法，我们可以将其称为通俗意义的“经济法”。本教材“经济法”的名称，就是在这个意义上使用的；在本教材中，如无专门说明，“经济法”的含义亦指其通俗意义。

（二）部门法意义的“经济法”

从严格的法律体系的角度来看，根据法的调整对象（即法所管辖的具体社会内容）的不同，将法的整体划分成若干个法律部门。

“经济法”作为一个独立的法律部门，主要是指调整国家管理市场经济的过程中形成的经济管理关系的法。这个“经济法”才是法学意义的“经济法”。

二、经济法的内容

通俗意义的“经济法”所包括的内容，主要涵盖以下法律部门：

（一）民商法

作为独立的法律部门，民法是调整平等主体之间的财产关系与人身关系的法律规范的总称，商法是调整平等主体之间的商事关系或商事行为的法律规范的总称。从我国“民商合一”的立法实践与主流观点来看，民法与商法是一般法和特别法的关系，它们主要规定和解决市场主体之间如何平等公平、独立自主开展经济活动的法律问题。通过学习民商法，我们可以知道怎样才能成为一个合法的市场主体，合法、平等的市场主体之间可以从事怎样的经济活动，以及怎样与其他平等主体从事合法的经济活动。

（二）经济法

经济法作为一个独立的法律部门，主要是调整国家在经济管理中发生的经济关系的法律规范的总称，即国家为维护市场经济秩序、实现公共利益而对市场交易活动与关系进行组织、指挥、计划、协调、引导、控制、调节、干预、监督等一系列管理活动的法。

市场主体除了与其他主体平等、自由地开展交易活动外，还必须接受国家为维护公共利益和市场秩序而进行的必要的管理与监督，相关的经济活动要受到“经济法”部门的约束和调整。通过学习经济法这一法律部门，我们可以知道在从事的经济活动中，要受到国家的哪些管理，以及国家如何来进行管理。

（三）民事程序法

在从事交易活动的过程中，市场主体之间不可避免地会产生各种各样的经济纠纷。民事程序法就是针对解决这些纠纷最权威的两种方式——民事诉讼与仲裁——所作的法律规定。

通过学习民事程序法，我们可以知道如何通过最权威的途径和方式解决民事经济纠纷、维护自身合法权益。

模块小结

学生通过本模块对法的基本理论、民法的相关规定及经济法概述的学习，对法的基本概念、特征及法的本质有了一定的了解，并对当代中国法律部门、法的渊源及中国特色社会主义法律体系进行了把握，进而为民法的相关规定即民事法律关系的相关内容、民事权利体系、民事行为的效力及代理、诉讼时效制度的相关规定的学习奠定基础。了解了经济法的含义和内容，能区分通俗意义的“经济法”和部门法意义的“经济法”。

实训练习

一、应知考核

（一）单项选择题

1. 法的形式的种类，主要是依据创制法的国家机关不同、创制方式不同而进行划分的。在我国，法律的制定机关是（　　）。

A. 国务院及各部委

B. 国务院及省级人民政府

C. 全国人民代表大会及其常务委员会

D. 全国人民代表大会及省级人民代表大会

2. 下列规范性文件中，属于行政法规的是（　　）。

A. 全国人民代表大会常务委员会制定的《中华人民共和国公司法》

B. 国务院制定的《中华人民共和国外汇管理条例》

C. 深圳市人民代表大会制定的《深圳经济特区注册会计师条例》

D. 中国人民银行制定的《人民币银行结算账户管理办法》

3. 不同形式的法具有不同的效力等级，下列各项中，效力低于地方性法规的是（　　）。

A. 宪法　　B. 法律

C. 行政法规　　D. 同级地方政府规章

4. 下列各项中，不属于委托代理终止的法定情形是（　　）。

A. 代理期间届满　　B. 代理人辞去委托

C. 被代理人恢复民事行为能力　　D. 被代理人取消委托

5. 代理人和相对人恶意串通，损害被代理人合法权益的，（　　）。

A. 代理人承担民事责任，相对人不负责任

B. 相对人承担民事责任，代理人不负责任

C. 代理人和相对人应当承担连带责任

D. 先由代理人承担民事责任，代理人无法承担责任的，由相对人承担责任

6. 下列关于代理特征的表述中，错误的是（　　）。

A. 代理是代理人独立所为的民事法律行为

B. 代理人以自己的名义实施民事法律行为

C. 代理人在代理权限内独立进行意思表示

D. 代理的法律后果直接归于被代理人

7. 下列情形中，构成无权代理的是（　　）。

A. 公民甲委托公民乙到某杂志社领取自己的稿酬，并出具了委托书

B. 某公司法定代表人甲以本公司名义为朋友乙提供担保

C. 大学生甲受乙之托，代替乙参加演出

D. 无业人员甲谎称某企业推销员，向乙推销该企业产品

8. 甲原系乙公司的采购员，长期负责乙公司与丙公司的货物采购业务。甲与乙公司解除劳动关系后仍以乙公司名义与丙公司订立了货物采购合同，丙公司对甲的工作变动毫不知情。后丙公司按照合同约定供货，乙公司以甲无权代理为由拒收。下列关于甲订立合同的行为及其后果的表述正确的是（　　）。

A. 甲的行为系表见代理，应由乙公司承担该行为的法律后果

B. 甲的行为系表见代理，应由甲与乙公司共同承担该行为的法律后果

C. 甲的行为系无权代理，应由甲承担该行为的法律后果

D. 甲的行为系无权代理，应由甲与乙公司共同承担该行为的法律后果

9. 下列各项法律事实中，属于法律行为的是（　　）。

A. 甲、乙两公司签订买卖合同

B. 太平洋地震引发海啸

C. 南方遭受洪涝灾害

D. 火山喷发引发森林大火

10. 甲、乙双方签订一份房屋装修合同，由此形成的法律关系客体是（　　）。

A. 被装修的房屋

B. 甲、乙双方应当收付的款项

C. 乙方承揽的装修劳务行为

D. 甲、乙双方承担的权利和义务

11. 甲、乙双方签订一份销售 10 辆汽车的合同，由此形成的经济法律关系客体是（　　）。

A. 乙方销售的该 10 辆汽车

B. 甲、乙双方

C. 乙方销售汽车的销售行为

D. 甲、乙双方承担的权利和义务

12. 法律关系发生、变更和消灭的直接原因是（　　）。

A. 法律规范　　B. 法律主体

C. 法律事实　　D. 法律行为

13. 根据《民法典》的规定，向人民法院请求保护民事权利的诉讼时效期间为（　　）。法律另有规定的，依照其规定。

A. 三年　　B. 两年

C. 一年　　D. 二十年

14. 诉讼时效期间届满，权利人丧失的是（　　）。

A. 上诉权　　B. 申诉权

C. 实体权　　D. 胜诉权

15. 下列关于诉讼时效期间届满后法律后果的表述中，符合法律规定的是（　　）。

A. 当事人在诉讼时效期间届满后起诉的，人民法院不予受理

B. 诉讼时效期间届满，义务人自愿履行了义务后，可以以诉讼时效期间届满为由主张恢复原状

C. 诉讼时效期间届满后，当事人自愿履行义务的，不受诉讼时效限制

D. 诉讼时效期间届满后，权利人的实体权利消灭

16. 根据民事法律制度的规定，对始终不知道自己权利受侵害的当事人，其最长诉讼时效期间是（　　）。

A. 三十年　　B. 二十年

C. 两年　　D. 一年

17. 构成法律关系主体的必要条件是（　　）。

A. 权利和义务　　B. 物和行为

C. 法人和自然人　　D. 权利能力和行为能力

（二）多项选择题

1. 下列各项中，属于民事法律行为的有（　　）。

A. 甲商场与乙企业签订彩电买卖合同

B. 丙采摘自家地里种植的水果

C. 丁放弃一项债权

D. 戊完成一项发明创造

2. 下列法律法规中，不属于行政规章的有（　　）。

A.《中华人民共和国证券法》

B.《中华人民共和国市场主体登记管理条例》

C.《行政单位国有资产管理暂行办法》

D.《中华人民共和国公司法》

3. 下列各项中，不属于行政法规的有（　　）。

A. 北京市人民代表大会常务委员会通过的《北京市招标投标条例》

B. 全国人民代表大会通过的《中华人民共和国会计法》

C. 以国务院令发布的《中华人民共和国进出口商品检验法实施条例》

D. 全国人民代表大会通过的《中华人民共和国公司法》

4. 法的形式和种类，主要是依据创制法的国家机关不同、创制方式不同而进行划分的，下面对法的形式的描述正确的有（　　）。

A. 宪法是由全国人民代表大会制定的

B. 行政法规是由全国人民代表大会及其常务委员会经一定立法程序制定的规范性文件

C. 地方政府规章是有权制定地方性法规的地方人民政府根据法律、行政法规制定的规范性文件

D. 地方性法规是省、自治区、直辖市的人民代表大会及其常务委员会制定、发布的规范性文件

5. 我国法的形式主要有（　　）。

A. 宪法　　B. 法律

C. 行政法规　　D. 部门规章

6. 代理是由代理人实施的法律行为，正常情况下代理具有的特征有（　　）。

A. 代理人以被代理人的名义实施法律行为

B. 代理人直接向第三人进行意思表示

C. 代理人在代理权限内独立进行意思表示

D. 代理行为的法律后果由代理人与被代理人共同承担

7. 某律师对于客户的下列代理请求可以接受的有（　　）。

A. 客户甲请求律师代理签订收养子女的协议

B. 客户乙请求律师代理起诉债务人

C. 客户丙请求律师代理出售房屋

D. 客户丁请求律师代理婚姻登记

8. 根据我国法律制度的规定，下列各项中，能够成为法律关系主体的有（　　）。

A. 自然人　　B. 商品

C. 法人　　D. 行为

9. 下列各项中，能够引起法律关系发生、变更和消灭的事实有（　　）。

A. 自然灾害　　B. 公民死亡

C. 签订合同　　D. 提起诉讼

10. 法律关系的三个构成要素包括（　　）。

A. 主体　　B. 内容

C. 客体　　D. 行为

11. 下列代理行为中，属于滥用代理权的有（　　）。

A. 超越代理权进行代理

B. 代理人与第三人恶意串通，损害被代理人利益

C. 没有代理权而进行代理

D. 代理他人与自己进行民事行为

12. 代理是指代理人在代理权限内，以被代理人的名义与第三人实施法律行为，代理关系包括（　　）。

A. 被代理人与代理人之间的关系

B. 被代理人与第三人之间的关系

C. 代理人与第三人之间的关系

D. 代理人之间的关系

13. 法律禁止滥用代理权。代理人滥用代理权的法律后果包括（　　）。

A. 其行为视为无效行为

B. 其行为属于可撤销行为

C. 给被代理人及他人造成损失的，应当承担相应的赔偿责任

D. 代理人和第三人串通，损害被代理人利益的，由代理人和第三人负连带责任

14. 下列选项中，属于表见代理构成要件的有（　　）。

A. 代理人无代理权

B. 相对人主观上为善意

C. 客观上有使相对人相信无权代理人具有代理权的情形

D. 被代理人予以追认

15. 下列行为人中，属于完全民事行为能力人的有（　　）。

A. 18 周岁以上的健康公民

B. 16 周岁以上 18 周岁以下的健康公民

C. 16 周岁以上 18 周岁以下，以自己的劳动收入为主要生活来源的公民

D. 18 周岁以上，不能完全辨认自己行为的精神病人

16. 甲到乙公司以 10 000 元的价格购买了一台电脑，下列各项中，属于该法律关系主体的有（　　）。

A. 甲　　　　　　　　B. 乙公司

C. 甲请求乙公司交付电脑　　D. 乙公司请求甲支付 10 000 元

17.《民法典》规定，有下列（　　）情形之一的，诉讼时效中断，从中断、有关程序终结时起，诉讼时效期间重新计算。

A. 权利人向义务人提出履行请求

B. 义务人同意履行义务

C. 权利人提起诉讼或者申请仲裁

D. 与提起诉讼或者申请仲裁具有同等效力的其他情形

二、应会考核

（一）案例分析题

1. 甲公司与乙公司系业务联系较紧密的两家公司，在多个领域有合作关系，乙公司也多次为甲公司向丙银行融资提供过担保，担保手续均由乙公司办公室主任亲自办理。某日，甲公司又向丙银行借款，并向银行表示由乙公司提供担保。丙银行按照惯常做法，将借款担保合同交乙公司办公室主任，该主任在合同上担保人处盖章，合同盖章后，即交银行存档。后因甲公司未能按期偿还借款，银行要求乙公司承担担保责任，乙公司拒绝承担担保责任，并提出担保合同无效抗辩。理由是：乙公司办公室主任盖章前一周已因个人问题被免职，盖章的当天该主任只是在办公室整理、交接文件，已不能代表乙公司为甲公司提供担保。

思考：乙公司是否应承担担保责任？为什么？

2. 李某于 2018 年 10 月 10 日借给张某 10 000 元，张某出具欠条一张，欠条载明“今从李某处借得壹万元整（10 000 元），于 2018 年 12 月 10 日前归还”。其后，李某于 2021

年 10 月 29 日向张某主张归还该借款，张某当即表示于 2021 年 12 月 30 日前归还。直到 2022 年 6 月 1 日李某诉至法院，要求张某归还借款并支付利息。

思考：李某起诉是否超过诉讼时效？李某的请求能否得到法院的支持？

（二）实践操作

请按照相关法律要求准确判断一组民事法律关系的要素。

任务要求：

（1）假设在当事人之间存在一组民事法律关系，如买卖、赠与、代理等；

（2）以小组为单位，请同学们担任该组法律关系中的不同角色，分析该组法律关系的三要素，明确该法律关系的主体、客体和内容。

考核要求：

法律关系主体、客体明确，主体的权利义务清晰，以便能更好地解决由法律关系引起的相关法律问题。

模块二 企业法律制度

◆ 知识目标

1. 熟悉公司与合伙企业设立的条件和公司登记的基本程序；
2. 了解公司经营过程的相关法律规定。

◆ 能力目标

1. 能顺利组建公司；
2. 能掌握公司的组织机构及其相应的职责。

◆ 素养目标

1. 具有探索精神，能以积极的心态解决问题；
2. 具备一定的创新思维，能创新性地完成工作；
3. 明确进入市场的主体需具备的社会担当。

企业是市场经济活动中最活跃、最重要的主体。企业是指运用各种生产要素，在生产、流通、服务等领域满足社会需要，实行自主经营、自负盈亏、独立核算的营利性经济组织。在国际上，对企业形式的分类的通行标准是企业投资人的出资方式和责任承担形式，而我国基于市场经济的要求，则以财产的组织形式和所承担的法律责任来划分。目前，我国较为常见的企业形式包括公司制企业（以下简称公司）、合伙企业和个人独资企业。我国已颁布实施的《中华人民共和国公司法》（2023 年 12 月 29 日修订）、《中华人民共和国合伙企业法》（2006 年 8 月 27 日修订，自 2007 年 6 月 1 日起施行）和《中华人民共和国个人独资企业法》（自 2000 年 1 月 1 日起施行）分别对这三种企业的相关内容作出了规定。除此之外，《中华人民共和国民法典》等相关法律、法规和行政规章中部分条款也涉及上述三种企业。

单元一 公司法

一、公司和公司法概述

（一）公司的概念和特征

视频：公司概述

《中华人民共和国公司法》（以下简称《公司法》）规定，公司是企业法人，有独立的法人财产，享有法人财产权。法人是与自然人并列的民商事主体，具有民事权利能力和民事行为能力，依法独立享有民事权利和承担民事义务的组织。法人以其自己的财产对公司的债务承担责任。

公司具有以下特征：

1. 社团性

社团性，即公司通常是由两个或两个以上股东出资组成。一人公司、国有独资公司虽然只有一个股东，但其仍然是一个组织体，仍然体现了社团性特征。

2. 法人性

法人性，即公司以其独立的财产为基础，具有独立的法律人格。这里所指的独立的公司财产，一般由公司股东的出资而形成。公司的法人性要求公司具备法人的四个基本条件。

3. 营利性

营利性，即公司的设立及开展的生产经营活动都必须有明确的营利性目的，这是公司区别于其他公益法人、国家机关等社会组织的表现。根据《民法典》第七十六条的规定：“以取得利润并分配给股东等出资人为目的成立的法人，为营利法人。营利法人包括有限责任公司、股份有限公司和其他企业法人等。”

（二）公司的分类

各国的公司种类繁多。依照不同的标准，有不同的分类。

1. 根据公司的信用基础划分

根据公司的信用基础划分，公司可分为人合公司、资合公司、人合兼资合公司。

（1）人合公司是指公司的信用基础在于股东个人财产信用，这意味着股东对公司债务要承担无限责任。无限公司是最典型的人合公司。

（2）资合公司是指公司的信用基础在于公司的资产，与股东的资产无涉，这意味着股东对公司债务仅以出资为限承担责任。在我国，股份有限公司中的上市公司是典型的资合公司。

（3）人合兼资合公司是指信用基础兼具股东个人财产信用与公司财产信用的公司。两合公司、股份两合公司属于这类。在我国，有限责任公司属于人合为主兼具资合性质的公司；股份有限公司中的非上市公司以资合为主，兼具一定的人合性质。

2. 根据公司的国籍划分

根据公司的国籍划分，公司可分本国公司、外国公司。

（1）本国公司是在本国境内设立的有限责任公司与股份有限公司。

（2）外国公司是依照外国法律在本国境外设立的公司。

3. 根据公司内部的管辖系统划分

根据公司内部的管辖系统划分，公司可分为总公司和分公司。

（1）总公司，又称本公司，是指依法设立并管辖公司全部组织的具有企业法人资格的总机构。

（2）分公司是总公司的分支机构，在业务、资金、人事等方面受总公司管辖。分公司有依法从事业务活动的营业执照，具有独立的诉讼主体资格，但不具有法人资格，其民事责任由总公司承担。

4. 根据一个公司对另一个公司的控制与依附关系划分

根据一个公司对另一个公司的控制与依附关系划分，公司可分为母公司和子公司。

（1）母公司是指拥有其他公司一定数额的股份，或根据协议能够控制、支配其他公司的人事、财务、业务等事项的公司。母公司最基本的特征，不在于是否持有子公司的股份，而在于是否参与子公司业务经营。

（2）子公司是指一定数额的股份被另一公司控制或依照协议被另一公司实际控制、支配的公司。子公司具有独立法人资格，拥有自己所有的财产，自己的公司名称、章程和董事会，对外独立开展业务和承担责任。但涉及公司利益的重大决策或重大人事安排，仍要由母公司决定。我国《公司法》第十三条规定："公司可以设立子公司。子公司具有法人资格，依法独立承担民事责任。"

5. 根据股东对公司的责任范围和组织形式划分

根据股东对公司的责任范围和组织形式划分，公司可分为无限责任公司、两合公司、有限责任公司、股份有限公司、股份两合公司。

（1）无限责任公司是指由两个以上的股东组成、全体股东对公司债务负无限连带责任的公司。股东关系具有合伙性，公司组织具有封闭性。我国立法上无这种公司。

（2）两合公司是指由部分无限责任股东和部分有限责任股东共同组成，对公司债务前者负无限连带责任，后者仅以出资额为限承担责任的公司。我国立法上无这种公司。

（3）有限责任公司是指仅以其认缴的出资额为限对公司承担责任，公司以其全部资产对公司债务承担责任的公司。

（4）股份有限公司是指由一定人数的股东组成，公司全部资本分为等额股份，股东以其所认购的股份为限对公司承担责任，公司以其全部资产对公司的债务承担责任的公司。

（5）股份两合公司是指由部分对公司债务负无限连带责任的股东和部分仅以所持股份对公司债务承担有限责任的股东共同组建的公司。我国立法上无这种公司。

学中做 2-1

甲公司设立全资子公司乙公司，丙公司是乙公司的已领取营业执照的分公司。丙公司经营过程中，欠丁公司 50 万元货款未支付。

讨论：丁公司应起诉谁？由谁承担清偿责任？

（三）我国公司法立法上的几类公司

根据我国《公司法》的规定，从组织形式来看，我国公司包括有限责任公司和股份有限公司两种类型。有限责任公司的股东以其认缴的出资额为限对公司承担责任。股份有限公司的股东以其认购的股份为限对公司承担责任。

这两类公司中，又衍生出一些特别的公司类型，如一人公司、国有独资公司、上市公司等。

（四）公司法概述

公司法是指规定公司的设立、组织、活动、解散及其他对内对外关系的法律规范的总称。公司法有广义和狭义之分，狭义的公司法仅指以“公司法”命名的法律。我国现行的《公司法》在 1993 年 12 月 29 日第八届全国人民代表大会常务委员会第五次会议通过，自 1994 年 7 月 1 日起施行，后经数次修订和修正。2023 年 12 月 29 日第十四届全国人民代表大会常务委员会第七次会议对《公司法》进行第二次修订。

《公司法》总则部分针对进一步强化职工民主管理、保护职工合法权益，做出了保护职工合法权益的规定；公司研究决定“解散、申请破产”时听取职工意见的规定；规定公司董事会成员中的职工代表可以成为审计委员会成员；充实了企业社会责任的具体内容，规定了公司、董事会、监事会召开会议和表决可以采用电子通信方式等内容。

同时，《公司法》明确了法人人格否认的相关规定：公司股东应当遵守法律、行政法规和公司章程，依法行使股东权利，不得滥用股东权利损害公司或者其他股东的利益。

公司股东滥用股东权利给公司或者其他股东造成损失的，应当承担赔偿责任。

公司的控股股东、实际控制人、董事、监事、高级管理人员不得利用关联关系损害公司利益。违反相关规定，给公司造成损失的，应当承担赔偿责任。

公司股东滥用公司法人独立地位和股东有限责任，逃避债务，严重损害公司债权人利益的，应当对公司债务承担连带责任。股东利用其控制的两个以上公司实施前款规定行为的，各公司应当对任一公司的债务承担连带责任。

只有一个股东的公司，股东不能证明公司财产独立于股东自己的财产的，应当对公司债务承担连带责任。

学中做 2-2

青岛花花食品有限公司是当地一家颇具规模的食品企业。为了进一步开拓市场，提高市场占有率，公司决定在山东省的几个重要城市——济南、泰安、日照建立分公司，分公司具有独立的法人资格，成立董事会，拥有自己所有的财产，独立承担民事责任。

讨论：青岛花花食品有限公司在建立分公司这一事项上存在哪些误区？

二、公司登记

设立公司，应当依法向公司登记机关申请设立登记。申请设立公司，应当提交设立登记申请书、公司章程等文件，提交的相关材料应当真实、合法和有效。申请材料不齐全或者不符合法定形式的，公司登记机关应当一次性告知需要补正的材料。公司登记事项包括：（1）名称；（2）住所；（3）注册资本；（4）经营范围；（5）法定代表人的姓名；（6）有限责任公司股东、股份有限公司发起人的姓名或者名称。

公司登记机关应当将前款规定的公司登记事项通过国家企业信用信息公示系统向社会公示。

三、公司的设立

（一）公司设立的概念与方式

1. 公司设立的概念

公司设立本质上属于一种法律行为，是指发起人依照法律规定的条件和程序，为组建公司并使其取得法人资格而必须采取和完成的一系列法律行为的总称。

2. 公司设立方式

公司设立方式分为两种：

（1）发起设立，即公司的全部股份或首期发行的股份由发起人自行认购而设立公司的方式。

（2）募集设立，即由发起人认购公司应发行股份的一部分，其余股份向社会公开募集或者向特定对象募集而设立的方式。

有限责任公司只能采取发起设立的方式；股份有限公司既可以采取发起设立方式，也可以采取募集设立方式。

（二）股东的出资

股东出资是公司财产的最初来源，形成公司独立的法人财产。《公司法》第四十八条第一款规定："股东可以用货币出资，也可以用实物、知识产权、土地使用权、股权、债权等可以用货币估价并可以依法转让的非货币财产作价出资；但是，法律、行政法规规定不得作为出资的财产除外。"《中华人民共和国市场主体登记管理条例》第十三条第二款规定："公司股东、非公司企业法人出资人、农民专业合作社（联合社）成员不得以劳务、信用、自然人姓名、商誉、特许经营权或者设定担保的财产等作价出资。"

《公司法》将出资方式分为货币出资和非货币出资两种方式。

1. 货币出资

《公司法》第四十九条规定："股东以货币出资的，应当将货币出资足额存入有限责任公司在银行开设的账户。"

2. 非货币出资

《公司法》第四十八条规定："对作为出资的非货币财产应当评估作价，核实财产，不得高估或者低估作价。法律、行政法规对评估作价有规定的，从其规定。"

《公司法》第四十九条规定："（股东）以非货币财产出资的，应当依法办理其财产权的转移手续。"

非货币出资形式主要包括以下三种：

（1）实物。实物即民法上的物，包括动产、不动产等有形财产。我国对于实物出资要求一次全部付清并办理实物出资的转移手续。

（2）知识产权。对于股东出资的知识产权应当依法评估作价，评估需要提供相关材料。

（3）土地使用权。《公司法》规定股东可以用土地使用权作价出资。用于出资的土地使用权应是未设定权利负担的土地使用权。

学中做 2-3

甲、乙、丙三人设立A有限责任公司，甲以一间房屋出资。

讨论：

（1）甲是否可以在办理房屋过户手续后继续使用该房屋？

（2）甲是否可以仅将房屋交付给公司使用而不办理过户手续？

（3）该房屋的出租、出售由谁决定，收益归谁？

（4）甲对外负债50万元，债权人是否可以要求执行该房屋？

3. 股东违反出资义务的情形

（1）出资违约的情形。《公司法》第四十九条第一款、第二款规定："股东应当按期足额缴纳公司章程规定的各自所认缴的出资额。""股东以货币出资的，应当将货币出资足额存入有限责任公司在银行开设的账户；以非货币财产出资的，应当依法办理其财产权的转移手续。"

《公司法》第四十九条第三款规定："股东未按期足额缴纳出资的，除应当向公司足额缴纳外，还应当对给公司造成的损失承担赔偿责任。"该条规定了股东的出资义务，如果股东未履行或未全面履行出资义务，应当分别承担以下责任：1）对其他发起人的责任。当发起人未出资或未足额出资时，该发起人应当向已按期足额缴纳出资的其他发起人承担违约责任。2）对公司的责任。该股东需足额缴纳出资，同时公司的其他发起人与该股东承担连带责任。

（2）出资不实的情形。《公司法》第五十条规定："有限责任公司设立时，股东未按照公司章程规定实际缴纳出资，或者实际出资的非货币财产的实际价额显著低于所认缴的出资额的，设立时的其他股东与该股东在出资不足的范围内承担连带责任。"该条规定了股东出资不实的情形，应当由交付该出资的股东补足其差额；公司设立时的其他股东承担连带责任。有限责任公司成立后，董事会应当对股东的出资情况进行核查，发现股东未按期足额缴纳公司章程规定的出资的，应当由公司向该股东发出书面催缴书，催缴出资。未及时履行相关规定的义务，给公司造成损失的，负有责任的董事应当承担赔偿责任。同时，公司法新增了股东失权的相关制度。

（3）抽逃出资的情形。《公司法》第五十三条规定："公司成立后，股东不得抽逃出资。"抽逃出资，是指未经法定程序将出资抽回的行为。公司成立后，公司、股东或者公司债权人以相关股东的行为符合下列情形之一且损害公司权益为由，请求认定该股东抽逃出资的，人民法院应予支持：

1）将出资款项转入公司账户验资后又转出；

2）通过虚构债权债务关系将其出资转出；

3）制作虚假财务会计报表虚增利润进行分配；

4）利用关联交易将出资转出；

5）其他未经法定程序将出资抽回的行为。

违反相关规定的，股东应当返还抽逃的出资；给公司造成损失的，负有责任的董事、监事、高级管理人员应当与该股东承担连带赔偿责任。

（三）公司章程

1. 公司章程的意义

公司章程是公司所必备的，规定公司名称、住所、经营范围、组织机构等对内对外事务的基本法律文件。

设立公司必须依法制定公司章程。章程作为公司设立的必备条件之一，在公司设立登记时必须提交公司登记机关进行登记。

2. 公司章程的内容

各国公司法对公司章程的内容都有明确的规定，这些规定主要体现在公司的记载事项上。公司章程的记载事项根据是否由法律明确规定，分为必要记载事项和任意记载事项。

（1）必要记载事项。必要记载事项涉及公司的根本性质，是每个公司章程必须记载、不可缺少的法定事项。

根据我国《公司法》的相关规定，有限责任公司章程应当载明下列事项：1）公司名称和住所；2）公司经营范围；3）公司注册资本；4）股东的姓名或者名称；5）股东的出资额、出资方式和出资日期；6）公司的机构及其产生办法、职权、议事规则；7）公司法定代表人的产生、变更办法；8）股东会认为需要规定的其他事项。股东应当在公司章程上签名或者盖章。

股份有限公司的章程应当载明的事项包括：1）公司名称和住所；2）公司经营范围；3）公司设立方式；4）公司注册资本、已发行的股份数和设立时发行的股份数，面额股的每股金额；5）发行类别股的，每一类别股的股份数及其权利和义务；6）发起人的姓名或者名称、认购的股份数、出资方式；7）董事会的组成、职权和议事规则；8）公司法定代表人的产生、变更办法；9）监事会的组成、职权和议事规则；10）公司利润分配办法；11）公司的解散事由与清算办法；12）公司的通知和公告办法；13）股东会认为需要规定的其他事项。

公司的法定代表人按照公司章程的规定，由代表公司执行公司事务的董事或者经理担任。

（2）任意记载事项。任意记载事项是指法律未予明确规定是否记载于章程，由章程制定人根据本公司实际情况任意选择记载的事项。公司章程任意记载的事项，只要不违反法律规定、公序良俗，章程制定人就可根据实际需要而载入公司章程。在我国，一般认为，股份有限公司股东会或股东大会认为需要规定的其他事项属于任意记载事项。

3. 公司章程的制定

视公司性质不同，公司章程的制定流程也不同。具体内容将在有限责任公司及股份有限公司部分详述。

4. 公司章程的法律效力

公司章程一经生效，即发生法律约束力。公司章程的社团规章特性，决定了公司章程的效力及于公司及股东成员，同时对公司的董事、监事、经理具有约束力。

（1）对公司的效力。公司章程是公司组织与行为的基本准则，公司必须遵守并执行公司章程。根据公司章程，公司对股东负有义务。因此，一旦公司侵犯股东的权利与利益，股东可以依照公司章程对公司提起诉讼。

（2）对股东的效力。公司章程是公司的自治规章，每一个股东，无论是参与公司初始章程制定的股东，还是以后因认购或受让公司股份而加入公司的股东，公司章程对其均产生契约的约束力，股东必须遵守公司章程的规定并对公司负有义务。

（3）对股东相互之间的效力。公司章程一般被视为已构成股东之间的契约关系，使股东相互之间负有义务，因此，如果一个股东的权利因另一个股东违反公司章程规定的个人义务而受到侵犯，则该股东可以依据公司章程对另一个股东提出权利请求。

（4）对高级管理人员的效力。作为公司的高级管理人员，董事、监事、经理对公司负有诚信义务，因此，公司的董事、监事、经理违反公司章程规定的职责，公司可以依据公司章程对其提出诉讼。

四、公司的合并、分立、变更、破产、解散与清算

（一）公司的合并与分立

1. 公司的合并

公司的合并是指两个以上的公司依照法定程序变为一个公司的行为。其形式有两种：一是吸收合并，即一个公司吸收其他公司后存续，被吸收的公司解散；二是新设合并，即两个或两个以上的公司合并设立一个新的公司，合并各方解散。公司合并后，合并各方的债权、债务，应由合并后存续的公司或者新设的公司承继。

《公司法》第二百二十条规定：“公司合并，应当由合并各方签订合并协议，并编制资产负债表及财产清单。公司应当自作出合并决议之日起十日内通知债权人，并于三十日内在报纸上或者国家企业信用信息公示系统公告。债权人自接到通知之日起三十日内，未接到通知的自公告之日起四十五日内，可以要求公司清偿债务或者提供相应的担保。”

《公司法》第二百二十一条规定：“公司合并时，合并各方的债权、债务，应当由合并后存续的公司或者新设的公司承继。”

2. 公司的分立

公司分立是指一个公司通过依法签订分立协议，不经过清算程序，分为两个或两个以上公司的法律行为。公司分立有两种形式：一是派生分立，即公司以其部分资产另设一个或数个新的公司，原公司存续；二是新设分立，即公司全部资产分别划归两个或两个以上

的新公司，原公司解散。

《公司法》第二百二十二条规定："公司分立，其财产作相应的分割。公司分立，应当编制资产负债表及财产清单。公司应当自作出分立决议之日起十日内通知债权人，并于三十日内在报纸上或者国家企业信用信息公示系统公告。"

《公司法》第二百二十三条规定："公司分立前的债务由分立后的公司承担连带责任。但是，公司在分立前与债权人就债务清偿达成的书面协议另有约定的除外。"

（二）公司的变更

1. 公司变更概述

公司的变更是指公司设立登记事项中某一项或某几项的改变。公司变更的内容主要包括公司名称、住所、法定代表人、注册资本、公司组织形式、经营范围、营业期限、有限责任公司股东或者股份有限公司发起人的姓名或名称的变更。

公司申请变更登记，应当向公司登记机关提交下列文件：公司法定代表人签署的变更登记申请书；依照《公司法》作出的变更决议或者决定；国家市场监督管理总局规定要求提交的其他文件。公司变更登记事项涉及修改公司章程的，应当提交由公司法定代表人签署的修改后的公司章程或者公司章程修正案。变更登记事项依照法律、行政法规或者国务院决定规定在登记前须经批准的，还应当向公司登记机关提交有关批准文件。

2. 公司注册资本变更

公司变更注册资本主要包括增加注册资本（增资）和减少注册资本（减资）。

（1）公司增加注册资本（增资）。《公司法》第二百二十八条规定："有限责任公司增加注册资本时，股东认缴新增资本的出资，依照本法设立有限责任公司缴纳出资的有关规定执行。股份有限公司为增加注册资本发行新股时，股东认购新股，依照本法设立股份有限公司缴纳股款的有关规定执行。"

（2）公司减少注册资本（减资）。《公司法》第二百二十四条规定："公司减少注册资本，应当编制资产负债表及财产清单。公司应当自股东会作出减少注册资本决议之日起十日内通知债权人，并于三十日内在报纸上或者国家企业信用信息公示系统公告。债权人自接到通知之日起三十日内，未接到通知的自公告之日起四十五日内，有权要求公司清偿债务或者提供相应的担保。公司减少注册资本，应当按照股东出资或者持有股份的比例相应减少出资额或者股份，法律另有规定、有限责任公司全体股东另有约定或者股份有限公司章程另有规定的除外。"

（三）公司的破产

公司因不能清偿到期债务，经该公司或其债权人向有管辖权的人民法院提出申请，被依法宣告破产的，由人民法院依照有关法律规定，组织股东、有关机关及有关专业人员成立清算组，对公司进行破产清算。

（四）公司的解散与清算

1. 公司的解散

公司的解散是指对成立的公司，因公司章程或法律规定的事由出现，依法使公司法人资格消灭的法律行为。公司解散的原因如下：

（1）公司章程规定的营业期限届满或者公司章程规定的其他解散事由出现；

（2）股东会或者股东大会决议解散；

（3）因公司合并或者分立需要解散；

（4）依法被吊销营业执照、责令关闭或者被撤销；

（5）人民法院依照《公司法》相关规定予以解散。

公司经营管理发生严重困难，继续存续会使股东利益受到重大损失，通过其他途径不能解决的，持有公司百分之十以上表决权的股东，可以请求人民法院解散公司。

2. 公司的清算

公司解散，应依法成立清算组进行清算。有限责任公司的清算组由股东组成，股份有限公司的清算组由董事或者股东大会确定的人员组成。逾期不成立清算组进行清算的，债权人可以申请人民法院指定有关人员组成清算组进行清算。清算组依照法定程序行使职权，进行财产处分后，制作清算报告，报股东会或者有关主管机关确认，并报送公司登记机关，申请注销公司登记，公告公司终止。

根据《公司法》第二百三十六条的规定：“公司财产在分别支付清算费用、职工的工资、社会保险费用和法定补偿金，缴纳所欠税款，清偿公司债务后的剩余财产，有限责任公司按照股东的出资比例分配，股份有限公司按照股东持有的股份比例分配。”

五、有限责任公司

（一）有限责任公司的概念

有限责任公司是指依《公司法》设立的，由法律规定的一定人数的股东组成，每个股东以其所认缴的出资额为限对公司承担责任，公司以其全部资产对公司债务承担责任的企业法人。我国《公司法》第三条规定：“公司是企业法人，有独立的法人财产，享有法人财产权。公司以其全部财产对公司的债务承担责任。”

有限责任公司的股东以其认缴的出资额为限对公司承担责任。

（二）有限责任公司的设立

根据《公司法》的相关规定，设立有限责任公司，应当具备下列条件：

（1）由一个以上五十个以下股东出资设立。股东可以是自然人、法人或其他经济组织。

视频：有限责任公司的认缴及股权转让

（2）设立时的股东可以签订设立协议，明确各自在公司设立过程中的权利和义务。同时《公司法》明确了发起人为设立公司所实施行为的法律后果及责任承担相关规则。

（3）设立有限责任公司，应当由股东共同制定公司章程。有限责任公司章程应按《公司法》载明相关事项，股东应当在公司章程上签名或者盖章。

（4）有限责任公司的注册资本为在公司登记机关登记的全体股东认缴的出资额。全体股东认缴的出资额由股东按照公司章程的规定自公司成立之日起五年内缴足。法律、行政法规以及国务院决定对有限责任公司注册资本实缴、注册资本最低限额、股东出资期限另有规定的，从其规定。

（5）有符合国家有关规定的公司名称。依照《公司法》设立的有限责任公司，必须在公司名称中标明有限责任公司或有限公司字样。企业名称由行政区划名称、字号、行业或者经营特点、组织形式组成。其中的字号应当由两个以上汉字组成。企业名称不得有下列情形：

1）损害国家尊严或者利益；

2）损害社会公共利益或者妨碍社会公共秩序；

3）使用或者变相使用政党、党政军机关、群团组织名称及其简称、特定称谓和部队番号；

4）使用外国国家（地区）、国际组织名称及其通用简称、特定称谓；

5）含有淫秽、色情、赌博、迷信、恐怖、暴力的内容；

6）含有民族、种族、宗教、性别歧视的内容；

7）违背公序良俗或者可能有其他不良影响；

8）可能使公众受骗或者产生误解；

9）法律、行政法规以及国家规定禁止的其他情形。

企业名称由申请人自主申报。

（6）建立符合有限责任公司要求的组织机构。

（7）有公司住所。公司以其主要办事机构所在地为住所。

（三）有限责任公司的组织机构

我国《公司法》对有限责任公司组织机构的设置作了灵活性的规定：一般的有限责任公司，其组织机构为股东会、董事会和监事会；股东人数较少和规模较小的有限责任公司，可以不设董事会，设一名董事，行使相关规定的董事会的职权。该董事可以兼任公司经理。可以不设监事会，设一名监事，行使相关规定的监事会的职权；经全体股东一致同意，也可以不设监事。只有一个股东的有限责任公司不设。

1. 股东会

股东会由全体股东组成。股东会是公司的最高权力机构和意思决定机关，依法行使职权。

股东会行使下列职权：（1）选举和更换董事、监事，决定有关董事、监事的报酬事项；（2）审议批准董事会的报告；（3）审议批准监事会的报告；（4）审议批准公司的利润分配方案和弥补亏损方案；（5）对公司增加或者减少注册资本作出决议；（6）对发行公司债券作出决议；（7）对公司合并、分立、解散、清算或者变更公司形式作出决议；（8）修改公司章程；（9）公司章程规定的其他职权。股东会可以授权董事会对发行公司债券作出决议。对本条第一款所列事项股东以书面形式一致表示同意的，可以不召开股东会会议，直接作出决定，并由全体股东在决定文件上签名或者盖章。

首次会议由出资最多的股东召集和主持。此后，有限责任公司会议由董事会召集，董事长主持；董事长不能履行职务或者不履行职务的，由副董事长主持；副董事长不能履行职务或者不履行职务的，由过半数的董事共同推举一名董事主持。董事会不能履行或者不履行召集会议职责的，由监事会召集和主持；监事会不召集和主持的，代表十分之一以上表决权的股东可以自行召集和主持。

股东会会议分为定期会议和临时会议。定期会议应当按照公司章程的规定按时召开。代表十分之一以上表决权的股东，三分之一以上的董事或监事会提议召开临时会议的，应当召开临时会议。

股东会会议由股东按照出资比例行使表决权，但公司章程另有规定的除外。股东会的议事方式和表决程序，除《公司法》有规定的外，由公司章程规定。作出决议，应当经代表过半数表决权的股东通过。股东会作出修改公司章程、增加或者减少注册资本的决议，以及公司合并、分立、解散或者变更公司形式的决议，应当经代表三分之二以上表决权的股东通过。

公司股东会、董事会的会议召集程序、表决方式违反法律、行政法规或公司章程，或者决议内容违反公司章程的，股东自决议作出之日起六十日内，可以请求人民法院撤销。但是，股东会、董事会的会议召集程序或者表决方式仅有轻微瑕疵，对决议未产生实质影响的除外。未被通知参加股东会会议的股东自知道或者应当知道决议作出之日起六十日内，可以请求人民法院撤销；自决议作出之日起一年内没有行使撤销权的，撤销权消灭。

学中做 2-4

A公司原注册资本为100万元，2019年12月，公司决定减少注册资本，股东会以代表二分之一以上表决权的股东通过决议，将公司注册资本减至人民币40万元。

讨论：该公司在减少注册资本过程中是否存在问题？

2. 董事会

董事会是有限责任公司的业务执行机关，享有业务执行权和日常经营的决策权。它是一般有限责任公司的必设机关和常设机关。

有限责任公司董事会成员为三人以上，其成员中可以有公司职工代表。职工人数三百人以上的有限责任公司，除依法设监事会并有公司职工代表的外，其董事会成员中应当有公司职工代表。董事会中的职工代表由公司职工通过职工代表大会、职工大会或者其他形式民主选举产生。

董事会设董事长一人，可以设副董事长。董事长、副董事长的产生办法由公司章程规定。《公司法》未规定董事长的职权，一般而言，董事长的职权有：主持股东会会议，召集和主持董事会会议；检查董事会决议的实施情况；对外代表公司；设立分公司时，向公司登记机关申请登记，领取营业执照；公司章程规定的其他职权。

董事任期由公司章程规定，但每届任期不得超过三年。董事任期届满，连选可以连任。

董事会对股东会负责，行使下列职权：（1）召集股东会会议，并向股东会报告工作；（2）执行股东会的决议；（3）决定公司的经营计划和投资方案；（4）制订公司的利润分配方案和弥补亏损方案；（5）制订公司增加或者减少注册资本以及发行公司债券的方案；（6）制订公司合并、分立、解散或者变更公司形式的方案；（7）决定公司内部管理机构的设置；（8）决定聘任或者解聘公司经理及其报酬事项，并根据经理的提名决定聘任或者解聘公司副经理、财务负责人及其报酬事项；（9）制定公司的基本管理制度；（10）公司章程规定或者股东会授予的其他职权。公司章程对董事会职权的限制不得对抗善意相对人。

董事会会议由董事长召集和主持；董事长不能履行职务或者不履行职务的，由副董事长召集和主持；副董事长不能履行职务或者不履行职务的，由过半数的董事共同推举一名董事召集和主持。

董事会的议事方式和表决程序，除《公司法》有规定的外，由公司章程规定。董事会的议事方式和表决程序，除《公司法》有规定的外，由公司章程规定。董事会会议应当有过半数的董事出席方可举行。董事会作出决议，应当经全体董事的过半数通过。董事会决议的表决，应当一人一票。董事会应当就所议事项的决定做成会议记录，出席会议的董事应当在会议记录上签名。

董事会的会议召集程序、表决方式违反法律、行政法规或公司章程，或者决议内容违反公司章程的，股东可以自决议作出之日起六十日内，请求人民法院撤销。

3. 经理

有限责任公司的经理是负责公司日常经营管理工作的高级管理人员。有限责任公司可以设经理，由董事会决定聘任或者解聘。经理对董事会负责，根据公司章程的规定或者董事会的授权行使职权。经理列席董事会会议。

4. 监事会

有限责任公司设监事会，《公司法》另有规定的除外，规模较小或者股东人数较少的有限责任公司，可以不设监事会，设一名监事，行使本法规定的监事会的职权；经全体股东一致同意，也可以不设监事。监事会成员为三人以上。

监事会应当包括股东代表和适当比例的公司职工代表，其中职工代表的比例不得低于三分之一，具体比例由公司章程规定。监事会中的职工代表由公司职工通过职工代表大会、职工大会或者其他形式民主选举产生。

监事会设主席一人，由全体监事过半数选举产生。监事会主席召集和主持监事会会议；监事会主席不能履行职务或者不履行职务的，由过半数的监事共同推举一名监事召集和主持监事会会议。

监事的任期每届为三年。监事任期届满，连选可以连任。董事、高级管理人员不得兼任监事。

监事会行使下列职权：（1）检查公司财务；（2）对董事、高级管理人员执行职务的行为进行监督，对违反法律、行政法规、公司章程或者股东会决议的董事、高级管理人员提出解任的建议；（3）当董事、高级管理人员的行为损害公司的利益时，要求董事、高级管理人员予以纠正；（4）提议召开临时股东会会议，在董事会不履行本法规定的召集和主持股东会会议职责时召集和主持股东会会议；（5）向股东会会议提出提案；（6）依照《公司法》第一百八十九条的规定，对董事、高级管理人员提起诉讼；（7）公司章程规定的其他职权。

监事可以列席董事会会议，并对董事会决议事项提出质询或者建议。监事会发现公司经营情况异常，可以进行调查；必要时，可以聘请会计师事务所等协助其工作，费用由公司承担。

监事会每年度至少召开一次会议，监事可以提议召开临时监事会会议。监事会的议事方式和表决程序，除《公司法》有规定的外，由公司章程规定。监事会决议应当经全体监事的过半数通过。监事会决议的表决，应当一人一票。监事会应当对所议事项的决定作成会议记录，出席会议的监事应当在会议记录上签名。

（四）有限责任公司的股权转让

1. 自主转让股权

（1）对内转让。有限责任公司的股东之间可以相互转让其全部或者部分股权，无须通知其他股东或经其他股东同意。

股东可以转让部分股权，也可以转让全部股权。在转让部分股权的情况下，转让方仍保留股东身份，只是转让方与受让方各自的股权比例发生变化而已。在全部转让的情况下，转让方退出公司。

（2）对外转让。股东向股东以外的人转让股权，应当将股权转让的数量、价格、支付方式和期限等事项书面通知其他股东，其他股东在同等条件下有优先购买权。股东自接到书面通知之日起三十日内未答复的，视为放弃优先购买权。两个以上股东行使优先购买权的，协商确定各自的购买比例；协商不成的，按照转让时各自的出资比例行使优先购买权。

股东转让股权的，应当书面通知公司，请求变更股东名册；需要办理变更登记的，并请求公司向公司登记机关办理变更登记。公司拒绝或者在合理期限内不予答复的，转让人、受让人可以依法向人民法院提起诉讼。

股权转让的，受让人自记载于股东名册时起可以向公司主张行使股东权利。

学中做 2-5

A 公司股东张某欲对外转让股权，田某可一次性付清股款 10 万元。A 公司另一股东李某也想购买张某的股权，但 10 万元股款需分 10 期付清。

讨论：李某是否享有优先购买权？

2. 因强制执行程序转让股权

人民法院依照法律规定的强制执行程序转让股东的股权时，应当通知公司及全体股东，其他股东在同等条件下有优先购买权。其他股东自人民法院通知之日起满二十日不行使优先购买权的，视为放弃优先购买权。

经自主转让股权或者因强制执行程序而转让股权后，公司应当注销原股东的出资证明书，向新股东签发出资证明书，并相应修改公司章程和股东名册中有关股东及其出资额的记载。对公司章程的该项修改无须再由股东会表决。

3. 因股东行使收购请求权而转让股权

根据《公司法》第八十九条的规定，有下列情形之一的，对股东会该项决议投反对票的股东可以请求公司按照合理的价格收购其股权：（1）公司连续五年不向股东分配利润，而公司该五年连续盈利，并且符合本法规定的分配利润条件的；（2）公司合并、分立、转让主要财产；（3）公司章程规定的营业期限届满或者章程规定的其他解散事由出现，股东会通过决议修改章程使公司存续。

自股东会决议作出之日起六十日内，股东与公司不能达成股权收购协议的，股东可以自股东会决议作出之日起九十日内向人民法院提起诉讼。

公司的控股股东滥用股东权利，严重损害公司或者其他股东利益的，其他股东有权请求公司按照合理的价格收购其股权。

4. 自然人股东因继承而转让股权

有限责任公司的自然人股东如果死亡或者被宣告死亡，其合法继承人可以继承股东资格，但公司章程另有规定的除外。

如果继承人不愿意取得股东资格，则应通过协商或者评估确定该股东的股权价格，由其他股东受让该股权或由公司收购该股权，继承人取得股权转让款。如果该股东有数个合法继承人，且都愿意继承股东资格，则由该数个继承人通过协商确定各自继承股权的份额。

学思之窗

依法诚信经营保障个人财产权益

2021 年 5 月，A 公司与 B 公司签订合作协议，向 B 公司支付 20 000 元款项。B 公司收到款项后未按合同约定履行合同且将公司注销。经查，B 公司系一人有限责任公司，唯一股东为张先生，A 公司诉至法院要求 B 公司的唯一股东张先生退还相应合同款项。张先生作为 B 公司唯一股东，未提交证据证明公司财产独立于其自己财产的相关证据，后 A 公司的诉讼请示得到了法院的支持。

对于一人有限责任公司来说，股东应依法经营，不能将公司财产与个人财产混为一谈。在经营过程中，一人有限责任公司应依会计准则设立独立会计制度，编制财务会计报告并审计。在保证财务独立的前提下，实现股东设立一人有限责任公司的目的。

通过案例的学习，让学生体会遵纪守法、诚实守信的重要性，使学生能在今后的学习、工作和社会交往中提高综合素养，适应社会发展的需要。

六、股份有限公司

（一）股份有限公司的概念

股份有限公司简称股份公司，是指全部资本分为等额股份，股东以其所持股份为限对公司承担责任，公司以其全部资产对公司的债务承担责任的企业法人。

（二）股份有限公司的设立方式

1. 发起设立

发起设立是指由发起人认购设立公司时应发行的全部股份而设立公司。根据《公司法》规定，以发起设立方式设立股份有限公司的，发起人应当认足公司章程规定的公司设立时应发行的股份。

发起人应当在公司成立前按照其认购的股份全额缴纳股款。

发起人的出资，适用《公司法》关于有限责任公司股东出资的规定。

2. 募集设立

募集设立是指由发起人认购设立公司时应发行股份的一部分，其余股份向社会公开募集或者向特定对象募集而设立公司。发起人认购的股份不得少于公司章程规定的公司设立时应发行股份总数的百分之三十五；但法律、行政法规对此另有规定的，从其规定。

募集设立是向社会公开募集股份，因而具有较强的资金筹集能力。向社会公开募集股份的程序包括：

（1）公告招股说明书，制作认股书。招股说明书应当附有发起人制定的公司章程，并载明下列事项：发起人认购的股份数；每股的票面金额和发行价格；无记名股票的发行总数；募集资金的用途；认股人的权利、义务；本次募股的起止期限及逾期未募足时认股人可以撤回所认股份的说明。

（2）签订承销协议和代收股款协议。发起人就股份承销的方式、数量、起止日期、承销费用的计算与支付等具体事项，与证券公司签订承销协议；发起人就代收和保存股款的具体事宜，与银行签订代收股款协议。

（3）发行股份的股款缴足后，必须经依法设立的验资机构验资并出具证明。

（4）召开创立大会。发起人应当自公司设立时应发行股份的股款缴足之日起三十日内主持召开公司成立大会。公司成立大会的职权包括：审议发起人关于公司筹办情况的报告；通过公司章程；选举董事、监事；对公司的设立费用进行审核；对发起人非货币财产出资的作价进行审核；发生不可抗力或者经营条件发生重大变化直接影响公司设立的，可以作出不设立公司的决议。成立大会对上述所列事项作出决议，应当经出席会议的认股人所持表决权过半数通过。

（5）设立登记并公告。董事会应当授权代表，于公司成立大会结束后三十日内向公司登记机关申请设立登记。

3. 公司设立中发起人的责任

发起人是指筹办公司的设立事务、认购公司的股份、实施公司设立行为的人。发起人在设立公司的行为过程中，应当签订发起人协议，明确各自在公司设立中的权利和义务。

发起人不按照其认购的股份缴纳股款，或者作为出资的非货币财产的实际价额显著低于所认购的股份的，其他发起人与该发起人在出资不足的范围内承担连带责任。

学中做 2-6

张大大与王小小在中国境内均无住所，两人拟一起成立一家股份有限公司。两人认购和募集的股本为人民币 300 万元，首次出资额为 10 万元，约定其余部分在 8 年内缴足。

讨论：在该股份有限公司设立的过程中，是否存在不符合我国法律规定的情形？

（三）股份有限公司的设立

设立股份有限公司，应当有一人以上二百人以下为发起人，其中应当有半数以上的发起人在中华人民共和国境内有住所。

发起人承担公司筹办事务；发起人应当签订发起人协议，明确各自在公司设立过程中的权利和义务。

设立股份有限公司，应当由发起人共同制订公司章程。股份有限公司章程应当载明下列事项：（1）公司名称和住所；（2）公司经营范围；（3）公司设立方式；（4）公司注册资本、已发行的股份数和设立时发行的股份数，面额股的每股金额；（5）发行类别股的，每一类别股的股份数及其权利和义务；（6）发起人的姓名或者名称、认购的股份数、出资方式；（7）董事会的组成、职权和议事规则；（8）公司法定代表人的产生、变更办法；（9）监事会的组成、职权和议事规则；（10）公司利润分配办法；（11）公司的解散事由与清算办法；（12）公司的通知和公告办法；（13）股东会认为需要规定的其他事项。

股份有限公司的注册资本为在公司登记机关登记的已发行股份的股本总额。在发起人认购的股份缴足前，不得向他人募集股份。

（四）股份有限公司的组织机构

1. 股东大会

股东大会为股份有限公司的必设机关，是股份有限公司的最高权力机关，由全体股东组成。

《公司法》关于有限责任公司股东会职权的规定，适用于股份有限公司股东大会。关于只有一个股东的有限责任公司不设的规定，适用于只有一个股东的股份有限公司。

股东会应当每年召开一次年会。有下列情形之一的，应当在两个月内召开临时股东会会议：董事人数不足《公司法》规定人数或者公司章程所定人数的三分之二时；公司未弥补的亏损达实收股本总额三分之一时；单独或者合计持有公司百分之十以上股份的股东请求时；董事会认为必要时；监事会提议召开时；公司章程规定的其他情形。

股东会会议由董事会召集，董事长主持；董事长不能履行职务或者不履行职务的，由副董事长主持；副董事长不能履行职务或者不履行职务的，由过半数的董事共同推举一名董事主持。董事会不能履行或者不履行召集股东会会议职责的，监事会应当及时召集和主持；监事会不召集和主持的，连续九十日以上单独或者合计持有公司百分之十以上股份的股东可以自行召集和主持。单独或者合计持有公司百分之十以上股份的股东请求召开临时股东会会议的，董事会、监事会应当在收到请求之日起十日内作出是否召开临时股东会会议的决定，并书面答复股东。

召开股东会会议，应当将会议召开的时间、地点和审议的事项于会议召开二十日前通知各股东；临时股东会会议应当于会议召开十五日前通知各股东。单独或者合计持有公司百分之一以上股份的股东，可以在股东会会议召开十日前提出临时提案并书面提交董事会；临时提案应当有明确议题和具体决议事项。董事会应当在收到提案后二日内通知其他股东，并将该临时提案提交股东会审议；但临时提案违反法律、行政法规或者公司章程的规定，或者不属于股东会职权范围的除外。公司不得提高提出临时提案股东的持股比例。

公开发行股份的公司，应当以公告方式作出前两款规定的通知。

股东会不得对前述通知中未列明的事项作出决议。

股东出席股东会会议，所持每一股份有一表决权，类别股股东除外。公司持有的本公司股份没有表决权。股东会作出决议，应当经出席会议的股东所持表决权过半数通过。股东会作出修改公司章程、增加或者减少注册资本的决议，以及公司合并、分立、解散或者变更公司形式的决议，应当经出席会议的股东所持表决权的三分之二以上通过。

股东委托代理人出席股东会会议的，应当明确代理人代理的事项、权限和期限；代理人应当向公司提交股东授权委托书，并在授权范围内行使表决权。

股东会应当对所议事项的决定作成会议记录，主持人、出席会议的董事应当在会议记录上签名。会议记录应当与出席股东的签名册及代理出席的委托书一并保存。

股东会的会议召集程序、表决方式违反法律、行政法规或者公司章程，或者决议内容违反公司章程的，股东自决议作出之日起六十日内，可以请求人民法院撤销。

2. 董事会

董事会是股份有限公司必设的业务执行和经营意思决定机构，对股东会负责。

董事会由全体董事组成。董事会成员为 3 人以上。董事会成员中可以有公司职工代表。董事会中的职工代表由公司职工通过职工代表大会、职工大会或者其他形式民主选举产生。

董事的产生有两种情况：在公司设立时，采取发起方式设立的公司，董事由发起人选举产生；采取募集方式设立的公司，董事由成立大会选举产生。在公司成立后，董事由股东会选举产生。规模较小或者股东人数较少的股份有限公司，可以不设董事会，设一名董事，行使《公司法》规定的董事会职权。

董事任期由公司章程规定，每届任期不得超过三年。董事任期届满，连选可以连任。

《公司法》关于有限责任公司董事会职权的规定，适用于股份有限公司董事会。

董事会设董事长一人，可以设副董事长。董事长和副董事长由董事会以全体董事的过半数选举产生。董事长召集和主持董事会会议，检查董事会决议的实施情况。副董事长协助董事长工作，董事长不能履行职务或者不履行职务的，由副董事长履行职务；副董事长不能履行职务或者不履行职务的，由过半数董事共同推举一名董事履行职务。

董事会每年度至少召开两次会议，每次会议应当于会议召开十日前通知全体董事和监事。代表十分之一以上表决权的股东、三分之一以上董事或者监事会，可以提议召开临时董事会会议。董事长应当自接到提议后十日内，召集和主持董事会会议。董事会召开临时会议，可以另定召集董事会的通知方式和通知时限。

董事会会议应有过半数的董事出席方可举行。董事会作出决议，必须经全体董事的过半数通过。董事会决议的表决，应当一人一票。

董事会会议，应当由董事本人出席；董事因故不能出席，可以书面委托其他董事代为出席，委托书中应载明授权范围。

董事应当对董事会的决议承担责任。董事会的决议违反法律、行政法规或者公司章程、股东会决议，给公司造成严重损失的，参与决议的董事对公司负赔偿责任；经证明在表决时曾表明异议并记载于会议记录的，该董事可以免除责任。

董事会的会议召集程序、表决方式违反法律、行政法规或者公司章程，或者决议内容违反公司章程的，股东可以自决议作出之日起六十日内，请求人民法院撤销。

学中做 2-7

某股份有限公司董事会由 30 名董事组成。2019 年 10 月，该公司董事长召集并主持召开董事会会议，有 12 名董事亲自出席会议，有一名董事委托董事长出席，另有一名董事委托一名股东（非董事）出席。

讨论：该公司有哪些不符合我国《公司法》规定的地方？

3. 经理

经理是对股份有限公司日常经营管理负有全责的高级管理人员，由董事会聘任或解聘，对董事会负责。根据公司章程的规定或者董事会的授权行使职权。经理列席董事会会议。公司董事会可以决定由董事会成员兼任经理。

规模较小或者股东人数较少的股份有限公司行使董事会职权的董事可以兼任公司经理。

4. 监事会

股份有限公司设监事会，股份有限公司可以按照公司章程的规定在董事会中设置由董事组成的审计委员会，行使《公司法》规定的监事会的职权，不设监事会或者监事。

规模较小或者股东人数较少的股份有限公司，可以不设监事会，设一名监事，行使《公司法》规定的监事会的职权。

监事会成员为三人以上。监事会成员应包括股东代表和适当比例的公司职工代表，其中职工代表的比例不得低于三分之一，具体比例由公司章程规定。监事会中的职工代表由公司职工通过职工代表大会、职工大会或者其他形式民主选举产生。

监事会设主席一人，可以设副主席。监事会主席和副主席由全体监事过半数选举产生。监事会主席召集和主持监事会会议；监事会主席不能履行职务或者不履行职务的，由监事会副主席召集和主持监事会会议；监事会副主席不能履行职务或者不履行职务的，由过半数的监事共同推举一名监事召集和主持监事会会议。

监事的任期每届为三年，任期届满，连选可以连任。董事、高级管理人员不得兼任监事。

《公司法》关于有限责任公司监事会职权的规定，适用于股份有限公司监事会。监事会行使职权所必需的费用，由公司承担。

监事会每六个月至少召开一次会议。监事可以提议召开临时监事会会议。

监事会的议事方式和表决程序，除《公司法》有规定的外，由公司章程规定。监事会决议应当经全体监事的过半数通过。监事会决议的表决，应当一人一票。

监事会应当对所议事项的决定作成会议记录，出席会议的监事应当在会议记录上签名。

（五）股份有限公司的股份转让

股份转让是指股份有限公司的股份持有人依法定条件和程序将其持有的股份让与他人，从而使他人成为公司股东的行为。

股份有限公司的股东持有的股份可以向其他股东转让，也可以向股东以外的人转让；公司章程对股份转让有限制的，其转让按照公司章程的规定进行。主要转让要求如下：

（1）股东转让其股份，应当在依法设立的证券交易场所进行或者按照国务院规定的其他方式进行。

（2）股票的转让，由股东以背书方式或者法律、行政法规规定的其他方式进行；转让后由公司将受让人的姓名或者名称及住所记载于股东名册。

（3）公司公开发行股份前已发行的股份，自公司股票在证券交易所上市交易之日起一年内不得转让。

（4）公司董事、监事、高级管理人员应当向公司申报所持有的本公司的股份及其变动情况，在就任时确定的任职期间每年转让的股份不得超过其所持有本公司股份总数的百分之二十五；所持本公司股份自公司股票上市交易之日起一年内不得转让。上述人员离职后半年内，不得转让其所持有的本公司股份。公司章程可以对公司董事、监事、高级管理人员转让其所持有的本公司股份作出其他限制性规定。

股份在法律、行政法规规定的限制转让期限内出质的，质权人不得在限制转让期限内行使质权。

单元二 合伙企业法

一、合伙企业概述

（一）合伙企业的概念和分类

根据《中华人民共和国合伙企业法》（以下简称《合伙企业法》）的相关规定，合伙企业是指自然人、法人和其他组织以合伙协议为基础，依法在中国境内设立的普通合伙企业和有限合伙企业。其中，普通合伙企业由普通合伙人组成，有限合伙企业由普通合伙人和有限合伙人组成。合伙企业的营业执照签发日期为合伙企业的成立日期。

（二）合伙企业法的概念和分类

合伙企业法有狭义和广义之分。狭义的合伙企业法是指由国家最高立法机关依法制定的、规范合伙企业合伙关系的专门法律，即《合伙企业法》。该法于 1997 年 2 月 23 日由第八届全国人民代表大会常务委员会第二十四次会议通过，2006 年 8 月 27 日第十届全国人民代表大会常务委员会第二十三次会议修订，自 2007 年 6 月 1 日起施行。广义的合伙企业法是指国家立法机关或者其他有权机关依法制定的、调整合伙企业合伙关系的各种法律规范的总称。除《合伙企业法》外，国家有关法律、行政法规和规章中关于合伙企业的法律规范，都属于广义的合伙企业法的范畴。

（三）合伙人

订立合伙协议、出资并设立合伙企业的自然人、法人和其他组织，称为合伙人。依法对合伙企业债务承担无限连带责任的合伙人，为普通合伙人；《合伙企业法》对普通合伙人承担责任的形式有特别规定的，从其规定。依法对合伙企业债务以其认缴的出资额为限承担有限责任的合伙人，为有限合伙人。为保护国有资产与公共利益，维护交易安全，《合伙企业法》第三条规定："国有独资公司、国有企业、上市公司以及公益性的事业单位、社会团体不得成为普通合伙人。"合伙企业领取营业执照前，合伙人不得以合伙企业名义从事合伙业务。

合伙企业及其合伙人的合法财产及其权益受法律保护。根据《合伙企业法》第六条的规定，合伙企业的生产经营所得和其他所得，按照国家有关税收规定，由合伙人分别缴纳所得税。同时，合伙企业及其合伙人必须遵守法律、行政法规，遵守社会公德、商业道德，承担社会责任。

（四）合伙企业的法律基础——合伙协议

合伙协议是指由全体合伙人依法协商一致订立的、处理合伙关系、规范合伙人相互之间的权利义务关系的契约。设立合伙企业，必须提交合伙协议，合伙协议是合伙企业得以成立的法律基础。

订立合伙协议应当遵循自愿、平等、公平、诚实信用原则，遵守《合伙企业法》及其他相关法律、行政法规的规定，由全体合伙人协商一致，以书面形式订立。

为确保合伙人订立合伙协议的有效和全面，保证合伙协议能得到及时全面的履行，《合伙企业法》规定，设立普通合伙企业，合伙协议应当载明下列事项：合伙企业的名称和主要经营场所的地点；合伙目的和合伙经营范围；合伙人的姓名或者名称、住所；合伙人的出资方式、数额和缴付期限；利润分配、亏损分担方式；合伙事务的执行；入伙与退伙；争议解决办法；合伙企业的解散与清算；违约责任。

设立有限合伙企业，合伙协议除应包括上述内容外，还应当载明下列事项：普通合伙人和有限合伙人的姓名或者名称、住所；执行事务合伙人应具备的条件和选择程序；执行事务合伙人权限与违约处理办法；执行事务合伙人的除名条件和更换程序；有限合伙人入伙、退伙的条件、程序以及相关责任；有限合伙人和普通合伙人相互转变程序。

合伙协议经全体合伙人签名、盖章后生效。合伙人按照合伙协议享有权利，履行义务。修改或者补充合伙协议，应当经全体合伙人一致同意，但合伙协议另有约定的除外。合伙协议未约定或者约定不明确的事项，由合伙人协商决定；协商不成的，依照《合伙企业法》和其他有关法律、行政法规的规定处理。

二、普通合伙企业

根据《合伙企业法》的相关规定，普通合伙企业是指由普通合伙人组成，合伙人对合伙债务依法承担无限连带责任的合伙企业。

（一）普通合伙企业的设立

普通合伙企业的设立，即拟设立合伙企业的自然人、法人或者其他组织依照法律、行政法规规定的条件，通过一定的准备工作，向合伙企业登记机关申请设立合伙企业，并由登记机关依法给予登记的行为。

根据《合伙企业法》第十四条、第十五条、第十六条、第十七条的规定，设立普通合伙企业应具备以下条件：

第一，有二个以上合伙人。合伙人为自然人的，应当具有完全民事行为能力。国有独资公司、国有企业、上市公司以及公益性的事业单位、社会团体不得成为普通合伙人。

第二，有书面合伙协议。

第三，有合伙人认缴或者实际缴付的出资。合伙人可以用货币、实物、知识产权、土地使用权或者其他财产权利出资，也可以用劳务出资。合伙人以实物、知识产权、土地使用权或者其他财产权利出资，需要评估作价的，可以由全体合伙人协商确定，也可以由全体合伙人委托法定评估机构评估。合伙人以劳务出资的，其评估办法由全体合伙人协商确定，并在合伙协议中载明。合伙人应当按照合伙协议约定的出资方式、数额和缴付期限，履行出资义务。以非货币财产出资的，依照法律、行政法规的规定，需要办理财产权转移手续的，应当依法办理。

第四，有合伙企业的名称和生产经营场所。其中，合伙企业的名称中应当标明“普通合伙”字样。

第五，法律、行政法规规定的其他条件。

（二）合伙企业的财产

1. 合伙企业财产的范围

合伙企业的财产作为合伙企业存续的物质基础，是合伙企业对外承担责任的担保之一。依照《合伙企业法》的规定，合伙人的出资、以合伙企业名义取得的收益和依法取得的其他财产，均为合伙企业的财产。

2. 合伙企业财产的管理与使用

合伙企业的合伙财产，具有共有财产的性质。对合伙财产的占有、使用、收益和处分，均应当依据全体合伙人的共同意志。因此，根据《合伙企业法》的规定，合伙企业的财产只能由全体合伙人共同管理和使用。这种共同管理与使用具体表现为：

（1）除《合伙企业法》等法律另有规定外，合伙人在合伙企业清算前，不得请求分割合伙企业的财产；合伙人在合伙企业清算前私自转移或者处分合伙企业财产的，合伙企业不得以此对抗善意第三人。

（2）合伙人之间转让在合伙企业中的全部或者部分财产份额时，应当通知其他合伙人。

（3）合伙人向合伙人以外的人转让其在合伙企业中的全部或者部分财产份额时，须经其他合伙人一致同意；同等条件下，其他合伙人有优先购买权。合伙协议另有约定的，从其约定。

（4）合伙人以外的人依法受让合伙人在合伙企业中的财产份额的，经修改合伙协议即成为合伙企业的合伙人，依照《合伙企业法》和修改后的合伙协议享有权利、履行义务。

（5）合伙人以其在合伙企业中的财产份额出质的，须经其他合伙人一致同意；未经其他合伙人一致同意，其行为无效，由此给善意第三人造成损失的，由行为人依法承担赔偿责任。

学中做 2-8

某合伙企业有甲、乙、丙三位合伙人。甲在未经乙、丙同意的情况下，私自将其财产份额部分转让给丁，丁对此并不知情。后丁提出修改合伙协议，明确其财产份额，乙、丙二人以事先不知情为由，拒绝修改合伙协议，并不承认丁的新合伙人身份。于是，丁向甲提出赔偿要求。

讨论：

（1）甲在转让财产份额的过程中，是否存在不符合法律规定的地方？

（2）乙、丙二人拒绝承认新合伙人的做法是否具有法律依据？

（3）丁是否可以要求甲对其损失进行赔偿？

（4）如果你是甲，在转让合伙企业财产份额的时候，应该注意哪些方面？

（三）合伙事务

合伙事务既包括合伙企业内部入伙与退伙、转让与继承、解散与清算、处分合伙企业财产、改变合伙企业名称、延长合伙企业经营期限等行为，也包括合伙企业日常例行的业务活动，如与第三人签订合同、制订经营计划、选择进货渠道、规定商品和服务价格等。

1. 合伙事务的决定

合伙事务的决定是指合伙人对合伙事务作出决议。合伙人对合伙事务作出决议，按照合伙协议约定的表决办法办理。合伙协议未约定或者约定不明确的，实行合伙人一人一票并经全体合伙人过半数通过的表决办法。《合伙企业法》对合伙企业的表决办法另有规定的，从其规定。

除合伙协议另有约定外，合伙企业的下列事项应当经全体合伙人一致同意：改变合伙企业的名称；改变合伙企业的经营范围、主要经营场所的地点；处分合伙企业的不动产；转让或者处分合伙企业的知识产权和其他财产权利；以合伙企业的名义为他人提供担保；聘任合伙人以外的人担任合伙企业的经营管理人员。

2. 合伙事务的执行

合伙事务的执行是指合伙事务决定之后的实施。

（1）合伙事务的执行方式。根据《合伙企业法》的规定，执行合伙事务是合伙人的权利，每个合伙人，不管出资额多少，对合伙事务的执行享有同等的权利。作为合伙人的法人、其他组织执行合伙事务的，由其委派的代表执行。

当然，如果合伙协议有约定或者经全体合伙人决定，也可以委托一个或者数个合伙人对外代表合伙企业，执行合伙事务。在此情形下，其他合伙人不再执行合伙事务，但有权监督执行事务合伙人执行合伙事务的情况——执行事务合伙人应当定期向其他合伙人报告事务执行情况以及合伙企业的经营和财务状况；受委托执行合伙事务的合伙人不按照合伙协议或者全体合伙人的决定执行事务的，其他合伙人可以决定撤销该委托。受委托执行合伙事务的合伙人，其执行合伙事务所产生的收益归合伙企业，所产生的费用和亏损由合伙企业承担。

合伙人分别执行合伙事务的，执行事务合伙人可以对其他合伙人执行的事务提出异议。提出异议时，应当暂停该项事务的执行。如果发生争议，依照合伙协议约定处理，若约定不明的，实行合伙人一人一票并经全体合伙人过半数通过的表决办法。

合伙企业可以聘任合伙人以外的人担任合伙企业的经营管理人员，除合伙协议有约定外，应当经全体合伙人一致同意。被聘任的合伙企业的经营管理人员应当在合伙企业的授权范围内履行职务。被聘任的合伙企业的经营管理人员，超越合伙企业授权范围履行职务，或者在履行职务过程中因故意或者重大过失给合伙企业造成损失的，依法承担赔偿责任。

（2）合伙事务执行中的禁止、限制行为。

1）禁止同业竞争，普通合伙人不得自营或者同他人合作经营与本合伙企业相竞争的业务。

2）限制自我交易，除合伙协议另有约定或者经全体合伙人一致同意外，普通合伙人不得同本合伙企业进行交易。

（3）合伙企业的利润分配、亏损分担。合伙企业的利润分配、亏损分担，按照合伙协议的约定办理。但是，合伙协议不得约定将全部利润分配给部分合伙人或者由部分合伙人承担全部亏损。合伙协议未约定或者约定不明确的，由合伙人协商决定；协商不成的，由合伙人按照实缴出资比例分配、分担；无法确定出资比例的，由合伙人平均分配、分担。

（四）合伙企业与第三人的关系

合伙企业的经营活动不是封闭的，必须通过市场与第三人进行相应的民事活动，达到经营目的。合伙企业与第三人的关系是指合伙企业的外部关系，即合伙企业与合伙企业的合伙人以外的第三人的关系。

1. 合伙企业与善意第三人

根据《合伙企业法》第三十七条的规定，合伙企业对合伙人执行合伙事务以及对外代表合伙企业权利的限制，不得对抗善意第三人。善意第三人是指与合伙企业善意进行民事行为的人，包括善意取得合伙企业财产和善意与合伙企业设定其他法律关系的人。合伙人或聘用的经营管理人员执行合伙企业事务往往受到合伙企业的限制，但合伙企业不能以该行为超越了限制范围为由而拒绝承担该执行人的行为后果。

2. 合伙企业的债务承担

合伙企业的债务是在合伙企业存续期间产生的债务，它既包括由于合伙企业不履行合同所产生的违约之债，也包括由于合伙企业的侵权行为所产生的侵权之债。根据《合伙企业法》第三十八条、第三十九条、第四十条的规定，合伙企业对其债务，应先以其全部财产进行清偿；合伙企业不能清偿到期债务的，合伙人承担无限连带责任；合伙人由于承担无限连带责任，清偿数额超过其亏损分担比例的，有权向其他合伙人追偿。

3. 合伙人个人债务的承担

合伙人的个人债务是指合伙人发生的与合伙企业无关的债务。根据《合伙企业法》的规定，合伙人个人债务的债权人不得以其债权抵销其对合伙企业的债务，也不得代位行使合伙人在合伙企业中的权利。

合伙人的自有财产不足清偿其与合伙企业无关的债务的，该合伙人可以以其从合伙企业中分取的收益用于清偿；债权人也可以依法请求人民法院强制执行该合伙人在合伙企业中的财产份额用于清偿。人民法院强制执行合伙人的财产份额时，应当通知全体合伙人，其他合伙人有优先购买权；其他合伙人未购买，又不同意将该财产份额转让给他人的，为被强制执行的合伙人办理退伙结算，或者办理削减该合伙人相应财产份额的结算。

（五）入伙与退伙

1. 入伙

入伙是指在合伙企业存续期间，合伙人以外的第三人加入合伙企业并取得合伙人资格的法律事实。

新合伙人入伙，除合伙协议另有约定外，应当经全体合伙人一致同意，并依法订立书面入伙协议；订立入伙协议时，原合伙人应当向新合伙人如实告知原合伙企业的经营状况和财务状况。另外，作为自然人的合伙人死亡或者被依法宣告死亡的，对该合伙人在合伙企业中的财产份额享有合法继承权的继承人，如果愿意成为合伙人，并且具有法定或者合伙协议约定的相关资格，则该继承人按照合伙协议的约定或者经全体合伙人一致同意，从继承开始之日起，取得该合伙企业的合伙人资格。

除入伙协议另有约定外，入伙的新合伙人与原合伙人享有同等权利，承担同等责任。新合伙人对入伙前合伙企业的债务承担无限连带责任。

2. 退伙

退伙是指在合伙企业存续期间，合伙人身份归于消灭的法律事实。

（1）退伙的原因。退伙分为自愿退伙、法定退伙和除名退伙，分述如下：

1）自愿退伙。自愿退伙是指合伙人基于自愿的意思表示而退伙。

合伙协议约定合伙期限的，在合伙企业存续期间，有下列情形之一的，合伙人可以退伙：合伙协议约定的退伙事由出现；经全体合伙人一致同意；发生合伙人难以继续参加合伙的事由；其他合伙人严重违反合伙协议约定的义务。合伙协议未约定合伙期限的，合伙人在不给合伙企业事务执行造成不利影响的情况下，可以退伙，但应当提前三十日通知其他合伙人。合伙人违反以上规定退伙的，应当赔偿由此给合伙企业造成的损失。

2）法定退伙。法定退伙是指基于法律的直接规定而导致合伙人资格的消灭。

根据《合伙企业法》的规定，合伙人有下列情形之一的，当然退伙：作为合伙人的自然人死亡或者被依法宣告死亡；个人丧失偿债能力；作为合伙人的法人或者其他组织依法被吊销营业执照、责令关闭、撤销，或者被宣告破产；法律规定或者合伙协议约定合伙人必须具有相关资格而丧失该资格；合伙人在合伙企业中的全部财产份额被人民法院强制执行。另外，合伙人被依法认定为无民事行为能力人或者限制民事行为能力人的，其他合伙人未能一致同意将其转为有限合伙人、普通合伙企业转为有限合伙企业的，该无民事行为能力或者限制民事行为能力的合伙人退伙。

3）除名退伙。除名退火是指在合伙人出现法定事由的情形下，由其他合伙人决议将该合伙人除名。

《合伙企业法》第四十九条规定，合伙人有下列情形之一的，经其他合伙人一致同意，可以决议将其除名：未履行出资义务；因故意或者重大过失给合伙企业造成损失；执行合伙事务时有不正当行为；发生合伙协议约定的事由。对合伙人的除名决议应当书面通知被除名人。被除名人接到除名通知之日，除名生效，被除名人退伙。被除名人对除名决议有异议的，可以自接到除名通知之日起三十日内，向人民法院起诉。

（2）退伙的法律后果。退伙的法律后果主要表现为：

第一，退伙人丧失合伙人身份，脱离原合伙协议约定的权利义务关系。

第二，对合伙企业财产状况进行结算，退还退伙人的财产份额，或者由退伙人分担亏损。自然人的合伙人死亡或者被依法宣告死亡，对该合伙人在合伙企业中的财产份额享有合法继承权的继承人如果不能取得合伙企业的合伙人资格，合伙企业应当将被继承合伙人的财产份额退还该继承人。

学中做 2-9

甲、乙、丙、丁为某合伙企业合伙人，现有以下情况：甲死亡，戊为其继承人；乙因赌博，已耗尽家财；丙在执行事务中有贪污企业财产的行为。

讨论： 以下哪些说法正确？请说明理由。

a. 乙应当退伙

b. 在乙退伙后，若戊没有其他限制性条件，则经丙、丁同意，戊可成为合伙人

c. 戊若成为合伙人，丁、戊可劝丙退伙，但无权将其除名

d. 戊若成为合伙人，可与丁一起将丙除名

（六）特殊的普通合伙企业的事务管理

特殊的普通合伙企业，是指以专业知识和专门技能为客户提供有偿服务、部分合伙人在执业活动中因故意或者重大过失对造成合伙企业的债务承担无限责任或无限连带责任、其他合伙人以其在合伙企业中的财产份额为限承担责任的普通合伙企业。

1. 特殊的普通合伙企业的名称

特殊的普通合伙企业名称中应当标明“特殊普通合伙”字样。

2. 特殊的普通合伙企业的责任承担

一个合伙人或者数个合伙人在执业活动中因故意或者重大过失造成合伙企业债务的，应当承担无限责任或者无限连带责任，其他合伙人以其在合伙企业中的财产份额为限承担责任。合伙人执业活动中因故意或者重大过失造成的合伙企业债务，以合伙企业财产对外承担责任后，该合伙人应当按照合伙协议的约定对给合伙企业造成的损失承担赔偿责任。

合伙人在执业活动中非因故意或者重大过失造成的合伙企业债务以及合伙企业的其他债务，由全体合伙人承担无限连带责任。

3. 特殊的普通合伙企业的执业风险预防

为保护债权人利益，《合伙企业法》规定，特殊的普通合伙企业应当建立执业风险基金、办理职业保险。执业风险基金用于偿付合伙人执业活动造成的债务。执业风险基金应当单独立户管理。具体管理办法由国务院规定。

4. 特殊的普通合伙企业的法律适用

除以上专门的规定外，特殊的普通合伙企业适用普通合伙企业的一般规定。

三、有限合伙企业

有限合伙企业是指由普通合伙人和有限合伙人组成，普通合伙人对合伙企业债务承担无限连带责任，有限合伙人以其认缴的出资额为限对合伙企业债务承担责任的合伙企业。

（一）有限合伙企业的设立

根据《合伙企业法》的规定，设立有限合伙企业与设立普通合伙企业的主要条件相似，设立条件包括：

（1）有符合要求的合伙人。有限合伙企业由二个以上五十个以下合伙人设立；但是，法律另有规定的除外。有限合伙企业至少应当有一个普通合伙人。

（2）有合伙人认缴或者实际缴付的出资。有限合伙人可以货币、实物、知识产权、土地使用权或其他财产权利作价出资，但不得以劳务出资。

（3）有书面合伙协议。

（4）有限合伙企业的名称中应当标明“有限合伙”字样。

（5）有生产经营场所和从事合伙经营的必要条件。

《合伙企业法》特别规定，有限合伙企业登记事项中应当载明有限合伙人的姓名或者名称及认缴的出资数额。

学中做 2-10

大学毕业时，好友A、B和C拟共同成立有限合伙企业，其中C为有限合伙人。三人商定，A以货币5万元出资，B以自己在校期间申请获得的一项专利出资，C以劳务方式出资。

讨论：A、B、C三人的出资方式是否符合法律规定？

（二）有限合伙企业事务执行

有限合伙企业由普通合伙人执行合伙事务。执行事务合伙人可以要求在合伙协议中确定执行事务的报酬及报酬提取方式。

有限合伙人不执行合伙事务，不得对外代表有限合伙企业。有限合伙人的下列行为，不视为执行合伙事务：参与决定普通合伙人入伙、退伙；对企业的经营管理提出建议；参与选择承办有限合伙企业审计业务的会计师事务所；获取经审计的有限合伙企业财务会计报告；对涉及自身利益的情况，查阅有限合伙企业财务会计账簿等财务资料；在有限合伙企业中的利益受到侵害时，向有责任的合伙人主张权利或者提起诉讼；执行事务合伙人怠于行使权利时，督促其行使权利或者为了本企业的利益以自己的名义提起诉讼；依法为本企业提供担保。

第三人有理由相信有限合伙人为普通合伙人并与其交易的，该有限合伙人对该笔交易承担与普通合伙人同样的责任。有限合伙人未经授权以有限合伙企业名义与他人进行交易，给有限合伙企业或者其他合伙人造成损失的，该有限合伙人应当承担赔偿责任。

学中做 2-11

李红、张黄、何蓝三人共同投资设立了一家食品领域的有限合伙企业，李红为普通合伙人。合伙协议约定了以下事项：

（1）李红和张黄分别以现金和房产出资，何蓝以劳务出资；（2）李红为普通合伙人，何蓝和张黄为有限合伙人；（3）各合伙人按相同比例分配盈利、承担亏损；（4）合伙企业的事务由张黄和何蓝执行，李红既不执行，也不对外代表该合伙企业；（5）合伙企业的名称为“李红食品合伙企业”。

讨论：该合伙协议中哪些条款不符合我国《合伙企业法》的规定？

（三）对有限合伙人的其他规定

除合伙协议另有约定外，有限合伙人可以同本有限合伙企业进行交易，可以自营或者同他人合作经营与本有限合伙企业相竞争的业务，可以将其在有限合伙企业中的财产份额出质。

有限合伙人可以按照合伙协议的约定向合伙人以外的人转让其在有限合伙企业中的财产份额，但应当提前三十日通知其他合伙人。

有限合伙人的自有财产不足清偿其与合伙企业无关的债务的，该合伙人可以以其从有限合伙企业中分取的收益用于清偿；债权人也可以依法请求人民法院强制执行该合伙人在有限合伙企业中的财产份额用于清偿。人民法院强制执行有限合伙人的财产份额时，应当通知全体合伙人；在同等条件下，其他合伙人有优先购买权。

新入伙的有限合伙人对入伙前有限合伙企业的债务，以其认缴的出资额为限承担责任。作为有限合伙人的自然人死亡、被依法宣告死亡或者作为有限合伙人的法人及其他组织终止时，其继承人或者权利承受人可以依法取得该有限合伙人在有限合伙企业中的资格。

有限合伙人有《合伙企业法》第四十八条第一款第一项、第三项至第五项所列情形之一的，当然退伙。作为有限合伙人的自然人在有限合伙企业存续期间丧失民事行为能力的，其他合伙人不得因此要求其退伙。有限合伙人退伙后，对基于其退伙前的原因发生的有限合伙企业债务，以其退伙时从有限合伙企业中取回的财产承担责任。

除合伙协议另有约定外，普通合伙人转变为有限合伙人，或者有限合伙人转变为普通合伙人，应当经全体合伙人一致同意。有限合伙人转变为普通合伙人的，对其作为有限合伙人期间有限合伙企业发生的债务承担无限连带责任。普通合伙人转变为有限合伙人的，对其作为普通合伙人期间合伙企业发生的债务承担无限连带责任。

（四）有限合伙企业利润分配

《合伙企业法》规定，除合伙协议另有约定外，有限合伙企业不得将全部利润分配给部分合伙人。

（五）有限合伙企业结构变化

有限合伙企业仅剩有限合伙人的，应当解散；有限合伙企业仅剩普通合伙人的，转为普通合伙企业。

（六）有限合伙企业的法律适用

除以上专门规定外，有限合伙企业的法律适用遵守普通合伙企业的规定。

四、合伙企业的解散与清算

（一）合伙企业的解散

合伙企业的解散是指合伙企业因某些法律事实的发生而使合伙归于消灭的行为。根据《合伙企业法》第八十五条的规定，合伙企业有下列情形之一的，应当解散：

（1）合伙期限届满，合伙人决定不再经营；

（2）合伙协议约定的解散事由出现；

（3）全体合伙人决定解散；

（4）合伙人已不具备法定人数满三十天；

（5）合伙协议约定的合伙目的已经实现或者无法实现；

（6）依法被吊销营业执照、责令关闭或者被撤销；

（7）法律、行政法规规定的其他原因。

（二）合伙企业的清算

合伙企业解散的结果是合伙企业的终止，但合伙企业从宣布解散到最后终止有一个过程，这个过程就是对合伙企业的债权、债务进行清算，解决合伙企业与债权人、债务人的关系及合伙人内部的关系。

合伙企业的清算程序如下：

1. 确定清算人

合伙企业解散，应确定清算人，由清算人依法进行清算工作。《合伙企业法》第八十六条规定：清算人由全体合伙人担任；经全体合伙人过半数同意，可以自合伙企业解散事由出现后十五日内指定一个或者数个合伙人，或者委托第三人，担任清算人。自合伙企业解散事由出现之日起十五日内未确定清算人的，合伙人或者其他利害关系人可以申请人民法院指定清算人。

2. 清算人履行职责

清算人在清算期间执行的事务包括：清理合伙企业财产，分别编制资产负债表和财产清单；处理与清算有关的合伙企业未了结事务；清缴所欠税款；清理债权、债务；处理合伙企业清偿债务后的剩余财产；代表合伙企业参加诉讼或者仲裁活动。

3. 发出清算通知与公告，债权人申报债权

清算人自被确定之日起十日内将合伙企业解散事项通知债权人，并于六十日内在报纸上公告。债权人应当自接到通知书之日起三十日内，未接到通知书的自公告之日起四十五日内，向清算人申报债权。

债权人申报债权，应当说明债权的有关事项，并提供证明材料。清算人应当对债权进行登记。

清算期间，合伙企业存续，但不得开展与清算无关的经营活动。

4. 清偿债务、分配财产

合伙企业财产在支付清算费用后，应按下列顺序清偿：合伙企业职工工资和社会保险费用、法定补偿金、所欠税款、合伙企业的债务。合伙企业财产按上述顺序清偿后仍有剩余的，则按约定或法定的比例在原合伙人间分配。合伙企业的财产不足清偿其债务的，由原合伙人承担无限连带责任。

5. 编制并报送清算报告

清算结束后，清算人应当编制清算报告，经全体合伙人签名、盖章后，在十五日内向企业登记机关报送清算报告，申请办理合伙企业注销登记。

合伙企业注销后，原普通合伙人对合伙企业存续期间的债务仍应承担无限连带责任。

学中做 2–12

某合伙企业解散时，在如何确定清算人的问题上，四位合伙人各执一词。

合伙人甲：建议我们四人共同担任清算人。

合伙人乙：我是大家委托的执行人，应由我担任清算人。

合伙人丙：建议从我们四人中推选一名清算人。

合伙人丁：合伙企业的清算人不允许由合伙人担任，所以我建议请一名律师来担任清算人。

讨论：上述说法中，哪些不符合《合伙企业法》的规定？为什么？

模块小结

学生通过本模块对公司法、合伙企业法、个人独资企业法进行了学习。

本模块对公司法总则部分涉及的相关内容、有限责任公司和股份有限公司的设立条件和程序以及事务管理的相关规定进行了介绍，希望学生能初步完成有限责任公司、股份有限公司的设立活动，能正确履行公司的合并、分立、变更、破产、解散与清算程序，能在公司经营活动中有效运用不同种类公司组织机构的相关规定。

本模块介绍了合伙企业法中普通合伙企业和有限合伙企业的设立条件、程序、合伙事务执行、普通合伙的入伙与退伙以及合伙企业的解散与清算的相关规定，希望学生能正确理解及区分普通合伙企业及有限合伙企业，正确执行合伙事务，能正确履行入伙与退伙事宜，能依法进行合伙企业的解散与清算。

本模块对个人独资企业设立、变更的条件和程序，个人独资企业的投资人及事务管理等相关规定以及个人独资企业的解散与清算条件和程序进行了整理，希望学生能按照法律规定进行个人独资企业的设立、变更，正确管理个人独资企业的事务，能依法进行个人独资企业的解散与清算。

实训练习

一、应知考核

（一）单项选择题

1. 目前，我国常见的企业形式中不包括（　　）。

A. 公司制企业　　B. 合伙企业

C. 个人独资企业　　D. 无限企业

2. 下列各项中，不属于有限责任公司董事会行使的职权的是（　　）。

A. 决定公司的经营计划　　B. 制定公司的年度财务预算方案

C. 修改公司章程　　D. 决定聘任或者解聘公司经理

3. 甲公司的分公司在其经营范围内以自己的名义对外签订了一份货物买卖合同。根据《公司法》的规定，下列关于该合同的效力及其责任承担的表述中正确的是（　　）。

A. 该合同有效，其民事责任由甲公司承担

B. 该合同有效，其民事责任由甲公司的分公司独立承担

C. 该合同有效，其民事责任由甲公司的分公司承担，甲公司负补充责任

D. 该合同无效，甲公司及其分公司均不承担民事责任

4. 根据《公司法》的规定，有限责任公司的下列人员中，可以提议召开股东会临时会议的是（　　）。

A. 总经理　　B. 人数过半的股东

C. 监事会主席　　D. 三分之一以上的董事

5. 某有限责任公司的股东甲拟向公司股东以外的人 A 转让其股权。下列关于甲转让股权的表述中，符合公司法律制度规定的表述是（　　）。

A. 甲可以将其股权转让给 A，无须经其他股东同意

B. 甲可以将其股权转让给 A，但须通知其他股东

C. 甲可以将其股权转让给 A，但须经其他股东的过半数同意

D. 甲可以将其股权转让给 A，但须经其他股东的三分之二以上同意

6. 根据我国《合伙企业法》的规定，有限合伙人不可以用（　　）作价出资。

A. 货币　　B. 劳务

C. 实物　　D. 知识产权、土地所有权或者其他财产权利

7. 某合伙企业合伙人 A、B、C 分别出资额为 20 万元、10 万元、15 万元，但在合伙协议中未对利润分配比例作出约定。现企业产生盈利，三人对利润分配方式产生争议。根据《合伙企业法》的规定，应当如何分配这笔利润？（　　）

A. 按三人的出资比例分配

B. 按三人在公司的贡献程度分配

C. 按三人的工资比例分配

D. 三人平均分配

8. 下列有关普通合伙企业事务执行的表述中，符合《合伙企业法》规定的是（　　）。

A. 用非合伙人担任经营管理人员的，其在被聘用期间具有合伙人资格

B. 合伙人执行合伙企业事务享有同等的权利

C. 合伙人可以自营与合伙企业相竞争的业务

D. 不执行合伙企业事务的合伙人无权查阅合伙企业的会计账簿

9. 下列有关合伙企业的解散，不符合《合伙企业法》规定的是（　　）。

A. 合伙协议约定的解散事由出现

B. 合伙人已不具法定人数满 20 天

C. 合伙协议约定的合伙目的已经实现或者无法实现

D. 依法被吊销营业执照、责令关闭

10. 下列关于我国个人独资企业的法律特征的表述中，正确的是（　　）。

A. 个人独资企业的投资人可以是中国公民，也可以是外国公民

B. 个人独资企业具有法人资格

C. 个人独资企业的投资人对企业债务承担有限责任

D. 个人独资企业是独立的民事主体

11. 个人独资企业的投资人对企业的债务承担何种责任？（　　）

A. 以出资额为限承担责任

B. 以企业财产为限承担责任

C. 以其个人财产承担无限责任

D. 以其个人财产承担无限连带责任

12. 李某将自己的独资企业委托给赵某管理，并授权赵某在 5 万元以内的开支和 100 万元以内的交易可自行决定。若第三人对此授权不知情，则赵某委托期间实施的下列哪种行为为我国法律所禁止或者无效？（　　）

A. 未经李某同意与某公司签订交易额为 200 万元的合同

B. 未经李某同意将自己的房屋以 3 万元出售给本企业

C. 未经李某同意向某媒体支付广告费 10 万元

D. 未经李某同意聘请其妻在企业担任职务

13. 甲以个人财产设立一独资企业后去世，其妻子和其子女（均已满 18 周岁）都明确表示不愿继承该企业，该企业只得解散。解散时应由谁进行清算？（　　）

A. 其妻子　　B. 其子女

C. 其子女和妻子共同清算　　D. 由债权人申请法院指定清算人进行清算

（二）多项选择题

1. 企业是市场经济活动中最活跃、最重要的主体。它是指运用各种生产要素，在生产、流通、服务等领域满足社会需要，实行（　　）的具有法人资格的营利性经济组织。

A. 自主经营　　B. 自负盈亏

C. 独立核算　　D. 独立运营

2. 我国法律规定的公司形式有（　　）。

A. 有限责任公司　　B. 无限公司

C. 股份有限公司　　D. 两合公司

3. 甲、乙、丙、丁四人准备成立一家有限责任公司，下列说法符合《公司法》规定的有（　　）。

A. 甲认为，公司的注册资本至少应当为 10 万元

B. 乙认为，全体股东首期缴纳的出资额至少为 3 万元

C. 丙认为，股东认缴的出资可以分期交付

D. 丁认为，公司章程应当明确规定股东出资期限

4. 关于股份有限公司的发起人，下列说法正确的有（　　）。

A. 发起人既可以是自然人也可以是法人

B. 发起人既可以是中国公民也可以是外国公民

C. 发起人须有过半数为中国公民

D. 发起人须有过半数在中国境内有住所

5. 甲公司为有限责任公司。根据《公司法》的规定，下列各项中属于甲公司解散事由的有（　　）。

A. 甲公司章程规定的营业期限届满

B. 甲公司被丁公司吸收合并

C. 经代表三分之二以上表决权的股东同意，甲公司股东会通过了解散公司的决议

D. 甲公司成立后自行停业连续 6 个月以上

6. 关于普通合伙企业的设立程序与条件，以下说法中正确的有（　　）。

A. 合伙企业名称中应当标明“普通合伙”字样

B. 合伙人必须签订书面合伙协议

C. 合伙人可以是自然人，也可以是法人或其他组织

D. 可以以货币、实物、土地使用权、知识产权出资，但不得以劳务出资

7.（　　）不得成为有限合伙企业的普通合伙人。

A. 国有企业　　　　B. 民营企业

C. 上市公司　　　　D. 公益性的事业单位、社会团体

8. 在普通合伙企业中，下列哪些行为需要全体合伙人一致同意方可作出？（　　）

A. 扩大销售区域，与第三方签订代理销售合同

B. 任命普通员工为企业市场部主管

C. 将企业改名

D. 以企业的名义为某位员工提供担保证明

9. 根据《合伙企业法》的规定，下列哪些情况下，当事人应当退伙？（　　）

A. 经全体合伙人一致同意当事人退伙

B. 当事人未履行出资义务，被其他合伙人除名

C. 普通合伙人个人丧失偿债能力

D. 合伙协议未约定合伙期限，在不给合伙事务执行造成影响的情况下，丁提前30日通知其他合伙人退伙

二、应会考核

（一）案例分析题

1. 甲、乙、丙共同出资设立了A有限责任公司，公司注册资本为400万元。其中，甲以一台机器设备出资，作价120万元；乙以一项专利出资，作价100万元；丙以人民币出资180万元。经丙提议，公司召开了股东会临时会议，补选公司职工王某和财务总监李某担任公司的监事。同时，股东会对修改公司章程事项进行了表决，甲和乙赞同，丙表示反对，最终公司章程修改案获得通过。

思考：

（1）A公司股东的出资是否符合规定？

（2）丙是否可以提议召开股东会临时会议？为什么？

（3）股东会补选公司职工王某和财务总监李某担任公司的监事是否符合规定？

（4）股东会关于修改公司章程的决议是否合法？为什么？

2. 甲、乙、丙、丁四位年轻人准备合伙创业。于2023年年初共同投资设立了一家电子设备领域的有限合伙企业，合伙协议作出了如下约定：（1）甲、乙两人分别以现金10万元、5万元出资；丙以自家房屋作价8万元出资；丁以其拥有的商标权作价3万元出资，同时以劳务作价2万元出资。（2）各合伙人按相同比例分配盈利、分担亏损。（3）该企业仅甲为普通合伙人，甲向合伙人以外的人转让财产份额的，无须经过其他合伙人同意。（4）合伙企业名称为“斯特朗电子设备合伙企业”。

思考：

（1）所有合伙人的出资是否符合《合伙企业法》的规定？

（2）各合伙人按相同比例分配盈利、分担亏损的约定是否符合法律规定？

（3）关于普通合伙人转让出资无须经过其他合伙人同意的约定是否符合法律规定？

（4）合伙企业的名称是否符合法律规定？应怎样拟定？

（二）实践操作

请按照属地相关市场监督管理部门的要求准备公司设立登记的相关申报材料。

任务要求：

（1）选择设立一家有限责任公司或股份有限公司；

（2）以小组为单位，请同学们担任公司中的不同角色，准备好相关部门要求的申报材料。

考核要求：材料齐全、格式正确、材料中相关信息准确，保证能够顺利完成公司的设立登记。

模块三　工业产权法律制度

◆ 知识目标

1. 熟悉知识产权的概念和特征；
2. 熟悉专利权的保护方法；
3. 了解注册商标的使用许可、转让的规定。

◆ 能力目标

1. 能运用相关法律规定，解决实际专利权保护的问题；
2. 能正确判断侵犯注册商标专用权行为，解决实际侵权问题。

◆ 素养目标

1. 具有严谨的工作态度；
2. 具备沟通能力，能顺畅进行团队成员间的沟通；
3. 具有团队合作精神，能科学地进行任务组织和分工；
4. 在专利权及商标权的适用过程中，遵守相关法律，明确自身权益及自身责任。

党的二十大报告明确提出创新是第一动力，坚持创新在我国现代化建设全局中的核心地位。在过去十年中，严格依法保护知识产权，有力服务创新驱动发展和科技强国建设，通过知识产权激励创新创造的能力和效果已逐步彰显。世界知识产权组织发布的《2022年全球创新指数报告》显示，中国位列第11位，较2012年跃升23位，实现连续10年稳步提升。中国已跻身创新型国家行列。进入新发展阶段，推动高质量发展是保持经济持续健康发展的必然要求，创新是引领发展的第一动力，知识产权作为国家发展战略性资源和国际竞争力核心要素的作用更加凸显。

单元一 知识产权概述

一、知识产权的概念

知识产权是指人们就其智力劳动成果所依法享有的专有权利，通常是国家赋予创造者对其智力成果在一定时期内享有的专有权或独占权。知识产权属于民事权利的范畴，它是同人身权、物权、债权并列的民事权利的一个种类。知识产权从本质上说是一种无形财产权，它的客体是智力成果或者知识产品，是一种无形财产或者一种没有形体的精神财富，是创造性的智力劳动所创造的劳动成果。

二、知识产权的内容

按照通常的理解，知识产权的内容分为两部分，即著作权和工业产权。

（一）著作权

著作权，又称版权，是指自然人、法人或者其他组织对文学、艺术和科学作品依法享有的财产权利和精神权利的总称。主要包括著作权及与著作权有关的邻接权。

（二）工业产权

工业产权是指工业、商业、农业、林业和其他产业中具有实用经济意义的一种无形财产权；是指人们依法对应用于商品生产和流通中的创造发明和显著标记等智力成果，在一定地区和期限内享有的专有权。工业产权主要包括专利权与商标权。

按照《保护工业产权巴黎公约》的规定，工业产权的保护对象有专利、实用新型、工业品外观设计、商标、服务标记、厂商名称、货源标记或原产地名称和制止不正当竞争。在我国，工业产权主要是指商标专用权和专利权。

三、知识产权的特征

（一）客体的无形性

知识产权的客体是不具有物质形态的智力成果。智力成果是人们通过智力劳动创造的精神财富或精神产品，本身凝结了人类的一般劳动，具有财产价值，可以成为权利标的，是与民法意义上的“物”相并存的一种民事权利客体，也有学者称之为“知识产品”或“知识财产和相关精神权益”。这是知识产权区别于物权、债权、人身权和财产继承权等民事权利的首要特征。

（二）专有性

专有性即排他性，权利一经确认或授予，权利人就享有对权利的独占权，未经权利人许可，他人不得行使这类权利，也不得复制这类权利客体，而且相同的客体只能存在一项知识产权，不能重复授权。

（三）地域性

地域性是指根据一国法律，在该国取得的知识产权只在该国境内生效，权利并不及于其他国家，其他国家没有承认和保护该项权利的义务。但从目前知识产权国际保护的趋势来看，其地域性有所突破。

（四）时间性

时间性是指依法产生的知识产权一般仅持续有限的时间，仅在保护期内有效，当法律规定的保护期届满后，该项权利的客体进入公有领域，为社会公众所无偿使用，且使用前无须征求原权利人的同意。但其时间性不是绝对的，作为例外，注册商标的保护期一般是 10 年，但期满前可以申请续展，续展的次数不受限制。因此，经营者在理论上可持续拥有和使用此商标。少数知识产权没有时间限制，只要符合有关条件，法律可长期予以保护，如商业秘密、商号权等。

单元二　专利权

一、专利法概述

（一）专利权的主体

专利权的主体就是专利权人，即指依法享有专利权并承担相应义务的人。专利权的主体包括以下几种：

1. 发明人或设计人

发明人或设计人是指真正完成发明创新，对其实质性特点作出了创造性贡献的人。在完成发明创造过程中，只负责组织工作的人、为物质技术条件利用提供方便的人、从事其他辅助工作的人，都不是发明人或设计人。其中，发明人是指发明的完成人；设计人是指实用新型和外观设计的完成人。发明人或设计人只能是自然人，不能是单位、集体或课题组等。

一般而言，申请专利的权利属于发明人或设计人。申请被批准后，该发明人或设计人为专利权人。

如果一项非职务发明创造是由两个或两个以上的发明人、设计人共同完成的，则完成发明创造的人称为共同发明人或共同设计人。共同发明创造的专利申请权和取得的专利权归全体共有人共同所有。

专利权人可以是受让人，他人可以通过专利转让合同或者继承成为专利权人。

2. 发明人或设计人的单位

发明人或设计人执行本单位的任务或者主要是利用本单位的物质技术条件所完成的发明创造称为职务发明创造。职务发明创造申请专利的权利属于单位；申请被批准后，该单位为专利权人。发明人或设计人仍可行使下列权利：署名权、获得报酬权并有权在其专利产品或该产品包装上标明专利标记和专利号。

职务发明创造具体分为以下两类：

（1）执行本单位的任务所完成的发明创造。包括三种情况：1）在本职工作中作出的发明创造；2）履行本单位交付的本职工作之外的任务所作出的发明创造；3）退休、调离原单位后或者劳动、人事关系终止后一年内作出的，与其在原单位承担的本职工作或者原单位分配的任务有关的发明创造。

（2）主要利用本单位的物质技术条件所完成的发明创造。本单位的物质技术条件，是指本单位的资金、设备、零部件、原材料或者不对外公开的技术资料等。利用本单位的物质技术条件所完成的发明创造，单位与发明人或者设计人订有合同，对申请专利的权利和专利权的归属作出约定的，从其约定。

学中做 3-1

某年 12 月，H 化工研究院工程师梁某在一次技术洽谈会上与 G 化工厂厂长张某结识。张某请梁某帮助解决污水净化重复利用的技术难题，梁某答应试试。次年春节，梁某与其在大学读书的儿子在 H 化工研究院院内一个废弃多年的人防工程里，用三个箩筐、一堆渣土、扫帚、水桶等工具，还自费购买了十余种试剂、试纸、电炉等物品，对 G 化工厂的污水水样进行净化实验。实验结果达到了 G 化工厂的技术指标要求。梁某将实验资料交给H化工研究院一份，院里认为梁某为该院工程师，污水净化又是其业务研究范围，此成果应是职务技术成果，便以研究院的名义于同年5月向国务院专利行政部门提交了“HIPQ703污水净化方法”专利申请。三年后的7月，H化工研究院获得专利权。在此期间，梁某一直认为自己的成果是非职务发明，故强烈要求办理专利权人变更手续。双方争执不下，梁某诉至法院。

讨论： 梁某和H化工研究院，谁的主张成立？为什么？

（二）专利权的客体

《中华人民共和国专利法》（以下简称《专利法》）第二条规定：“本法所称的发明创造是指发明、实用新型和外观设计。”

1. 发明

发明是对产品、方法或者其改进所提出的新的技术方案。发明专利具有以下特点：

第一，发明是一种技术方案。这种技术方案是发明人利用自然规律的结果，是将自然规律在特定技术领域的结合和应用。

第二，发明是一种具体的技术方案。这种技术方案应当能够解决特定的技术问题，具有一定的实用性，不能是单纯的设想。

第三，发明必须是一种新的技术方案。申请专利的发明与现有技术相比，必须是前所未有的，有一定的创造性高度。

第四，发明必须是符合法律规定的技术方案。发明的内容不能违反国家法律规定。

第五，发明的种类，可以是产品的发明、方法的发明或者产品和方法改进的发明。

2. 实用新型

实用新型是对产品的形状、构造或者其结合所提出的适于实用的新的技术方案。实用新型专利具有以下特点：

第一，实用新型必须是一种具有形状或构造的产品，即实用新型必须是一种产品，而且应当具有一定的空间构造。

第二，实用新型必须具有应用性技术特征，即具有价值，能够在工业上再现。

第三，实用新型必须具有创造性，应当是一种新的技术方案，与现有技术相比具有一定的创造性。

3. 外观设计

外观设计，是指对产品的整体或者局部的形状、图案或者其结合以及色彩与形状、图案的结合所作出的富有美感并适于工业应用的新设计。外观设计专利具有以下特点：

第一，外观设计必须是对产品的外表所作的设计。外观设计不保护产品的内部构造。

第二，构成外观设计的要素是产品的形状、图案或者其结合，以及色彩与形状、图案的结合。色彩不能单独构成外观设计。

第三，外观设计必须富有美感。

第四，外观设计应当是适于工业应用的新设计。

二、专利权取得的条件及程序

（一）专利申请的原则

1. 申请单一性原则

一件发明或者实用新型专利申请应当限于一项发明或者实用新型。属于一个总的发明构思的两项以上的发明或者实用新型，可以作为一件申请提出。

一件外观设计专利申请应当限于一项外观设计。同一产品两项以上的相似外观设计，或者用于同一类别并且成套出售或者使用的产品的两项以上外观设计，可以作为一件申请提出。

2. 先申请原则

两个以上的申请人分别就同样的发明创造申请专利的，专利权授予最先申请的人。确定申请先后，以申请日为准，国务院专利行政部门收到专利申请文件之日为申请日。如果申请文件是邮寄的，以寄出的邮戳日为申请日。

两个以上的申请人同日（指申请日；有优先权的，指优先权日）分别就同样的发明创造申请专利的，应当在收到国务院专利行政部门的通知后自行协商确定申请人。

3. 禁止重复授权原则

同样的发明创造只能授予一项专利权。但是，同一申请人同日（指申请日）对同样的发明创造既申请实用新型专利又申请发明专利，在申请时分别说明对同样的发明创造已申请了另一专利，先获得的实用新型专利权尚未终止，且申请人声明放弃该实用新型专利权的，可以授予发明专利权。

4. 优先权原则

优先权是指在一个缔约成员提出发明专利、实用新型、外观设计申请的申请人，又在规定期限内就同样的注册申请再向其他成员提出同样内容的申请的，可以享有申请日期优先的权利。优先权原则是为了解决外国人在申请专利权等方面所产生的不公平的竞争问题。

在专利法中优先权主要表现为国际优先权和国内优先权。国际优先权是指申请人自发明或实用新型在外国第一次提出专利申请之日起十二个月内，或自外观设计在外国第一次提出专利申请之日起六个月内，又在中国就相同主题提出专利申请的，依照该外国同中国签订的协议或共同参加的国际条约，或依照相互承认优先权的原则，可以享有优先权。

国内优先权是指申请人自发明或实用新型在中国第一次提出专利申请之日起十二个月

内，或者自外观设计在中国第一次提出专利申请之日起六个月内，又向国务院专利行政部门就相同主题提出专利申请的，可以享有优先权。

学中做 3-2

A公司2019年3月1日就某项发明专利向美国专利及商标局提出发明专利申请，在2019年9月1日，A公司就同一项发明专利向国家知识产权局提出专利申请。

讨论： 设A公司满足优先权申请的相关条件，请确定A公司向国家知识产权局提出的申请日期为哪一天？

（二）专利权取得的实质条件

1. 发明和实用新型

授予专利权的发明和实用新型，应当具备新颖性、创造性和实用性。

（1）新颖性。新颖性是指该发明或者实用新型不属于现有技术，也没有任何单位或者个人就同样的发明或者实用新型在申请日以前向国务院专利行政部门提出过申请，并记载在申请日以后公布的专利申请文件或者公告的专利文件中。

申请专利的发明创造在申请日以前六个月内，有下列情形之一的，不丧失新颖性：第一，在国家出现紧急状态或非常情况时，为公共利益目的首次公开的；第二，在中国政府主办或者承认的国际展览会上首次展出的；第三，在规定的学术会议或者技术会议上首次发表的；第四，他人未经申请人同意而泄露其内容的。

（2）创造性。创造性是指与现有技术相比，该发明具有突出的实质性特点和显著的进步，该实用新型具有实质性特点和进步。

（3）实用性。实用性是指该发明或者实用新型能够制造或者使用，并且能够产生积极效果。

2. 外观设计

被授予专利权的外观设计应当同申请日以前在国内外出版物上公开发表或者与国内公开使用过的外观设计不相同和不相近似，并不得与他人在先取得的合法权利相冲突。

（三）专利权取得的程序性条件

1. 申请文件

申请发明和实用新型专利应当准备下列文件：

（1）请求书：包括发明或者实用新型的名称，发明人或设计人的姓名，申请人的姓名或者名称、地址以及其他事项。

（2）说明书及摘要：应当对发明或者实用新型作出清楚、完整的说明，以所属技术领域的技术人员能够实现为准；必要的时候，应当有附图。摘要应当简要说明发明或者实用新型的技术要点。

（3）权利要求书：申请人请求专利保护的技术范围。应当以说明书为依据，清楚、简要地限定要求专利保护的范围。

申请外观专利应当提交设计请求书、该外观设计的图片或照片以及对该外观设计的简要说明等文件。申请人提交的有关图片或者照片应当清楚地显示要求专利保护的产品的外观设计。

2. 审批程序

发明专利申请的审批程序包括：

（1）初步审查。

（2）早期公开。国务院专利行政部门收到专利申请后，经初步审查认为符合法定要求的，自申请日起满十八个月，即行公布。申请人可以要求早日公布其申请。

（3）实质审查。发明专利申请自申请日起三年内，国务院专利行政部门可以根据申请人随时提出的请求，对其进行实质审查；申请人无正当理由逾期不请求实质审查的，该申请即视为撤回。国务院专利行政部门认为必要时，可自行实施实质审查。

（4）授权登记和公告。发明专利申请经过实质审查，没有发现驳回理由的，国务院专利行政部门作出授予发明专利权的决定，发给专利证书，同时予以登记和公告。发明专利权自公告之日起生效。

实用新型和外观设计的审批程序包括：

（1）初步审查。

（2）授权登记和公告。实用新型和外观设计专利申请经过初步审查，没有发现驳回理由的，国务院专利行政部门作出授予实用新型或外观设计专利权的决定，发给专利证书，同时予以登记和公告。实用新型和外观设计专利权自公告之日起生效。

（四）不授予专利权的发明创造

根据我国《专利法》第五条、第二十五条的规定，下列发明创造不授予专利权：

（1）违反法律、社会公德或者妨碍公共利益的发明创造；

（2）违反法律、行政法规的规定获取或者利用遗传资源，并依赖该遗传资源完成的发明创造；

（3）科学发现；

（4）智力活动的规则和方法；

（5）疾病的诊断和治疗方法；

（6）动物和植物品种；

（7）原子核变换方法以及用原子核变换方法获得的物质；

（8）对平面印刷品的图案、色彩或者二者的结合作出的主要起标识作用的设计。

学中做 3-3

A 公司是一家在中国没有营业场所的甲国企业，其在甲国拥有一项技术方案的发明专利。A 公司想让该项技术方案能受到中国专利法的保护，A 公司的以下观点是否正确？请说明原因。

（1）已知甲国和中国有相互承认优先权的协议，A 公司认为其专利可直接获得中国专利法的保护。

（2）已知甲国和中国有相互承认优先权的协议，A 公司认为其无论何时在中国就该项专利相同主题提出专利申请的，均可享有优先权。

（3）若 A 公司要在中国申请专利，其可以自行办理专利申请事宜，也可以委托专利代理机构申请。

（4）若 A 公司获得专利申请权，其有权就同一技术方案同时申请并获得发明专利和实用新型专利。

三、专利实施的特别许可

（一）专利实施行政许可

根据《专利法》的规定，国有企业事业单位的发明专利，对国家利益或者公共利益具有重大意义的，国务院有关主管部门和省、自治区、直辖市人民政府报经国务院批准，可以决定在批准的范围内推广应用，允许指定的单位实施，由实施单位按照国家规定向专利权人支付使用费。

（二）专利实施开放许可

文本阅读：专利开放许可声明受理业务办事指南（过渡期适用）

专利权人自愿以书面方式向国务院专利行政部门声明愿意许可任何单位或者个人实施其专利，并明确许可使用费支付方式、标准的，由国务院专利行政部门予以公告，实行开放许可。就实用新型、外观设计专利提出开放许可声明的，应当提供专利权评价报告。

专利权人撤回开放许可声明的，应当以书面方式提出，并由国务院专利行政部门予以公告。开放许可声明被公告撤回的，不影响在先给予的开放许可的效力。

任何单位或者个人有意愿实施开放许可的专利的，以书面方式通知专利权人，并依照公告的许可使用费支付方式、标准支付许可使用费后，即获得专利实施许可。

开放许可实施期间，对专利权人缴纳专利年费相应给予减免。

实行开放许可的专利权人可以与被许可人就许可使用费进行协商后给予普通许可，但不得就该专利给予独占或者排他许可。

（三）专利实施强制许可

专利实施强制许可是指国务院专利行政部门不经过专利权人同意，就指定第三人实施其专利。这种制度是为了防止专利权人滥用专利权而设立的一种制约机制，目标是制衡专利权人的利益和公共利益。

1. 因单位或者个人申请而给予的强制许可

我国《专利法》规定，有下列情形之一的，国务院专利行政部门根据具备实施条件的单位或者个人的申请，可以给予实施发明专利或者实用新型专利的强制许可：

（1）专利权人自专利权被授予之日起满三年，且自提出专利申请之日起满四年，无正当理由未实施或者未充分实施其专利的；

（2）专利权人行使专利权的行为被依法认定为垄断行为，为消除或者减少该行为对竞争产生的不利影响的。

2. 特殊情况下的强制许可

（1）在国家出现紧急状态或者非常情况时，或者为了公共利益的目的，国务院专利行政部门可以给予实施发明专利或者实用新型专利的强制许可。

（2）为了公共健康目的，对取得专利权的药品，国务院专利行政部门可以给予制造并将其出口到符合中华人民共和国参加的有关国际条约规定的国家或者地区的强制许可。

（3）一项取得专利权的发明或者实用新型比前已经取得专利权的发明或者实用新型具有显著经济意义的重大技术进步，其实施又有赖于前一发明或者实用新型的实施的，国务院专利行政部门根据后一专利权人的申请，可以给予实施前一发明或者实用新型的强制许可。

给予强制许可应当规定实施范围和时间。理由消除，应当根据专利权人的请求，解除强制许可。取得强制许可的，应当向专利权人支付合理的使用费。产生使用费纠纷的，可请求国务院专利行政部门裁决。对强制许可决定不服、对强制许可使用费裁决不服的，可自收到通知之日起三个月内向人民法院起诉。

四、专利权的保护

专利权的法律保护是指国家通过法律从行政和司法程序中保障专利权人依法独立自主地实施其权利，制止和制裁侵犯其专利权的行为，在专利的申请、审批、实施、转让等方面给予专利申请人和专利权人以法律保护的制度。

（一）专利权的期限

我国《专利法》规定，发明专利权的期限为二十年，实用新型专利权的期限为十年，外观设计专利权的期限为十五年，均自申请日起计算。

（二）侵犯专利权的行为

侵犯专利权的行为是指在专利有效期间内，未经专利权人许可，以生产经营为目的，实施其专利的行为。所谓实施，是指以生产经营为目的的制造、使用、许诺销售、销售、进口其专利产品，或者使用其专利方法以及使用、许诺销售、销售、进口依照该专利方法直接获得的产品。

1. 侵犯专利权行为的具体表现

（1）以生产经营为目的制造、使用、许诺销售、销售、进口专利产品，或者使用专利方法以及使用、许诺销售、销售、进口依照该专利方法直接获得的产品，或者制造、销售、许诺销售、进口外观设计专利产品，而又未经专利权人许可的行为。

（2）假冒他人专利、未经许可而使用专利标记。根据《中华人民共和国专利法实施细则》第八十四条的规定，以下行为属于假冒他人专利的行为：1）在未被授予专利权的产品或者其包装上标注专利标识，专利权被宣告无效后或者终止后继续在产品或者其包装上标注专利标识，或者未经许可在产品或者产品包装上标注他人的专利号；2）销售第（一）项所述产品；3）在产品说明书等材料中将未被授予专利权的技术或者设计称为专利技术或者专利设计，将专利申请称为专利，或者未经许可使用他人的专利号，使公众将所涉及的技术或者设计误认为是专利技术或者专利设计；4）伪造或者变造专利证书、专利文件或者专利申请文件；5）其他使公众混淆，将未被授予专利权的技术或者设计误认为是专利技术或者专利设计的行为。

（3）为生产经营目的使用、许诺销售或销售不知道是未经专利权人许可而制造并售出的专利侵权产品，能证明该产品合法来源的，不承担赔偿责任。对于权利人请求停止使用、许诺销售、销售行为的主张，法院应予支持。

2. 不视为侵权的情形

有下列情形之一的，不视为侵犯专利权：

（1）专利产品或者依照专利方法直接获得的产品，由专利权人或者经其许可的单位、个人售出后，使用、许诺销售、销售、进口该产品的。

（2）在专利申请日前已经制造相同产品、使用相同方法或者已经作好制造、使用的必要准备，并且仅在原有范围内继续制造、使用的。

（3）临时通过中国领陆、领水、领空的外国运输工具，依照其所属国同中国签订的协议或者共同参加的国际条约，或者依照互惠原则，为运输工具自身需要而在其装置和设备中使用有关专利的。

（4）专为科学研究和实验而使用有关专利的。

（5）为提供行政审批所需要的信息，制造、使用、进口专利药品或者专利医疗器械的，以及专门为其制造、进口专利药品或者专利医疗器械的。

（三）专利权的保护方式

1. 未经专利权人许可

未经专利权人许可，实施其专利，即侵犯其专利权，引起纠纷的，由当事人协商解决；不愿协商或者协商不成的，专利权人或者利害关系人可以向人民法院起诉，也可以请求管理专利工作的部门处理。管理专利工作的部门处理时，认定侵权行为成立的，可以责令侵权人立即停止侵权行为，当事人不服的，可以自收到处理通知之日起十五日内依照《中华人民共和国行政诉讼法》向人民法院起诉；侵权人期满不起诉又不停止侵权行为的，管理专利工作的部门可以申请人民法院强制执行。进行处理的管理专利工作的部门应当事人的请求，可以就侵犯专利权的赔偿数额进行调解；调解不成的，当事人可以依照《中华人民共和国民事诉讼法》向人民法院起诉。

2. 举证责任

专利侵权纠纷涉及新产品制造方法的发明专利的，制造同样产品的单位或者个人应当提供其产品制造方法不同于专利方法的证明。

专利侵权纠纷涉及实用新型专利或者外观设计专利的，人民法院或者管理专利工作的部门可以要求专利权人或者利害关系人出具由国务院专利行政部门对相关实用新型或者外观设计进行检索、分析和评价后作出的专利权评价报告，作为审理、处理专利侵权纠纷的证据；专利权人、利害关系人或者被控侵权人也可以主动出具专利权评价报告。

3. 侵犯专利权的赔偿数额

侵犯专利权的赔偿数额按照下列方法确定：

（1）按照权利人因被侵权所受到的实际损失或者侵权人因侵权所获得的利益确定。

（2）权利人的损失或者侵权人获得的利益难以确定的，参照该专利许可使用费的倍数合理确定。

（3）对故意侵犯专利权，情节严重的，可以在按照上述方法确定数额的一倍以上五倍以下确定赔偿数额。

（4）权利人的损失、侵权人获得的利益和专利许可使用费均难以确定的，人民法院可以根据专利权的类型、侵权行为的性质和情节等因素，确定给予三万元以上五百万元以下的赔偿。

（5）赔偿数额还应当包括权利人为制止侵权行为所支付的合理开支。

（6）人民法院为确定赔偿数额，在权利人已经尽力举证，而与侵权行为相关的账簿、资料主要由侵权人掌握的情况下，可以责令侵权人提供与侵权行为相关的账簿、资料；侵权人不提供或者提供虚假的账簿、资料的，人民法院可以参考权利人的主张和提供的证据判定赔偿数额。

学中做 3-4

董某在不知情的情况下，从正规渠道购买了一批不知道是未经专利权人张某许可而制造的专利产品——行李箱，并在所在公司进行销售。相关采购凭证由公司保留。

讨论：董某所在公司的销售行为是否侵犯了张某的专利权？如何处理？

单元三　商标权

一、商标法概述

（一）商标与注册商标

商标就是通常所说的“牌子”，是商品的标记。它是使一个特定企业的商品或服务得以同其他企业的商品或服务区别的标志，是用于商品或服务上的一种特定的标记，消费者凭之可以识别或者确认该商品的生产者或服务的提供者。因此，商标的本质作用是区别商品的来源，区别性是商标的一项基本功能或称本质特征。

注册商标是经商标局核准注册的商标。在我国，只有经过注册的商标才具有商标专用权，从而受到法律的保护。使用注册商标，可以在商品、商品包装、说明书或者其他附着物上标明“注册商标”或者注册标记。使用注册标记，应当标注在商标的右上角或者右下角。

（二）商标的国际保护

作为一种知识产权，商标专用权也具有地域的特点，即它只有在商标核准注册国或权利产生国的国内有效。这与国际贸易的发展是格格不入的，因此，有关商标的国际保护日益受到重视。主要的保护方法是通过签订一系列的双边或多边条约，使得成员国之间的公民互相能享受国民待遇。

目前，关于商标国际保护的主要国际公约有 1883 年 3 月 20 日在巴黎签署的《保护工业产权巴黎公约》（以下简称《巴黎公约》）、1891 年 4 月 14 日在马德里签署的《商标国际注册马德里协定》（以下简称《马德里协定》），以及 1994 年 4 月 15 日在摩洛哥签订的世界贸易组织管辖的一项多边贸易协定《与贸易有关的知识产权协定》（TRIPs 协定）。

二、注册商标的申请

（一）商标管理机关

国家知识产权局商标局主管全国商标注册和管理的工作，国务院工商行政管理部门设立商标评审委员会，负责处理商标争议事宜。

（二）商标注册的原则

1. 诚实信用原则

申请注册和使用商标，应当遵循诚实信用原则。专利法明确规定不以使用为目的的恶意商标注册申请，应当予以驳回。

2. 申请在先、使用在先原则

申请在先原则是指两个或者两个以上的商标注册申请人，在同一种商品或者类似商品上，以相同或者近似的商标申请注册的，初步审定并公告申请在先的商标；同一天申请的，初步审定并公告使用在先的商标，驳回其他人的申请，不予公告。

商标注册的申请日期，以商标局收到申请文件的日期为准。两个或者两个以上的申请人，在同一种商品或者类似商品上，分别以相同或者近似的商标在同一天申请注册的，各申请人应当自收到商标局通知之日起三十日内提交其申请注册前在先使用该商标的证据。同日使用或者均未使用的，各申请人可以自收到商标局通知之日起三十日内自行协商，并将书面协议报送商标局；不愿协商或者协商不成的，商标局通知各申请人以抽签的方式确定一个申请人，驳回其他人的注册申请。商标局已经通知但申请人未参加抽签的，视为放弃申请，商标局应当书面通知未参加抽签的申请人。

3. 自愿注册原则

商标使用者可以自己决定是否对使用的商标申请注册，注册商标和未注册商标都可以使用，但只有注册商标享有商标专用权。自愿注册原则亦有例外，根据《中华人民共和国商标法》（以下简称《商标法》）第六条的规定，法律、行政法规规定必须使用注册商标的商品，必须申请商标注册，未经核准注册的，不得在市场销售。《商标法》未列举必须使用注册商标的商品，这意味着，是否必须使用注册商标，《商标法》及《商标法实施条例》不再具体规定，而是交由各专门法自行规定。目前，根据《中华人民共和国烟草专卖法》的规定，卷烟、雪茄烟和有包装的烟丝必须申请商标注册，未经核准注册的，不得生产、销售。

4. 一标多类申请原则

申请商标注册的，应当按规定的商品分类表（即商标注册用商品和服务国际分类表）填报使用商标的商品类别和商品名称。商标注册申请人可以通过一份申请，就多个类别的商品申请注册同一商标。

5. 优先权原则

根据我国《商标法》第二十五条的规定，商标注册申请人自其商标在外国第一次提出商标注册申请之日起六个月内，又在中国就相同商品以同一商标提出商标注册申请的，依照该外国同中国签订的协议或者共同参加的国际条约，或者按照相互承认优先权的原则，可以享有优先权。依照前述规定要求优先权的，应当在提出商标注册申请的时候提出书面声明，并且在三个月内提交第一次提出的商标注册申请文件的副本；未提出书面声明或者逾期未提交商标注册申请文件副本的，视为未要求优先权。

商标在中国政府主办的或者承认的国际展览会展出的商品上首次使用的，自该商品展出之日起六个月内，该商标的注册申请人可以享有优先权。依照前述规定要求优先权的，应当在提出商标注册申请的时候提出书面声明，并且在三个月内提交展出其商品的展览会名称、在展出商品上使用该商标的证据、展出日期等证明文件；未提出书面声明或者逾期未提交证明文件的，视为未要求优先权。

学思之窗

"人生一串"商标被宣告无效

2021年3月24日，《人生一串》纪录片出品方诉烧烤店索赔500万元一案在上海市浦东新区人民法院开庭审理。2020年9月，国家知识产权局以违反诚实信用原则、系以不正当手段注册为由，对烧烤店店主郭某所持有的"人生一串"商标作出无效宣告。

《商标法》规定：申请注册和使用商标，应当遵循诚实信用原则。不论是申请人还是相关代理机构均需遵循该原则进行商标注册申请及使用。而不应仅顾及个人利益侵害他人合法权益，进行不正当的市场竞争。

通过理论与实际案例的结合，学生应清晰地了解相关法条的规定，树立遵纪守法、诚实守信的经营观念，在今后的学习、工作和社会交往中提高综合素养，满足作为市场经营主体参与经营管理的需要，避免造成相关损失。

（三）商标注册的条件

1. 申请人的资格

根据《商标法》的规定，自然人、法人或者其他组织均可作为申请人向商标局申请商标注册。

2. 商标须具备的条件

（1）商标必须具备法定的构成要素。根据《商标法》第八条的规定，任何能够将自然人、法人或者其他组织的商品与他人的商品区别开的标志，包括文字、图形、字母、数字、三维标志、颜色组合和声音等，以及上述要素的组合，均可以作为商标申请注册。

（2）商标必须具备显著特征。商标的显著特征可以通过两种途径获得：一是标志本身固有的显著特征，如立意新颖、设计独特的商标；二是通过使用获得显著特征。

（3）商标必须不是禁止使用或者禁止注册的标志。根据《商标法》的规定，下列标志不得作为商标使用：1）同中华人民共和国的国家名称、国旗、国徽、国歌、军旗、军徽、军歌、勋章等相同或者近似的，以及同中央国家机关的名称、标志、所在地特定地点的名称或者标志性建筑物的名称、图形相同的；2）同外国的国家名称、国旗、国徽、军旗等相同或者近似的，但经该国政府同意的除外；3）同政府间国际组织的名称、旗帜、徽记等相同或者近似的，但经该组织同意或者不易误导公众的除外；4）与表明实施控制、予以保证的官方标志、检验印记相同或者近似的，但经授权的除外；5）同"红十字"、"红新月"的名称、标志相同或者近似的；6）带有民族歧视性的；7）带有欺骗性，容易使公众对商品的质量等特点或者产地误认的；8）有害于社会主义道德风尚或者有其他不良影响的。

县级以上行政区划的地名或者公众知晓的外国地名，不得作为商标。但是，地名具有其他含义或者作为集体商标、证明商标组成部分的除外；已经注册的使用地名的商标继续有效。

根据《商标法》的规定，下列标志不得作为商标注册：仅有本商品的通用名称、图形、型号的；仅直接表示商品的质量、主要原料、功能、用途、重量、数量及其他特点的；其他缺乏显著特征的。上述所列标志经过使用取得显著特征，并便于识别的，可以作为商标注册。

（四）商标注册的程序

1. 商标注册申请

中国人或中国企业申请商标注册或者办理其他商标事宜，可以自己向商标局提出申请，也可以委托依法设立的商标代理机构代为申请。

外国人或者外国企业在中国申请商标注册和办理其他商标事宜的，应当委托依法设立的商标代理机构办理。

2. 商标注册审核

商标局对受理的商标注册申请，依照《商标法》及《商标法实施条例》的有关规定进行审查，对申请注册的商标，商标局应当自收到商标注册申请文件之日起九个月内审查完毕。凡不符合相关法律规定或者同他人在同一种商品或者类似商品上已经注册的或者初步审定的商标相同或者近似的，由商标局驳回申请，不予公告，书面通知申请人并说明理由。

对初步审定公告的商标，自公告之日起三个月内，可以向商标局提出异议。公告期满无异议的，予以核准注册，发给商标注册证，并予公告。

对初步审定公告的商标提出异议的，商标局应当听取异议人和被异议人陈述事实和理由，经调查核实后，自公告期满之日起十二个月内做出是否准予注册的决定，并书面通知异议人和被异议人。有特殊情况需要延长的，经国务院工商行政管理部门批准，可以延长六个月。经裁定异议成立的，不予核准注册。

公告期满无异议的，予以核准注册，发给商标注册证，并予公告；经裁定异议不能成立的，予以核准注册，发给商标注册证，并予公告。

对驳回申请、不予公告的商标，商标局应当书面通知商标注册申请人。商标注册申请人不服的，可以自收到通知之日起十五日内向商标评审委员会申请复审。商标评审委员会应当自收到申请之日起九个月内作出决定，并书面通知申请人。当事人对商标局所作出的异议裁定不服的，可以自收到通知之日起十五日内向商标评审委员会申请复审，由商标评审委员会作出裁定，并书面通知异议人和被异议人。

当事人对商标评审委员会的裁定不服的，可以自收到通知之日起三十日内向人民法院起诉。当事人在法定期限内对商标局作出的裁定不申请复审或者对商标评审委员会作出的裁定不向人民法院起诉的，裁定生效。

三、注册商标的续展、转让和使用许可

（一）注册商标的续展

我国《商标法》规定，注册商标的有效期为十年，自核准注册之日起计算。

在注册商标有效期满时，若要继续使该注册商标受到法律的保护，则须经过一定的法定程序来延长商标专用权的有效期限，此即注册商标的续展。

注册商标有效期满，需要继续使用的，商标注册人应当在期满前十二个月内按照规定办理续展手续；在此期间未能办理的，可以给予六个月的宽展期。需要续展注册的，应当向商标局提交商标续展注册申请书。宽展期满仍未提出申请的，注销其注册商标。自注销之日起一年内，商标局对与该商标相同或者近似的商标注册申请，不予核准。

商标局核准商标注册续展申请后，发给相应证明，并予以公告。每次续展注册的有效期为十年，续展注册商标有效期自该商标上一届有效期满次日起计算。

（二）注册商标的转让

注册商标的转让是指注册商标专用权人根据自己的意愿，按照一定的条件和规定的程序，将其注册商标转移给他人，由他人享有其商标专用权的法律行为。注册商标的转让是商标专用权人行使其商标权的一种形式。

转让注册商标的，转让人和受让人应当签订转让协议，并共同向商标局提出申请。受让人应当保证使用该注册商标的商品质量。

转让人和受让人应当向商标局提交转让注册商标申请书。转让注册商标申请手续应当由转让人和受让人共同办理。转让注册商标经核准后，予以公告。受让人自公告之日起享有商标专用权。

转让注册商标的，商标注册人对其在同一种或者类似商品上注册的相同或者近似的商标，应当一并转让；未一并转让的，由商标局通知其限期改正；期满不改正的，视为放弃转让该注册商标的申请，商标局应当书面通知申请人。

对容易导致混淆或者有其他不良影响的转让，商标局不予核准，书面通知申请人并说明理由。

（三）注册商标的使用许可

注册商标的使用许可是指注册商标专用权人通过签订使用许可合同，在一定期限内，依据一定的条件许可他人使用其注册商标的法律行为。注册商标的使用许可，只是发生了注册商标使用权的转移，而不产生商标专用权的转让。

商标注册人可以通过签订商标使用许可合同，许可他人使用其注册商标。商标许可合同分为独占使用许可合同、排他使用许可合同和普通使用许可合同。

许可人应当监督被许可人使用其注册商标的商品质量。被许可人应当保证使用该注册商标的商品质量。

许可他人使用其注册商标的，许可人应当将其商标使用许可报商标局备案，由商标局公告。商标使用许可未经备案不得对抗善意第三人。

四、注册商标的无效宣告

注册商标的无效宣告，是指已经注册的商标，在商标权存续期间出现法定事由，由商标局宣告该注册商标无效；其他单位或者个人可以请求商标评审委员会宣告该注册商标无效。

已经注册的商标，具有以下情形之一的，由商标局宣告该注册商标无效：

（1）不以使用为目的的恶意商标注册申请；

（2）使用不得作为商标使用的特定标志；

（3）使用缺乏显著特征的标志；

（4）不得注册的三维标志；

（5）商标代理机构除对其代理服务申请商标注册外，申请注册其他商标；

（6）以欺骗手段或者其他不正当手段取得注册。

已经注册的商标，具有以下情形之一的，自商标注册之日起五年内，在先权利人或者利害关系人可以请求商标评审委员会宣告该注册商标无效。对恶意注册的，驰名商标所有人不受五年的时间限制。

（1）侵犯驰名商标相关权利；

（2）未经授权进行商标注册；

（3）侵犯地理标志；

（4）申请注册的商标，不符合法律规定或侵害他人利益，应当驳回但未驳回的；

（5）违反申请在先原则；

（6）申请商标注册损害他人现有的在先权利，或以不正当手段抢先注册他人已经使用并有一定影响的商标。

五、商标使用的管理

商标的使用，是指将商标用于商品、商品包装或者容器以及商品交易文书上，或者将商标用于广告宣传、展览以及其他商业活动中，用于识别商品来源的行为。

（一）注册商标的使用管理

注册商标的使用管理是指商标主管机关依据《商标法》，监督注册商标使用人在商标的商业使用中，依法在核定使用的商品上正确使用核准注册的商标，保证商品质量的管理行为。

商标注册人在使用注册商标的过程中，自行改变注册商标、注册人名义、地址或者其他注册事项的，由地方工商行政管理部门责令限期改正；期满不改正的，由商标局撤销其注册商标。

注册商标成为其核定使用的商品的通用名称或者没有正当理由连续三年不使用的，任何单位或者个人可以向商标局申请撤销该注册商标。

注册商标被撤销、被宣告无效或者期满不再续展的，自撤销、宣告无效或者注销之日起一年内，商标局对与该商标相同或者近似的商标注册申请，不予核准。

当事人不服商标局的决定，可以申请复审。对复审决定不服的，可以向法院起诉。

（二）未注册商标的使用管理

未注册商标是指未经商标局核准注册的商标，不受法律的保护。但是，不受法律保护并不意味着可以不遵守法律的规定。在我国，根据《商标法》的规定，采取的是自愿注册原则，因此未注册商标大量存在。使用未注册商标，有下列行为之一的，由地方工商行政管理部门予以制止，限期改正，并可以予以通报或者处以罚款：冒充注册商标的；将《商标法》规定的禁用标志作为商标使用的。

六、注册商标专用权的保护

（一）注册商标专用权的概念

注册商标专用权是指注册商标专用权人对其注册商标享有的独占使用权，未经其许可，任何人都不得在同一种商品或者类似商品上使用与其注册商标相同或者近似的商标。注册商标的专用权，以核准注册的商标和核定使用的商品为限。

（二）侵犯注册商标专用权的行为

根据《商标法》的规定，有下列行为之一的，均属侵犯注册商标专用权：

（1）未经商标注册人的许可，在同一种商品上使用与其注册商标相同的商标的；

（2）未经商标注册人的许可，在同一种商品上使用与其注册商标近似的商标，或者在类似商品上使用与其注册商标相同或者近似的商标，容易导致混淆的；

（3）销售侵犯注册商标专用权的商品的；

（4）伪造、擅自制造他人注册商标标识或者销售伪造、擅自制造的注册商标标识的；

（5）未经商标注册人同意，更换其注册商标并将该更换商标的商品又投入市场的；

（6）故意为侵犯他人商标专用权行为提供便利条件，帮助他人实施侵犯商标专用权行为的；

（7）给他人的注册商标专用权造成其他损害的。

（三）对侵权行为的处理

侵犯注册商标专用权行为引起纠纷的，其处理途径可以由当事人协商解决；不愿协商或者协商不成的，商标注册人或者利害关系人可以向人民法院起诉，也可以请求工商行政管理部门处理。对侵犯注册商标专用权的行为，工商行政管理部门有权依法查处；涉嫌犯罪的，应当及时移送司法机关依法处理。

侵犯商标专用权的赔偿数额，按照权利人因被侵权所受到的实际损失确定；实际损失难以确定的，可以按照侵权人因侵权所获得的利益确定；权利人的损失或者侵权人获得的利益难以确定的，参照该商标许可使用费的倍数合理确定。对恶意侵犯商标专用权，情节严重的，可以在按照上述方法确定数额的一倍以上五倍以下确定赔偿数额。赔偿数额应当包括权利人为制止侵权行为所支付的合理开支。

人民法院为确定赔偿数额，在权利人已经尽力举证，而与侵权行为相关的账簿、资料主要由侵权人掌握的情况下，可以责令侵权人提供与侵权行为相关的账簿、资料；侵权人不提供或者提供虚假的账簿、资料的，人民法院可以参考权利人的主张和提供的证据判定赔偿数额。

权利人因被侵权所受到的实际损失、侵权人因侵权所获得的利益、注册商标许可使用费难以确定的，由人民法院根据侵权行为的情节判决给予五百万元以下的赔偿。

销售不知道是侵犯注册商标专用权的商品，能证明该商品是自己合法取得的并说明提供者的，不承担赔偿责任。

对侵犯注册商标专用权的行为，工商行政管理部门有权依法查处。工商行政管理部门处理时，认定侵权行为成立的，责令立即停止侵权行为，没收、销毁侵权商品和专门用于制造侵权商品、伪造注册商标标识的工具，并可处以罚款。侵犯商标专用权的行为情节严重构成犯罪的，除赔偿被侵权人的损失外，还将依法追究刑事责任。

模块小结

通过本模块，学生学习了知识产权、专利权及商标权的相关内容。

本模块阐述了知识产权的基本概念，概括了知识产权的特征，并将知识产权和工业产权进行了比较，为之后的学习奠定了基础。

本模块介绍了专利权的主体和客体，专利权的取得条件，包括申请原则、实质条件及程序性条件，以及专利实施的许可和专利权的保护内容。通过学习，学生能运用相关法律规定解决实际问题。

此外，本模块还介绍了商标注册的申请原则、条件和程序，注册商标的续展、转让和使用许可，注册商标的无效宣告，商标使用的管理以及注册商标专用权的保护等内容。通过学习，学生能正确辨别侵犯商标权的行为，运用法定条件判断侵犯注册商标专用权的行为，并运用相关法律规定解决实际问题。

实训练习

一、应知考核

（一）单项选择题

1. 取得发明、实用新型专利的实质条件与取得外观设计专利的实质条件的主要区别之一是，后者不要求（　　）。

A. 新颖性　　B. 创造性

C. 实用性　　D. 美感

2. 我国《专利法》规定的专利权期限的起算点是（　　）。

A. 申请日　　B. 授权公告之日

C. 专利权被批准之日　　D. 初审公告日

3. 我国《专利法》规定的发明专利的保护期为（　　）。

A. 十年　　B. 十五年

C. 二十年　　D. 三十年

4. 某科学院研究所职工在执行本所研究任务过程中完成了一项发明，则下列关于这项发明的性质和申请权的归属的阐述中，正确的是（　　）。

A. 是职务发明，专利申请权归该职工

B. 是职务发明，专利申请权归该研究所

C. 是非职务发明，专利申请权归双方共有

D. 是非职务发明，专利申请权归该职工

5. 我国《专利法》规定的外观设计专利权的保护期限为自该专利申请之日起（　　）年。

A. 二十　　B. 十五

C. 五　　D. 十

6. 我国《商标法》规定，注册商标的有效期限为十年，自（　　）计算。

A. 注册商标申请人寄出申请书之日起

B. 商标局收到申请书之日起

C. 公告之日起

D. 核准注册之日起

7. 根据我国《商标法》的规定，除特殊情况外，商品生产者、经营者或者服务提供者在其生产、经营的商品上或者提供的服务上（　　）。

A. 必须使用注册商标

B. 必须使用商标

C. 可选择是否使用以及申请注册商标

D. 不得使用未注册商标

8. 根据我国《商标法》的规定，获得商标专用权依据的原则是（　　）。

A. 登记原则　　B. 公告原则

C. 注册原则　　　　D. 使用原则

9. 根据我国《商标法》，下列商标使用不违反法律禁止注册规定的是（　　）。

A. “温暖”牌羽绒服　　　　B. “明亮”牌日光灯

C. “甜蜜”牌羊绒衫　　　　D. “雪梨”牌雪梨膏

（二）多项选择题

1. 下列选项可以作为注册商标标志的有（　　）。

A. 产品的内部结构　　　　B. 服务标志

C. 企业字号　　　　D. 集成电路布图设计

2. 根据我国《商标法》，以下具备商标申请人资格的有（　　）。

A. 大学　　　　B. 大学生

C. 律师事务所　　　　D. 民营企业

3. 根据我国《专利法》第二十五条的规定，以下选项中不属于专利保护的客体的有（　　）。

A. 牛顿第一定律

B. 艾滋病的诊断方法

C. 某研究所研究出的一种热带植物品种

D. 竞技体操评分标准

4. 下列各项中，不得作为商标使用的是（　　）。

A. 中国的国旗　　　　B. 外国的国旗

C. “红十字”标志　　　　D. 直接标示商品主要原料的标志

5. 商标局应依法驳回（　　）的商标注册申请。

A. “蜘蛛”牌财务软件　　　　B. “重庆”牌油烟机

C. “鹿”牌鹿茸膏　　　　D. “新西兰”牌帆布

6. 授予专利的发明和实用新型的条件有（　　）。

A. 经济性　　　　B. 创造性

C. 实用性　　　　D. 新颖性

7. 依照商标的使用对象，可将商标分为（　　）。

A. 商品商标　　　　B. 服务商标

C. 平面商标　　　　D. 立体商标

8. 在我国不能用作商标注册的标志有（　　）。

A. 本商标通用的名称和图形

B. 带有民族歧视性的标志

C. 夸大宣传并带有欺骗性的标志

D. 县级以上行政区划的地名或者公众知晓的外国地名

9. 我国《专利法》规定的“新颖性”是指在申请日前没有同样的发明或者实用新型（　　）。

A. 在国外出版物上公开发表过　B. 在国内出版物上公开发表过

C. 在国内公开使用过　D. 以其他方式为公众所知

10. 我国《商标法》规定的商标构成要素有（　　）。

A. 文字、图形　B. 数字、声音

C. 气味、三维标志　D. 字母、颜色组合

11. 我国《专利法》保护的发明创造包括（　　）。

A. 发明　B. 商业标识

C. 外观设计　D. 实用新型

二、应会考核

（一）案例分析题

湖北省甲公司是一家民营企业，一直使用“武汉”商标生产冰块、雪糕、冰激凌等商品。原来由于企业的生产规模小，一直也没有申请注册过该商标。2011 年，甲公司扩大了生产规模，准备申请注册一个商标，并打算在国际商标分类系统第三十类冰制食品类别中申请注册“武汉”商标。但当甲公司委托一家商标事务所代理申请注册时，该事务所称“武汉”商标不符合《商标法》的规定，不能作为商标申请注册。于是甲公司又研究决定，把“武汉”改为“冰凉”进行申请注册，但该事务所称“冰凉”商标仍不可行。

思考：

（1）甲公司为什么不能把“武汉”“冰凉”作为商标申请注册？

（2）甲公司使用未注册的“武汉”商标的行为是否合法？为什么？

（二）实践操作

请按《商标法》相关要求，为自己在模块二中设立的公司中的主要产品注册一个商标。

任务要求：以小组为单位，根据商标注册的要求设计一款可被注册的商标。

考核要求：满足商标注册的相关条件，无禁止使用或禁止注册的相关内容。

模块四　合同法律制度

◆ 知识目标

1. 熟悉合同的主要条款和基本格式；

2. 熟悉合同担保的主要形式和违约责任的承担方式，理解缔约过失责任、合同责任的区别。

◆ 能力目标

1. 能依法签订合同；

2. 能正确判断缔约过失责任和违约责任。

◆ 素养目标

1. 具备团队合作精神，能完成任务组织和分工；

2. 具有耐心细致的工作态度、精益求精的工匠精神；

3. 具备良好的口头与书面沟通能力；

4. 树立诚信的行为准则，在实际生活中践行契约精神。

在市场经济条件下，一切交易活动都是通过缔结和履行合同来进行的，因此合同关系成为市场经济社会最基本的法律关系，《民法典》“合同编”也就成为调整市场经济关系最基本的法律规范。市场经济主体在经营活动中与买卖双方通过协议建立的交易关系毫无疑问都要由《民法典》调整。《民法典》“合同编”主要规范合同的订立、效力及履行、变更和解除、担保、保全以及违约责任等方面的问题。其中，要约、承诺制度，合同的成立与生效，合同的担保、违约责任的承担等，都有很强的现实性，应该重点掌握。

单元一 合同概述

一、合同的定义与《民法典》“合同编”的适用范围

（一）合同的定义

合同，又称契约，是民事主体之间设立、变更、终止民事法律关系的协议。

（二）《民法典》“合同编”的适用范围

《民法典》“合同编”调整因合同产生的民事关系。婚姻、收养、监护等有关身份关系的协议，适用有关该身份关系的法律规定；没有规定的，可以根据其性质参照适用本编规定。

二、合同的分类

（一）双务合同与单务合同

双务合同是指当事人双方互负对等给付义务的合同，如买卖、租赁合同等均为双务合同。单务合同是指合同当事人双方并不互相享有权利和承担义务，而主要由一方承担义务，另一方并不负有相对义务的合同，如在赠与合同中，只有赠与人负有按约定交付赠与物的义务。

在法律上区分单务合同和双务合同的意义在于：双务合同适用合同履行抗辩权原则，而单务合同不适用。

学中做 4-1

甲将一个箱子交给乙保管，保管费 50 元。

讨论：该合同是单务合同还是双务合同？

（二）有偿合同与无偿合同

根据当事人是否可以从合同中获取某种利益，可以将合同分为有偿合同与无偿合同。有偿合同是指一方通过履行合同规定的义务而给对方某种利益，对方要得到该利益必须为此支付相应代价的合同。有偿合同是商品交换最典型的法律形式。在实践中，绝大多数反映交易关系的合同都是有偿的。无偿合同是指一方给付对方某种利益，对方取得该利益时并不支付任何报酬的合同。

有偿合同与无偿合同的区分意义，在于确定某些合同的性质，同时对合同主体的要求也不同。

（三）诺成合同与实践合同

诺成合同是指当事人一方的意思表示一旦经对方同意即能产生法律效果的合同。实践合同是指除当事人双方意思表示一致以外尚须交付标的物才能成立的合同。绝大多数合同是诺成合同，而实践合同则必须有法律特别规定。

诺成合同与实践合同的主要区别在于两者成立与生效的时间是不同的。诺成合同自双方当事人意思表示一致（即达成合意）时起，合同即告成立；而实践合同则在当事人达成合意之后，还必须由当事人交付标的物以后，合同才能成立。

（四）要式合同与不要式合同

根据合同是否应以一定的形式为要件，可将合同分为要式合同与不要式合同。要式合同是指必须根据法律规定的方式而成立的合同。对于一些重要的交易，法律常要求当事人必须采取特定的方式订立合同。不要式合同是指当事人订立的合同依法并不需要采取特定的形式，当事人可以采取口头方式，也可以采取书面形式。

除法律有特别规定以外，合同均为不要式合同。

（五）有名合同与无名合同

根据法律是否设有规范并赋予特定名称，合同可分为有名合同与无名合同。有名合同，又称典型合同，是指在法律上已设有规范并赋予名称的合同。如我国《民法典》在“合同编”第二分编中规定的下列典型合同均为有名合同，包括：买卖合同，供用电、水、气、热力合同，赠与合同，借款合同，保证合同，租赁合同，融资租赁合同，保理合同，承揽合同，建设工程合同，运输合同，技术合同，保管合同，仓储合同，委托合同，物业服务合同，行纪合同，中介合同，合伙合同。无名合同，又称非典型合同，是指在法律上尚未确立一定的名称和规则的合同。非典型合同在实践中大量存在，纯粹非典型合同即以法律全无规定的事项为内容，或者说其内容不属于任何典型合同所涉事项的合同。

区分有名合同与无名合同的意义，主要在于两者适用的法律规则不同。《民法典》第四百六十七条规定：“本法或者其他法律没有明文规定的合同，适用本编通则的规定，并可以参照适用本编或者其他法律最相类似合同的规定。”

（六）主合同与从合同

根据合同相互间的主从关系，可以将合同分为主合同与从合同。主合同是指不需要其他合同的存在即可独立存在的合同；从合同是指以其他合同的存在为存在前提的合同。由于从合同要依赖主合同的存在而存在，因此从合同又称附属合同。

一般情况下，主合同不能成立，从合同就不能有效成立；主合同转让，从合同也不能单独存在；主合同被宣告无效或被撤销，从合同也将失效；主合同终止，从合同亦终止。

学中做 4-2

甲卖给乙 100 台电脑，甲要求乙提供担保。于是，乙找到丙，丙答应提供担保。

讨论：哪个是主合同？哪个是从合同？

单元二　合同的订立

一、合同的订立程序

合同的订立是指当事人之间为了建立具体的合同关系，通过磋商达成意思表示一致而形成合意的过程。合同的订立过程就是订约人达成合意的过程，即当事人互为意思表示并实现意思表示一致的状态。

视频：合同的订立 1

《民法典》第四百七十一条规定：“当事人订立合同，可以采取要约、承诺方式或者其他方式。”由此可知，当事人订立合同一般要经过要约与承诺两个阶段。

（一）要约

1. 要约的概念

要约又称发盘、出盘、发价或报价等。要约是一方当事人以缔结合同为目的，向对方当事人所作的意思表示。《民法典》第四百七十二条规定：“要约是希望与他人订立合同的意思表示。”发出要约的人称为要约人，接受要约的人则称为受要约人或要约的相对人。

2. 有效要约的条件

根据《民法典》第四百七十二条的规定，作为要约的意思表示应当符合下列规定：一是内容具体确定；二是表明经受要约人承诺，要约人即受该意思表示约束。

具体地说，一项有效要约应具备下列条件：

第一，要约是由具有订约能力的特定人作出的意思表示。要约人必须是订立合同的一方当事人，而且要约人应当具有缔约能力，无民事行为能力人或依法不能独立实施某种行为的限制民事行为能力人发出欲订立合同的要约，不能产生行为人预期的效果。

第二，要约必须具有订立合同的意图。要约是希望和他人订立合同的意思表示，要约中必须表明要约经受要约人承诺，要约人即受该意思表示约束。

第三，要约必须向要约人希望与其缔结合同的受要约人发出。要约原则上应向一个或数个特定人发出，即受要约人原则上应当特定。

第四，要约的内容必须具体、确定。所谓“具体”，是指要约的内容必须具有足以使合同成立的主要条款。当然，合同的主要条款应当根据合同的性质和内容来加以判断，合同的性质不同，它所要求的主要条款是不同的。所谓“确定”，是指要约的内容必须明确，而不能含糊不清，使受要约人不能理解要约人的真实含义，否则无法承诺。

只有同时具备上述四个要件，才能构成一个有效的要约，并使要约发出后产生应有的约束力。

理解要约的概念及其有效条件时，要注意把要约与要约邀请区别开。要约邀请，又称引诱要约,《民法典》第四百七十三条规定：“要约邀请是希望他人向自己发出要约的表示。拍卖公告、招标公告、招股说明书、债券募集办法、基金招募说明书、商业广告和宣传、寄送的价目表等为要约邀请。商业广告和宣传的内容符合要约条件的，构成要约。”

学中做 4-3

某年 10 月 15 日，甲公司从报纸上看到乙公司刊登的一则广告，介绍乙公司生产的新型热水器，价格为每台 1 200 元，如购买量大还可以优惠。于是甲公司发邮件给乙公司，邮件内容称“如每台热水器价格为 1 000 元，则欲购买 200 台，货到后验收合格即付款”。乙公司收到邮件后于 10 月 20 日给甲公司回复表示同意。

讨论：

（1）乙公司在报纸上刊登的广告属于要约还是要约邀请？

（2）甲公司发出的邮件属于什么性质？

3. 要约的效力

（1）要约生效时间。要约是要约人向希望与其缔结合同的相对人（即受要约人）发出的意思表示。根据《民法典》第一百三十七条的规定：“以对话方式作出的意思表示，相对人知道其内容时生效。以非对话方式作出的意思表示，到达相对人时生效。以非对话方式作出的采用数据电文形式的意思表示，相对人指定特定系统接收数据电文的，该数据电文进入该特定系统时生效；未指定特定系统的，相对人知道或者应当知道该数据电文进入其系统时生效。当事人对采用数据电文形式的意思表示的生效时间另有约定的，按照其约定。”

（2）要约的法律效力。对要约人而言，要约的法律效力表现为：要约一经生效，要约人即受到要约的拘束，不得随意撤销要约或对受要约人随意加以限制、变更和扩张。

而对受要约人而言，在要约发生效力时，受要约人取得承诺的资格。

4. 要约的撤回与撤销

（1）要约的撤回。要约撤回是指要约人在发出要约以后，达到受要约人之前，宣告取消要约。根据《民法典》第一百四十一条关于“意思表示的撤回”的规定，行为人（即要约人）可以撤回要约这种意思表示。撤回意思表示的通知应当在意思表示到达相对人（即受要约人）前或者与意思表示同时到达相对人。

允许要约人撤回要约，是尊重要约人的意志和利益的体现。由于撤回是在要约到达受要约人之前作出的，因此在撤回时要约并没有生效，撤回要约也不会影响受要约人的利益。

（2）要约的撤销。要约撤销是指要约人在要约到达受要约人并生效以后，将该项要约取消，从而使要约的效力归于消灭。

允许要约人撤销已经生效的要约，必须有严格的条件限制。根据《民法典》第四百七十六条、第四百七十七条的规定，要约可以撤销。撤销要约的意思表示以对话方式作出的，该意思表示的内容应当在受要约人作出承诺之前为受要约人所知道；撤销要约的意思表示以非对话方式作出的，应当在受要约人作出承诺之前到达受要约人。要约可以撤销，但是有下列情形之一的除外：1）要约人以确定承诺期限或者其他形式明示要约不可撤销；2）受要约人有理由认为要约是不可撤销的，并已经为履行合同做了合理准备工作。

学中做 4-4

甲向乙发出要约，规定承诺期限为 10 天。3 天后，甲反悔，欲撤销要约。

讨论：甲可否撤销要约？

5. 要约失效

要约失效是指要约丧失法律拘束力，即不再对要约人和受要约人产生拘束。要约失效以后，受要约人也丧失了其承诺的能力，即使其向要约人表示了承诺，也不能导致合同的成立。

有下列情形之一的，要约失效：

（1）要约被拒绝；

（2）要约被依法撤销；

（3）承诺期限届满，受要约人未作出承诺；

（4）受要约人对要约的内容作出实质性变更。

学中做 4-5

甲公司向乙公司去函表示："本公司生产的 W 型电话机单价 90 元，如果贵公司需要，请与我公司联系。"

乙公司回函称："我公司愿意订购 W 型电话机 400 台，单价 70 元。"

甲公司回函称："电话机单价不得低于 80 元。"乙公司没有再回复。

一个月后，乙公司收到甲公司发来的 400 台电话机，单价为 80 元，乙公司拒收。为此甲公司以乙公司违约为由，要求其收货并承担违约责任。

讨论：

（1）甲公司给乙公司的第一份函属于什么性质？

（2）乙公司的回函属于什么性质？

（3）甲公司的回函又属于什么性质？

（4）乙公司有没有违约？为什么？

（二）承诺

1. 承诺的概念

承诺是指受要约人同意要约的意思表示。承诺的法律效力在于一经承诺并到达要约人，合同即告成立。

视频：合同的订立 2

2. 承诺的条件

在法律上，承诺只有具备以下条件，才能产生法律效力：

（1）承诺必须由受要约人向要约人作出。由于要约原则上是向特定人发出的，因此只有接受要约的特定人即受要约人才有权作出承诺。

（2）承诺应当在要约确定的期限内到达要约人。要约没有确定承诺期限的，承诺应当依照下列规定到达：1）要约以对话方式作出的，应当即时作出承诺；2）要约以非对话方式作出的，承诺应当在合理期限内到达。

关于承诺期限的计算方法，《民法典》第四百八十二条规定，要约以信件或者电报作出的，承诺期限自信件载明的日期或者电报交发之日开始计算。信件未载明日期的，自投寄该信件的邮戳日期开始计算。要约以电话、传真、电子邮件等快速通讯方式作出的，承诺期限自要约到达受要约人时开始计算。

（3）承诺的内容必须与要约的内容一致。承诺是对要约的同意，其同意内容须与要约的内容一致，才构成意思表示的一致即合意，从而使合同成立。承诺的内容与要约的内容一致，意味着承诺不得限制、扩张或者变更要约的内容。根据《民法典》第四百八十八条、第四百八十九条的规定，承诺的内容应当与要约的内容一致。受要约人对要约的内容作出实质性变更的，为新要约。有关合同标的、数量、质量、价款或者报酬、履行期限、履行地点和方式、违约责任和解决争议方法等的变更，是对要约内容的实质性变更。承诺对要约的内容作出非实质性变更的，除要约人及时表示反对或者要约表明承诺不得对要约的内容作出任何变更外，该承诺有效，合同的内容以承诺的内容为准。

3. 承诺的生效

以通知方式作出的承诺，生效的时间适用《民法典》第一百三十七条关于“有相对人的意思表示生效时间”的规定。

4. 承诺的撤回

承诺撤回是指受要约人在发出承诺通知以后，在承诺正式生效之前撤回其承诺。承诺可以撤回。承诺的撤回适用《民法典》第一百四十一条关于“意思表示的撤回”的规定。

5. 迟延承诺

受要约人超过承诺期限发出承诺，或者在承诺期限内发出承诺，按照通常情形不能及时到达要约人的，为新要约；但是，要约人及时通知受要约人该承诺有效的除外。

6. 未迟发而迟到的承诺

受要约人在承诺期限内发出承诺，按照通常情形能够及时到达要约人，但是因其他原因致使承诺到达要约人时超过承诺期限的，除要约人及时通知受要约人因承诺超过期限不接受该承诺外，该承诺有效。

学中做 4-6

甲公司向乙公司发出采购 100 台洗衣机的要约，乙于 9 月 1 日寄出承诺信件，9 月 3 日寄至甲公司，适逢甲公司总经理外出。9 月 6 日甲公司总经理知悉了该信件的内容，遂交代助理于 9 月 8 日电传告知乙公司收到承诺。

讨论：该承诺何时生效？

（三）合同成立的时间、地点

1. 合同成立的时间

《民法典》第四百九十一条规定，当事人采用信件、数据电文等形式订立合同要求签订确认书的，签订确认书时合同成立。

当事人一方通过互联网等信息网络发布的商品或者服务信息符合要约条件的，对方选择该商品或者服务并提交订单成功时合同成立，但是当事人另有约定的除外。

2. 合同成立的地点

承诺生效的地点为合同成立的地点。

采用数据电文形式订立合同的，收件人的主营业地为合同成立的地点；没有主营业地的，其住所地为合同成立的地点。当事人另有约定的，按照其约定。

当事人采用合同书形式订立合同的，最后签名、盖章或者按指印的地点为合同成立的地点，但是当事人另有约定的除外。

学中做 4-7

甲公司业务员与乙公司业务员受双方公司的书面委托，签订了一份服装买卖合同，总金额为10万元，由于甲公司业务员未带合同专用章，因此，合同上只有双方业务员的签名和乙公司的合同专用章。乙公司同意甲公司业务员将合同带回加盖合同专用章后寄回，收到寄回的合同即发货。

乙公司在约定的时间内未收到甲公司寄回的合同，去函催办。

甲公司收到乙公司催办函后，要求乙公司按所签订合同的要求发货。乙公司于是应约发货。在乙公司办完托运手续后，却收到甲公司“请勿发货”的电函，但是服装已寄出。

服装到站后，甲公司拒收并向乙公司发出退货电函。

乙公司按合同约定向甲公司催要货款，遭到拒绝。双方协商解决不成，乙公司将甲公司告到法院，请求法院判令甲公司承担违约责任。

讨论：甲公司与乙公司之间的服装买卖合同是否成立？甲公司是否构成违约？

二、缔约过失责任

视频：缔约过失责任

（一）缔约过失责任的概念

缔约过失责任是指在合同订立的过程中，缔约一方因违背其依据诚实信用原则所应承担的义务，致使对相信该合同为有效成立的相对人，因基于此项信赖而产生的损害，应负的损害赔偿责任。缔约过失责任发生在缔约过程中，所违背的义务是先契约义务，或称先合同义务。

（二）缔约过失责任的构成要件

缔约过失责任由以下四个要件构成：

1. 缔约当事人违反先契约义务

缔约过失责任作为一种责任形态存在，必须以先契约义务的存在及违反作为前提。民事主体一旦进入缔约过程中，就应当推定在双方之间形成一种合理的信赖，即一方当事人依据诚实信用原则给予对方照顾、忠实于对方、告知对方与合同有关并涉及对方财产、人身健康和安全的事由。先契约义务的发生以双方进入缔约过程为标志，如果民事主体之间没有因为缔约而相互接触磋商，则当然不会发生缔约过失问题。

2. 缔约相对人有损失

只有缔约一方违反先契约义务造成相对人损害时，才能产生缔约过失责任。缔约相对人的信赖利益的损失主要表现为与缔约有关的费用的支出，具体包括缔约费用、准备履约所支出的费用及上述费用的利息、丧失与第三人订立合同的机会的损失等。

3. 违反先契约义务的一方具有过错

这种过错具体表现为故意和过失两种基本形态。故意是指缔约人预见到自己的行为会产生合同不成立、无效或被撤销，能给相对人造成损失的后果，而仍然进行这种民事行为，希望或放任违法后果的发生。过失是指缔约人应当预见到自己的行为可能产生合同不成立、无效或被撤销，造成相对人信赖利益损失这种后果，但因疏忽大意没有尽到协助、通知、保护、保密等义务；或者虽然预见到了，但轻信其不会发生。无论是故意还是过失，只要有过错就要承担缔约过失责任。

4. 过错与损失之间有因果关系

缔约一方的过错与对方遭受的信赖利益的损失之间必须存在必然的联系。也就是说，损害结果的出现完全是缔约过错行为所必然引起的，如果对方遭受的损失非因一方的过错引起，即使发生在缔约过程中，出现了信赖利益的损害，也不产生缔约过失责任。

（三）缔约过失责任的具体表现形式

《民法典》第五百条规定，当事人在订立合同过程中有下列情形之一，造成对方损失的，应当承担赔偿责任：

（1）假借订立合同，恶意进行磋商；

（2）故意隐瞒与订立合同有关的重要事实或者提供虚假情况；

（3）有其他违背诚信原则的行为。

当事人在订立合同过程中知悉的商业秘密或者其他应当保密的信息，无论合同是否成立，不得泄露或者不正当地使用；泄露、不正当地使用该商业秘密或者信息，造成对方损失的，应当承担赔偿责任。

学中做 4-8

甲了解到乙有转让餐馆的意图，甲根本没有购买餐馆的想法，但甲为了阻止乙将餐馆卖给竞争对手丙，便与乙进行了长时间的谈判。当丙买了另一家餐馆后，甲就马上停止了与乙的谈判。乙后来以比丙出价更低的价格转让了餐馆。事后乙得知了甲与其谈判的真实意图，遂要求甲赔偿损失。

讨论：乙的要求是否合法？为什么？

三、合同的内容

（一）合同条款

当事人依程序订立合同，意思表示一致，便形成合同条款，构成作为法律行为的合同内容。合同条款规定了当事人各方的权利义务，成为法律关系意义上的合同的内容。

为了示范较完备的合同条款，《民法典》第四百七十条规定了合同的主要条款与示范文本，合同的内容由当事人约定，一般包括下列条款：（1）当事人的姓名或者名称和住所；（2）标的；（3）数量；（4）质量；（5）价款或者报酬；（6）履行期限、地点和方式；（7）违约责任；（8）解决争议的方法。

当事人可以参照各类合同的示范文本订立合同。

（二）格式条款

1. 格式条款的表现形式

格式条款是指当事人为了重复使用而预先拟定，并在订立合同时未与对方协商的条款。

许多格式条款印刷于一定的文件（如车船票、飞机票、保险单）上，也可能通过“价目表”“通知”“说明”等形式张贴于一定的营业场所，还可以通过简单的告示表现出来（如“货物出门，概不退换”的告示）。在这些情况下，格式条款大多只作为整个合同（如买卖合同、运输合同、保险合同等）的组成部分，即作为合同中的部分条款存在。

格式合同主要有两类：

第一类是将经常发生的商事交易条款进行罗列的合同，如提单、租船合同、保单、商品市场中的各种买卖合同等。这类条款是由商业利益的各方代表，经过多年的谈判固定下来，并被广泛采用的。由于这类格式合同通常被交易能力相近的当事人广泛采用，因此这些合同条款一般比较公平。

第二类是具有优势地位的一方当事人单方确定的合同条款，对方要么接受，要么拒绝，没有其他选择余地。这类条款不是当事人协商的产物，而是由交易能力强的一方单方拟定的，因此这类合同条款常含有不公平的内容。

采用格式条款订立合同，可以使订约基础明确，节省交易时间，降低交易成本，提高交易活动的效益。同时，格式条款具有确定性与连续性，其不会因为当事人的合同地位、履约能力以及社会地位的不同而有所差异。但格式条款在一定程度上限制了当事人的合同自由，格式条款的提供者往往在制定格式条款时更多地考虑自己的利益，并尽量减少自己的责任，而对另一方的权利则考虑得较少或尽量加重对方的责任。“霸王条款”或免责条款违背了公平、诚实信用等合同法的基本原则，因而有可能损害相对人的正当权益。

2. 对格式条款的规制

《民法典》第四百九十六条对格式条款进行了规制：采用格式条款订立合同的，提供格式条款的一方应当遵循公平原则确定当事人之间的权利和义务，并采取合理的方式提示对方注意免除或者减轻其责任等与对方有重大利害关系的条款，按照对方的要求，对该条款予以说明。提供格式条款的一方未履行提示或者说明义务，致使对方没有注意或者理解与其有重大利害关系的条款的，对方可以主张该条款不成为合同的内容。

3. 格式条款的无效

有下列情形之一的，该格式条款无效：

（1）具有《民法典》第一编第六章第三节规定的“民事法律行为无效”的情形和第五百零六条规定的无效情形。

（2）提供格式条款一方不合理地免除或者减轻其责任、加重对方责任、限制对方主要权利。

（3）提供格式条款一方排除对方主要权利。

4. 格式条款的解释

对格式条款的理解发生争议的，应当按照通常理解予以解释。对格式条款有两种以上解释的，应当作出不利于提供格式条款一方的解释。格式条款和非格式条款不一致的，应当采用非格式条款。

学中做 4-9

顾客去超市购物，进去之前在超市的寄物柜存了包，购物出来后发现包不见了。

讨论：

（1）超市是否应该承担存包的赔偿责任？

（2）如果存包处已经告示说明“贵重物品自行保管，丢失概不负责”，超市能否免责？

学思之窗

电子商务经营者制定的不公平不合理的格式条款被认定无效

教师向学生介绍2022年3月最高人民法院发布的《关于审理网络消费纠纷案件适用法律若干问题的规定（一）》（以下简称《规定》）中关于不公平不合理的格式条款无效的类型。如《规定》中“收货人签收商品即视为认可商品质量符合约定”“电子商务经营者享有单方解释权或者最终解释权”等实践中常见的不公平不合理的格式条款。《规定》同时完善七日无理由退货制度，加强消费者售后权益保障，规定消费者因检查商品的必要对商品进行拆封查验且不影响商品完好，电子商务经营者不得以商品已拆封为由主张不适用七日无理由退货制度。《规定》明确奖品、赠品、换购商品等造成损害的法律后果，即电子商务经营者应当承担赔偿责任，不得以奖品、赠品属于免费提供或者商品属于换购为由主张免责，规范网络促销行为。

通过对《规定》内容的学习，一方面，作为消费者角色的学生应及时深入学习这一司法解释，切实维护好自身合法权益；另一方面，学生日后如果作为经营者的角色进入社会，电子商务经营者不得利用自己的优势地位制定不公平或不合理的格式条款，侵害消费者合法权益。在新技术、新业态、新模式的创新环境下，经营者要知晓网络直播营销民事责任，每位经营者都有责任促成新业态的健康发展，使网络经济拥有健康持续发展的力量。

社会主义核心价值观中的平等，是社会和谐稳定的压舱石，学生在学习的过程中需意识到，无论处于何种优势地位，均需牢记平等的内涵。遵守法律规则、诚信经营是市场经营主体参与经营管理的必备素质。

单元三 合同的效力

一、合同生效的概念

合同生效是指已经成立的合同在当事人之间产生了一定的法律拘束力，即法律效力。依法成立的合同，对当事人具有法律约束力。当事人应当按照约定履行自己的义务，不得擅自变更或者解除合同。

二、合同的成立与生效

（一）合同的成立与生效的区别

合同的成立与生效常常是密切联系在一起的。如果当事人依法订立合同，合同的内容和形式都符合法律规定，则这些合同一旦成立便会自然产生法律拘束力。

但合同的成立与合同的生效仍然是两个不同的概念。合同的成立是指缔约当事人就合同的主要条款达成合意。一旦当事人根据特定合同的性质要求而就主要条款达成协议，合同便宣告成立。但合同的成立只是解决了当事人之间是否存在合意的问题，并不意味着已经成立的合同都能产生法律拘束力。即使合同已经成立，如果不符合法律规定的生效要件，仍然不能产生法律效力。合法合同从合同成立时起具有法律效力，而违法合同虽然成立但不会发生法律效力。由此可见，合同成立后并不是当然生效的，合同是否生效，主要取决于其是否符合国家的意志和社会公共利益。

（二）合同的不成立和合同的无效

合同的不成立是指当事人未就合同的主要条款达成合意。合同的无效是指合同在内容上违反了法律、行政法规的强制性规定以及公序良俗，因此合同具有不得履行性。

从法律后果上看，合同一旦被宣告不成立，那么有过失的一方当事人应根据缔约过失责任制度，赔偿另一方所遭受的利益的损失，如果当事人已经作出履行，则应当各自向对方返还已接受的履行部分。但对于无效合同来说，因为它在性质上具有不法性，所以它不仅会产生民事责任，而且可能产生行政责任甚至刑事责任。

三、合同生效的要件

合同生效的要件是判断合同是否具有法律效力的标准。根据《民法典》的有关规定，合同生效的要件包括以下几个。

（一）当事人具有相应的民事权利能力和民事行为能力

合同当事人必须是平等民事主体的自然人、法人或者其他组织；合同的当事人必须具备正确理解自己的行为性质和后果、独立地表达自己的意思的能力。这一规定对于保护当事人的利益和维护社会经济秩序是十分必要的。

就自然人而言，完全民事行为能力人可以以自己的名义订立合同，独立享有合同权利、承担合同义务；限制民事行为能力人只能订立与其年龄、精神状况相适应的合同；无民事行为能力人订立的及限制民事行为能力人订立的依法不能独立订立的合同，都不能产生预期的法律效果，不过这种合同并非绝对无效而只是效力待定的合同，其法定代理人代理或者经其法定代理人同意、追认的合同为有效合同（纯获利益的合同除外）。

法人的行为能力是特殊的行为能力，法人应当在其核准登记的生产经营和业务范围内活动。法人内部职能机构或分支机构未经法人授权，不具有独立对外订立合同的能力，因此给债权人造成损失的，由法人承担民事责任。

对非法人单位的缔约能力，应区分两种情况：对于未领取营业执照的非法人单位，不得以自己的名义独立从事民事活动，而只能以设立该组织的自然人的名义订约；而对于领有营业执照的非法人单位，则可以对外签订合同。当然，非法人单位如果不能独立承担民事责任，则应当由设立该组织的自然人承担。

（二）意思表示真实

意思表示真实是指表意人的表示行为应当真实地反映其内心的意思。意思表示真实是合同生效的重要构成要件。如果当事人是在被胁迫、受欺诈以及重大误解等法律规定的情况下作出的与其真实意思不符的意思表示，那么，根据法律的规定，可以请求人民法院或仲裁机关依法撤销该行为，并根据具体情况追究有过错的一方或双方当事人的责任。如果当事人所作出的意思表示违反了法律和行政法规的强行性规定及社会公共利益，那么应当确认此种意思表示无效。

（三）内容合法

合同的内容必须合法，是指合同的各项条款不得违反国家法律、法规的强制性规定，也不得违反公序良俗。当然，如果只是合同的部分条款违法，确认部分条款无效不影响其他部分的效力。

（四）形式合法

我国法律承认当事人可以依法选择合同的形式。但是，如果法律对合同的形式作出了特殊规定，当事人必须遵守法律规定。有一些合同依照法律规定，当事人在签订书面合同后必须登记，方为有效。

四、合同生效时间

依法成立的合同，自成立时生效，但是法律另有规定或者当事人另有约定的除外。

学中做 4-10

甲公司因转产致使一台价值 2 000 万元的精密机床闲置。4 月 10 日，甲公司董事长张某与乙公司签订了这台机床的转让合同。合同约定，机床作价 1 700 万元，甲公司于 5 月底前将机床送至乙公司，乙公司在收货后 10 日内付款。但直到 6 月中旬甲公司亦未履行交付义务。甲公司以甲公司董事会决议规定，对精密机床的处置须经股东会特别决议为由认为该合同无效，欲与丙公司达成转让事宜。乙公司要求甲公司交付机床并承担违约责任。

讨论：甲公司与乙公司之间转让机床的合同是否有效？为什么？

单元四 合同的履行

一、合同履行的概念和原则

（一）合同履行的概念

合同履行是指债务人全面地、适当地履行其合同义务，使债权人的合同权利得到完全实现的行为。合同履行是合同法律效力的主要内容，是合同法律制度的核心。

（二）合同履行的原则

合同履行原则是贯穿在合同履行的全过程中的具有指导意义的行为准则，是当事人履行合同的基础依据。当事人违反这些原则，将构成违约，就要承担民事责任。

根据《民法典》“合同编”的规定，合同履行必须遵循以下原则：

1. 全面履行原则

当事人应当按照约定全面履行自己的义务。

2. 诚信原则

当事人应当遵循诚信原则，根据合同的性质、目的和交易习惯履行通知、协助、保密等义务。

3. 绿色原则

当事人在履行合同过程中，应当避免浪费资源、污染环境和破坏生态。

二、合同内容约定不明确的履行规则

（一）合同没有约定或者约定不明的补救措施

合同生效后，当事人就质量、价款或者报酬、履行地点等内容没有约定或者约定不明确的，可以协议补充；不能达成补充协议的，按照合同相关条款或者交易习惯确定。

（二）合同约定不明确时的履行

当事人就有关合同内容约定不明确，依据前条规定仍不能确定的，适用下列规定：

（1）质量要求不明确的，按照强制性国家标准履行；没有强制性国家标准的，按照推荐性国家标准履行；没有推荐性国家标准的，按照行业标准履行；没有国家标准、行业标准的，按照通常标准或者符合合同目的的特定标准履行。

（2）价款或者报酬不明确的，按照订立合同时履行地的市场价格履行；依法应当执行政府定价或者政府指导价的，依照规定履行。

（3）履行地点不明确，给付货币的，在接受货币一方所在地履行；交付不动产的，在不动产所在地履行；其他标的，在履行义务一方所在地履行。

（4）履行期限不明确的，债务人可以随时履行，债权人也可以随时请求履行，但是应当给对方必要的准备时间。

（5）履行方式不明确的，按照有利于实现合同目的的方式履行。

（6）履行费用的负担不明确的，由履行义务一方负担；因债权人原因增加的履行费用，由债权人负担。

（三）电子合同标的的交付时间

通过互联网等信息网络订立的电子合同的标的为交付商品并采用快递物流方式交付的，收货人的签收时间为交付时间。电子合同的标的为提供服务的，生成的电子凭证或者实物凭证中载明的时间为提供服务时间；前述凭证没有载明时间或者载明时间与实际提供服务时间不一致的，以实际提供服务的时间为准。

电子合同的标的为采用在线传输方式交付的，合同标的物进入对方当事人指定的特定系统且能够检索识别的时间为交付时间。

电子合同当事人对交付商品或者提供服务的方式、时间另有约定的，按照其约定。

（四）政府价格调整时的履行规则

执行政府定价或者政府指导价的，在合同约定的交付期限内政府价格调整时，按照交付时的价格计价。逾期交付标的物的，遇价格上涨时，按照原价格执行；价格下降时，按照新价格执行。逾期提取标的物或者逾期付款的，遇价格上涨时，按照新价格执行；价格下降时，按照原价格执行。

三、双务合同履行中的抗辩权

抗辩权是指权利主体对抗相对人请求权以及其他权利的一种权利。双务合同履行中的抗辩权是指在符合法定条件时，当事人一方对抗对方当事人的履行请求权，暂时拒绝履行其债务的权利。

视频：双务合同中的抗辩

（一）同时履行抗辩权

1. 同时履行抗辩权的概念

当事人互负债务，没有先后履行顺序的，应当同时履行。一方在对方履行之前有权拒绝其履行请求。一方在对方履行债务不符合约定时，有权拒绝其相应的履行请求。

2. 同时履行抗辩权的适用条件

同时履行抗辩权的行使，应当具备下列条件：双方当事人基于同一双务合同而互负债务；双方当事人互负的债务没有先后履行顺序，且均已届履行期；对方当事人未履行债务或者履行债务不符合约定；对方当事人的对待给付是可能的。

（二）先履行抗辩权

1. 先履行抗辩权的概念

当事人互负债务，有先后履行顺序，应当先履行债务一方未履行的，后履行一方有权拒绝其履行请求。先履行一方履行债务不符合约定的，后履行一方有权拒绝其相应的履行请求。

2. 先履行抗辩权的适用条件

先履行抗辩权的行使，应当具备下列条件：双方当事人基于同一双务合同而互负债务；两个债务须有先后履行顺序；先履行一方当事人未履行债务或者履行债务不符合约定；对方当事人的对待给付是可能的。

（三）不安抗辩权

1. 不安抗辩权的概念

不安抗辩权是指当事人互负债务，有先后履行顺序，先履行的一方有确切证据表明另一方丧失履行债务能力时，在对方没有履行或者没有提供担保之前，有权中止合同履行的权利。

2. 不安抗辩权的适用条件

不安抗辩权的行使，应当具备下列条件：双方当事人基于同一双务合同而互负债务；抗辩方负有先给付义务，且已届履行期；后给付义务方出现难为对待给付的法定情形；后给付义务方未提供适当担保。

3. 不安抗辩权的适用情形

《民法典》第五百二十七条规定，应当先履行债务的当事人，有确切证据证明对方有下列情形之一的，可以中止履行：

（1）经营状况严重恶化；

（2）转移财产、抽逃资金，以逃避债务；

（3）丧失商业信誉；

（4）有丧失或者可能丧失履行债务能力的其他情形。

（四）适用不安抗辩权的程序及效力

当事人依据法定情形行使不安抗辩权而中止履行的，应当及时通知对方。对方提供适当担保的，应当恢复履行。中止履行后，对方在合理期限内未恢复履行能力且未提供适当担保的，视为以自己的行为表明不履行主要债务，中止履行的一方可以解除合同并可以请求对方承担违约责任。

学中做 4–11

2021 年 12 月，某服装公司与某商场签订了一份买卖合同，约定服装公司于 2022 年 3 月 1 日前向商场交付西装 1 000 套，商场在收到西装 2 个月内，支付货款 50 万元。合同订立后，服装公司即着手进行生产，至 2022 年 1 月底已生产西装 800 套。此时，服装公司听到确切消息，商场经营出现危机，将进行商品结构调整，压缩服装经营规模。服装公司 2022 年 2 月底向商场提出暂停交货，遭到商场拒绝。2022 年 4 月服装公司诉至法院，要求解除与商场的买卖合同。

讨论：服装公司解除合同的请求能否得到法院的支持？

四、合同的保全

合同的保全是指法律为防止因债务人财产的不当减少致使债权人债权的实现受到危害，而设置的保全债务人责任财产的法律制度。

合同保全制度的价值在于，它为合同责任的实行提供了物质基础，保全了作为承担合同责任基础的责任财产，为将来的强制执行做好了准备，否则如果债务人任意处分责任财产而无限制，那么合同责任也将无用武之地。

合同的保全制度包括债权人的代位权和撤销权两个方面的具体制度。

（一）代位权

1. 代位权的概念

代位权是指债权人以自己的名义行使债务人对第三人享有的权利的权利。债的关系成立后，当债务人怠于行使其对第三人享有的权利，以致影响债权人债权的实现时，债权人为保全自己的债权，可以以自己的名义依法代位行使债务人对第三人享有的权利。

债权人的代位权着眼于债务人的消极行为，当债务人有权利行使而不行使，以致影响债权人权利的实现时，法律允许债权人代债务人之位，以自己的名义向第三人行使债务人的权利。

《民法典》第五百三十五条规定："因债务人怠于行使其债权或者与该债权有关的从权利，影响债权人的到期债权实现的，债权人可以向人民法院请求以自己的名义代位行使债务人对相对人的权利，但是该权利专属于债务人自身的除外。代位权的行使范围以债权人的到期债权为限。债权人行使代位权的必要费用，由债务人负担。相对人对债务人的抗辩，可以向债权人主张。"

2. 债权人代位权的提前行使

债权人的债权到期前，债务人的债权或者与该债权有关的从权利存在诉讼时效期间即将届满或者未及时申报破产债权等情形，影响债权人的债权实现的，债权人可以代位向债务人的相对人请求其向债务人履行、向破产管理人申报或者作出其他必要的行为。

3. 债权人代位权行使效果

人民法院认定代位权成立的，由债务人的相对人向债权人履行义务，债权人接受履行后，债权人与债务人、债务人与相对人之间相应的权利义务终止。债务人对相对人的债权或者与该债权有关的从权利被采取保全、执行措施，或者债务人破产的，依照相关法律的规定处理。

（二）撤销权

1. 撤销权的概念

撤销权是指债权人对于债务人所为的有害于债权的行为，可以请求法院予以撤销的权利。

债权人的撤销权着眼于债务人的积极行为，当债务人在不履行其债务的情况下，实施减少其财产而损害债权人债权实现的行为时，法律赋予债权人有诉请法院撤销债务人所为的行为的权利。

2. 无偿处分时的债权人撤销权行使

债务人以放弃其债权、放弃债权担保、无偿转让财产等方式无偿处分财产权益，或者恶意延长其到期债权的履行期限，影响债权人的债权实现的，债权人可以请求人民法院撤销债务人的行为。

3. 不合理价格交易时的债权人撤销权行使

债务人以明显不合理的低价转让财产、以明显不合理的高价受让他人财产或者为他人的债务提供担保，影响债权人的债权实现，债务人的相对人知道或者应当知道该情形的，债权人可以请求人民法院撤销债务人的行为。

4. 债权人撤销权行使范围以及必要费用承担

撤销权的行使范围以债权人的债权为限。债权人行使撤销权的必要费用，由债务人负担。

5. 债权人撤销权除斥期间

撤销权自债权人知道或者应当知道撤销事由之日起一年内行使。自债务人的行为发生之日起五年内没有行使撤销权的，该撤销权消灭。

6. 债权人撤销权行使效果

债务人影响债权人的债权实现的行为被撤销的，自始没有法律约束力。

单元五　合同的变更、转让和终止

一、合同的变更和转让

（一）合同的变更

1. 合同变更的概念

合同变更是指合同依法成立并生效后，当事人在合同没有履行或没有完全履行之前，根据当事人之间的协议或法律规定，对原合同内容进行修订或补充，即权利和义务变化的民事法律行为。

合同变更是合同关系的局部变化（如标的数量的增减，价款的变化，履行时间、地点、方式的变化），而不是合同性质的变化（如买卖变为赠与，合同关系失去了同一性，此为合同的更新或更改）。

2. 合同变更规则

（1）当事人协商一致，可以变更合同。

（2）当事人对合同变更的内容约定不明确的，推定为未变更。

学中做 4-12

华美贸易商行（需方）预付了童装货款的 20% 即 3.6 万元，与服装厂（供方）约定年底交货。11 月，需方打电话给供方的厂长要求变动童装的部分花色，当时厂长不在，接电话的人员草草记下电话内容后，就忘了此事。等到 12 月底供方将童装交给需方时，需方才发现，童装的花色并未变更，仍和合同规定的一样。需方询问供方厂长时，供方厂长说并不知道需方要求变更花色，需方说在 11 月底打过电话，供方接电话之人见闯了祸就矢口否认接过此电话。需方遂以供方违约为由拒付货款。供方见要不回货款，便提起诉讼，要求需方承担违约责任，支付货款及违约金。

讨论：供需双方的合同关系有没有发生变更？为什么？供方的诉讼请求能否得到法院的支持？

（二）合同的转让

合同转让是指在合同依法成立后，改变合同主体的法律行为，即合同当事人一方将其合同债权和债务全部或部分转让给第三方的行为。合同转让包括债权转让和债务转移。

1. 债权转让

（1）债权转让的概念。债权转让是指在不改变合同权利义务内容的前提下，债权人将其债权转让给第三人享有。

（2）债权转让的规则。

1）债权人可以将债权的全部或者部分转让给第三人，但是有下列情形之一的除外：根据债权性质不得转让；按照当事人约定不得转让；依照法律规定不得转让。

当事人约定非金钱债权不得转让的，不得对抗善意第三人。当事人约定金钱债权不得转让的，不得对抗第三人。

2）债权转让应及时通知债务人，债权人转让债权，未通知债务人的，该转让对债务人不发生效力。

债权转让的通知不得撤销，但是经受让人同意的除外。

（3）债权转让的效力。

1）债权转让时从权利一并变动。债权人转让债权的，受让人取得与债权有关的从权利，但是该从权利专属于债权人自身的除外。受让人取得从权利不因该从权利未办理转移登记手续或者未转移占有而受到影响。

2）债权转让时债务人抗辩权。债务人接到债权转让通知后，债务人对让与人的抗辩，可以向受让人主张。

3）债权转让时债务人抵销权。有下列情形之一的，债务人可以向受让人主张抵销：①债务人接到债权转让通知时，债务人对让与人享有债权，且债务人的债权先于转让的债权到期或者同时到期；②债务人的债权与转让的债权是基于同一合同产生。

4）因债权转让增加的履行费用，由让与人负担。

2. 债务转移

（1）债务转移的概念。债务转移是指在不改变合同权利义务内容的前提下，债务人将其债务转由第三人承担。

（2）债务转移的规则。

1）债务人将债务的全部或者部分转移给第三人的，应当经债权人同意。债务人或者第三人可以催告债权人在合理期限内予以同意，债权人未作表示的，视为不同意。

2）第三人与债务人约定加入债务并通知债权人，或者第三人向债权人表示愿意加入债务，债权人未在合理期限内明确拒绝的，债权人可以请求第三人在其愿意承担的债务范围内和债务人承担连带债务。

3）债务转移的效力。债务人转移债务的，新债务人可以主张原债务人对债权人的抗辩；原债务人对债权人享有债权的，新债务人不得向债权人主张抵销。

债务人转移债务的，新债务人应当承担与主债务有关的从债务，但是该从债务专属于原债务人自身的除外。

（3）合同权利和义务一并转让。当事人一方经对方同意，可以将自己在合同中的权利和义务一并转让给第三人。合同的权利和义务一并转让的，适用债权转让、债务转移的有关规定。

二、合同权利义务的终止和合同解除

（一）合同权利义务的终止

1. 合同权利义务终止的概念

合同权利义务终止是指合同生效后，因具备法定情形或当事人约定的情形，合同债权、债务归于消灭，合同关系不复存在。

2. 合同权利义务终止的情形

根据《民法典》第五百五十七条的规定，有下列情形之一的，债权债务终止：

（1）债务已经履行；

（2）债务相互抵销；

（3）债务人依法将标的物提存；

（4）债权人免除债务；

（5）债权债务同归于一人；

（6）法律规定或者当事人约定终止的其他情形。

合同解除的，该合同的权利义务关系终止。

债权债务终止时，债权的从权利同时消灭，但是法律另有规定或者当事人另有约定的除外。

3. 债权债务终止典型情形分述

（1）债务抵销。

1）债务法定抵销。当事人互负债务，该债务的标的物种类、品质相同的，任何一方可以将自己的债务与对方的到期债务抵销；但是，根据债务性质、按照当事人约定或者依照法律规定不得抵销的除外。当事人主张抵销的，应当通知对方。通知自到达对方时生效。抵销不得附条件或者附期限。

2）债务约定抵销。当事人互负债务，标的物种类、品质不相同的，经协商一致，也可以抵销。

（2）提存。

1）标的物提存的条件。有下列情形之一，难以履行债务的，债务人可以将标的物提存：①债权人无正当理由拒绝受领；②债权人下落不明；③债权人死亡未确定继承人、遗产管理人，或者丧失民事行为能力未确定监护人；④法律规定的其他情形。标的物不适于提存或者提存费用过高的，债务人依法可以拍卖或者变卖标的物，提存所得的价款。

2）提存成立。债务人将标的物或者将标的物依法拍卖、变卖所得价款交付提存部门时，提存成立。提存成立的，视为债务人在其提存范围内已经交付标的物。

3）提存通知。标的物提存后，债务人应当及时通知债权人或者债权人的继承人、遗产管理人、监护人、财产代管人。

4）提存对债权人效力。标的物提存后，毁损、灭失的风险由债权人承担。提存期间，标的物的孳息归债权人所有。提存费用由债权人负担。

5）提存物的受领及受领权消灭。债权人可以随时领取提存物。但是，债权人对债务人负有到期债务的，在债权人未履行债务或者提供担保之前，提存部门根据债务人的要求应当拒绝其领取提存物。债权人领取提存物的权利，自提存之日起五年内不行使而消灭，提存物扣除提存费用后归国家所有。但是，债权人未履行对债务人的到期债务，或者债权人向提存部门书面表示放弃领取提存物权利的，债务人负担提存费用后有权取回提存物。

（3）债务免除。债权人免除债务是指债权人放弃自己的债权。债权人可以免除债务的部分，也可以免除债务的全部。债权人免除债务人部分或者全部债务的，债权债务部分或者全部终止，但是债务人在合理期限内拒绝的除外。

（4）债权债务混同。债权债务混同即债权债务同归于一人，是指某种事实的发生使一项合同中原本由一方当事人享有的债权，而由另一方当事人负担的债务，统归于一方当事人，使得该当事人既是合同的债权人，又是合同的债务人。债权和债务同归于一人的，债权债务终止，但是损害第三人利益的除外。

4. 债权债务终止后的义务

债权债务终止后，当事人应当遵循诚信等原则，根据交易习惯履行通知、协助、保密、旧物回收等义务。

合同的权利义务关系终止，不影响合同中结算和清理条款的效力。

（二）合同解除

1. 合同解除的概念

合同解除是指合同有效成立后，在没有履行或没有完全履行之前，当事人根据约定或法律规定，提前终止合同的权利义务关系。

2. 合同约定解除

当事人协商一致，可以解除合同。

当事人可以约定一方解除合同的事由。解除合同的事由发生时，解除权人可以解除合同。

3. 合同法定解除

根据《民法典》第五百六十三条的规定，有下列情形之一的，当事人可以解除合同：

（1）因不可抗力致使不能实现合同目的；

（2）在履行期限届满前，当事人一方明确表示或者以自己的行为表明不履行主要债务；

（3）当事人一方迟延履行主要债务，经催告后在合理期限内仍未履行；

（4）当事人一方迟延履行债务或者有其他违约行为致使不能实现合同目的；

（5）法律规定的其他情形。

以持续履行的债务为内容的不定期合同，当事人可以随时解除合同，但是应当在合理期限之前通知对方。

4. 解除权行使期限

法律规定或者当事人约定解除权行使期限，期限届满当事人不行使的，该权利消灭。

法律没有规定或者当事人没有约定解除权行使期限，自解除权人知道或者应当知道解除事由之日起一年内不行使，或者经对方催告后在合理期限内不行使的，该权利消灭。

5. 合同解除程序

当事人一方依法主张解除合同的，应当通知对方。合同自通知到达对方时解除；通知载明债务人在一定期限内不履行债务则合同自动解除，债务人在该期限内未履行债务的，合同自通知载明的期限届满时解除。对方对解除合同有异议的，任何一方当事人均可以请求人民法院或者仲裁机构确认解除行为的效力。

当事人一方未通知对方，直接以提起诉讼或者申请仲裁的方式依法主张解除合同，人民法院或者仲裁机构确认该主张的，合同自起诉状副本或者仲裁申请书副本送达对方时解除。

6. 合同解除的效力

合同解除后，尚未履行的，终止履行；已经履行的，根据履行情况和合同性质，当事人可以请求恢复原状或者采取其他补救措施，并有权请求赔偿损失。

合同因违约解除的，解除权人可以请求违约方承担违约责任，但是当事人另有约定的除外。

主合同解除后，担保人对债务人应当承担的民事责任仍应当承担担保责任，但是担保合同另有约定的除外。

学中做 4-13

某市甲百货商场与该市乙服装公司签订了一份服装买卖合同，约定当年9月底前，由乙一次性供应给甲羽绒服 1 000 件（羽绒服款式、型号、规格、质量等具体指标要求见备忘录），合同工总价款 20 万元；违约金为 10%。合同签订后乙立即开始准备生产。6 月，乙接到一项外贸订单，该外贸订单要求交货的时间很紧，并与乙和甲签订的买卖合同涉及的羽绒服原料和交货时间产生了冲突。乙于是向甲提出变更合同的请求，遭到甲的拒绝。乙在无奈之下，找到外地的丙服装厂，由丙代为甲赶制 1 000 件与原合同款式、型号、规格、质量等具体指标要求相同的羽绒服。乙、丙之间签订合同后，乙将这一情况告知甲，而甲以对丙不了解、不信任为由予以拒绝。9 月底，丙将加工好的 1 000 件羽绒服送到甲处，甲拒绝收货，要求乙支付违约金，并赔偿相应的损失。乙认为丙加工的羽绒服符合原合同约定的各项指标要求，甲拒收属于无理，拒绝承担违约责任。甲于是向法院起诉。

讨论：

（1）甲、乙之间的羽绒服买卖合同是否有效？

（2）乙将羽绒服生产任务转让给丙是否有效？为什么？

单元六 违约责任

一、违约责任概述

（一）违约责任的概念

违约责任是违反合同的民事责任的简称，是指合同当事人一方不履行合同义务或履行合同义务不符合合同约定所应承担的民事责任。

视频：违约责任

（二）违约责任的特征

违约责任具有以下特征：

1. 违约责任是一种民事责任

民事责任是民事主体在民事活动中，因实施民事违法行为或基于法律的特别规定，依据民法所应承担的民事法律后果。违约责任是一种民事责任，在目的、构成要件、责任形式等方面均有别于其他法律责任。

2. 违约责任具有任意性

违约责任具有任意性是指：第一，违约责任可以由当事人在法律规定的范围内约定；第二，违约责任是财产责任，不是人身责任；第三，违约责任可以约定（如约定违约金、约定定金），也可以直接适用法律的规定（如支付赔偿金、强制实际履行等）。

3. 违约责任具有补偿性

违约责任以补偿守约方因违约行为所受损失为主要目的，以损害赔偿为主要责任形式。

4. 违约责任具有相对性

合同关系的相对性决定了违约责任的相对性，即违约责任是合同当事人之间的民事责任，合同当事人以外的第三人对当事人之间的合同不承担违约责任。具体而言：违约责任是合同当事人的责任，不是合同当事人的辅助人（如代理人）的责任；合同当事人对于因第三人的原因导致的违约承担责任。

5. 违约责任具有选择性

违约相对人可以选择违约人承担违约责任的方式。例如，违约人违反约定没有完成合同义务，相对人可以在损害赔偿和违约金中选择一项要求违约人承担责任。不过这种选择是一种形成权，因此违约相对人一旦选择就不能改变，不然将会对违约人造成很多负担，不利于法律关系的稳定。

二、违约行为

（一）违约行为的概念

违约行为，又称违反合同，是指合同当事人违反合同约定义务的行为，即合同当事人不履行合同义务或者履行合同义务不符合约定的行为。违约行为是违约责任的基本构成要件，没有违约行为，也就没有违约责任。

（二）违约行为的表现形态

根据《民法典》第五百七十七条和第五百七十八条的规定，违约的表现形态包括实际违约和预期违约。

1. 实际违约

实际违约就是“当事人一方不履行合同义务或者履行合同义务不符合约定”。具体表现为：

（1）不履行合同义务。不履行合同义务主要表现为拒绝履行，是指合同履行期限届至，当事人无正当理由拒绝履行合同规定的全部义务。其构成要件为：存在有效的债务；有不履行的意思表示（明示的和默示的）；应有履行的能力；违法的（即不属于正当权利的形式，如抗辩权）。

不履行合同义务还表现为履行不能。履行不能，又称给付不能，是指债务人由于某种原因在客观上已经不可能履行。履行不能的原因很多，如在以提供劳务为标的的合同中，债务人丧失工作能力，为履行不能；在以特定物为标的物的合同中，该特定物毁损、灭失，构成履行不能；有时标的物虽然存在，但因为法律上的原因（如标的物为限制流通物）而不能交付等。

（2）履行合同义务不符合约定。履行合同义务不符合约定是指当事人虽有履行合同的行为，但其履行行为不符合合同的约定，包括迟延履行、不适当履行和其他不完全履行的行为。

迟延履行，又称债务人延迟或者逾期履行，指债务人能够履行，但在履行期限届满时却未履行债务的现象。其构成要件为：存在有效的债务；能够履行；债务履行期已过而债务人未履行；债务人未履行不具有正当事由。

不适当履行，又称不完全履行，是指债务人虽然履行了债务，但其履行不符合债务的本旨，包括标的物的品种、规格、型号、数量、质量、运输方法、包装方法等不符合合同约定等。

其他不完全履行的行为包括违约瑕疵、损害瑕疵、部分履行等。

2. 预期违约

（1）预期违约的概念。预期违约，又称先期违约，是指在履行期限到来之前，一方无正当理由而明确表示在履行期限到来后将不履行合同，或者其行为表明其在履行期限到来后将不可能履行合同。

预期违约是当事人在合同履行期到来之前的违约；预期违约侵害的是对方当事人期待的债权而不是现实的债权；预期违约与实际违约后果不同，主要造成对方信赖利益的损害。

（2）预期违约的表现形态。预期违约包括两种形态，即明示预期违约（明示毁约）和默示预期违约（默示毁约）。

明示毁约，是指一方当事人无正当理由，明确地向对方表示将在履行期届至时不履行合同。其要件为：1）一方当事人明确肯定地向对方作出毁约的表示；2）须表明将不履行合同的主要义务；3）无正当理由。

默示毁约，是指在履行期到来之前，一方以自己的行为表明其将在履行期届至后不履行合同。其特点为：债务人虽然没有表示不履行合同，但其行为表明将不履行合同或不能履行合同。例如，特定物买卖合同的出卖人在合同履行期届至前将标的物转卖给第三人，或买受人在付款期到来之前转移财产和存款以逃避债务。

对于预期违约，对方当事人可以在履行期到来之前请求其承担违约责任。

三、违约责任的归责原则

（一）违约责任归责原则的概念

归责是指依据某种事实状态确定责任的归属。所谓归责原则就是确定责任归属所必须依据的法律准则。确定法律责任必须遵循一定的归责原则。违约责任的归责原则就是追究当事人的违约行为承担法律责任的准则，它体现的是合同法律制度在违约责任上的价值判断。

（二）违约责任归责原则的种类

1. 严格责任原则

严格责任原则是指不论违约方主观是否有过错，只要有不履行合同义务或者履行合同义务不合约定的行为，就必须承担违约责任。合同中双方约定的义务，就是双方当事人为自己制定的法律，当事人违反合同义务，并无法定的免责事由，就应当承担违约责任。《民法典》第五百七十七条规定："当事人一方不履行合同义务或者履行合同义务不符合约定的，应当承担继续履行、采取补救措施或者赔偿损失等违约责任。"

2. 过错责任原则

过错责任原则是指当事人一方不履行合同义务或履行合同义务不符合约定时，以过错作为确定责任的要件和确定责任范围的依据。根据该原则，只要合同当事人尽到了适当的注意，即使因不可抗力或意外事故造成合同不能履行或不能完全履行，也可以依法不承担责任。《民法典》第八百九十七条规定："保管期内，因保管人保管不善造成保管物毁损、灭失的，保管人应当承担赔偿责任。但是，无偿保管人证明自己没有故意或者重大过失的，不承担赔偿责任。"

四、违约责任的形式

（一）继续履行

继续履行，又称实际履行，是指合同当事人一方在违反合同时，另一方有权要求其依据合同的规定继续履行。根据《民法典》第五百七十七条的规定，当事人一方不履行合同义务或者履行合同义务不符合约定的，应当承担继续履行等违约责任。

继续履行这种违约责任形式，只有在非违约方提出要求时才适用。当然，非违约方也可以在合理期限内提出继续履行的请求。

根据《民法典》第五百八十条的规定，当事人一方不履行非金钱债务或者履行非金钱债务不符合约定的，对方可以请求履行，但是有下列情形之一的除外：（1）法律上或者事实上不能履行；（2）债务的标的不适于强制履行或者履行费用过高；（3）债权人在合理期限内未请求履行。

（二）采取补救措施

当事人履行合同不符合约定的，违约方应当按照对方的要求，采取合理的补救措施。根据《民法典》第五百八十二条关于“瑕疵履行违约责任”的规定，“履行不符合约定的，应当按照当事人的约定承担违约责任。对违约责任没有约定或者约定不明确，依据本法第五百一十条的规定仍不能确定的，受损害方根据标的的性质以及损失的大小，可以合理选择请求对方承担修理、重作、更换、退货、减少价款或者报酬等违约责任”。

（三）赔偿损失

违约方因不履行合同义务或者履行合同义务不符合约定而给对方造成损失的，应当向对方赔偿损失。

1. 损失赔偿的范围

《民法典》对损失的赔偿采用完全赔偿原则。《民法典》第五百八十四条规定：“当事人一方不履行合同义务或者履行合同义务不符合约定，造成对方损失的，损失赔偿额应当相当于因违约所造成的损失，包括合同履行后可以获得的利益；但是，不得超过违约一方订立合同时预见到或者应当预见到的因违约可能造成的损失。”

完全赔偿原则要求违约方向受害人赔偿因违约而造成的全部损失，包括直接损失和间接损失。直接损失是指财产上的直接减少；间接损失是指合同在正常履行的情况下可以实现和取得的利益，即可以获得的预期利益，故又称所失利益或可得利益。

赔偿的可得利益是指利润，而不是营业额。例如，汽车修理厂与出租车司机约定 10 日修理好损坏的出租车，汽车修理厂迟延 3 日交付，司机开出租车每日可获利润 300 元。3 日的可得利益为 900 元，汽车修理厂违约，应赔偿 900 元的间接损失。

可得利益的求偿须坚持客观确定性，即预期取得的利益不仅主观上是可能的，客观上还需要是确定的。因违约行为的发生，使此利益丧失，若无违约行为，这种利益按通常情形是必得的。例如，装修公司承担某商厦装修任务迟延 10 日交付使用，该商厦 10 日的营业利润额即为可得利益。

2. 损失赔偿的限制

《民法典》第五百八十四条对损害赔偿范围作了明确的规定，损失赔偿额“不得超过违约一方订立合同时预见到或者应当预见到的因违约可能造成的损失”。由此可见，只有当违约所造成的损失是违约方在可以预见的情况下，才能认为损害结果与违约之间有因果关系，违约方才对这些损失负赔偿责任。如果发生的损失是不可预见的，则违约方不负赔偿责任。

法律采取预见性限制赔偿范围的随意扩大。预见性有三个要件：一是预见的主体为违约人，而不是非违约人；二是预见的时间为订立合同之时，而不是违约之时；三是预见的内容为立约时应当预见的违约的损失，预见不到的损失不在赔偿范围之列。例如，旅客称飞机误点使其耽误了一笔买卖，要求赔偿。该买卖是否耽搁，航空公司在售票时是无法预见的，故此间接损失不予赔偿。

3. 赔偿损失的方式

赔偿损失的方式包括恢复原状、金钱赔偿和代物赔偿。

恢复原状是指恢复到损害发生前的原状。例如，借用人损坏了借用的电脑，修好后返还出借人，这里的修理就是恢复原状。又如，购买的羊绒衫因质量不合格而退货，退货就是恢复原状。恢复原状如果是给付金钱，需加付利息。

违约后的恢复原状，在实践中大多执行困难，故金钱赔偿成为赔偿损失的主要方式。金钱赔偿时遇违约人资金困难，若违约人有其他财产，可以折抵相应金额代物赔偿，即以其他财产替代赔偿。

（四）支付违约金

1. 违约金的概念

违约金是指按照当事人的约定或者法律直接规定，一方当事人违约的，应向另一方支付的金钱。这是独立于合同履行以外的一种给付。《民法典》第五百八十五条第一款规定："当事人可以约定一方违约时应当根据违约情况向对方支付一定数额的违约金，也可以约定因违约产生的损失赔偿额的计算方法。"

2. 违约金的法律干预

违约金是当事人事先约定的，是对损害赔偿的预先设定，但难免与违约造成的实际损失有出入，从而导致不公平。因此，应当对违约金约定的自由进行必要的限制。《民法典》第五百八十五条第二款规定："约定的违约金低于造成的损失的，人民法院或者仲裁机构可以根据当事人的请求予以增加；约定的违约金过分高于造成的损失的，人民法院或者仲裁机构可以根据当事人的请求予以适当减少。"

《民法典》第五百八十五条第三款规定："当事人就迟延履行约定违约金的，违约方支付违约金后，还应当履行债务。"

（五）定金责任

1. 定金担保

《民法典》第五百八十六条第一款规定："当事人可以约定一方向对方给付定金作为债权的担保。定金合同自实际交付定金时成立。"

2. 定金规制

《民法典》第五百八十六条第二款规定："定金的数额由当事人约定；但是，不得超过主合同标的额的百分之二十，超过部分不产生定金的效力。实际交付的定金数额多于或者少于约定数额的，视为变更约定的定金数额。”

3. 定金罚则

《民法典》第五百八十七条规定：“债务人履行债务的，定金应当抵作价款或者收回。给付定金的一方不履行债务或者履行债务不符合约定，致使不能实现合同目的的，无权请求返还定金；收受定金的一方不履行债务或者履行债务不符合约定，致使不能实现合同目的的，应当双倍返还定金。”

4. 违约金与定金竞合时的责任

《民法典》第五百八十八条规定：“当事人既约定违约金，又约定定金的，一方违约时，对方可以选择适用违约金或者定金条款。定金不足以弥补一方违约造成的损失的，对方可以请求赔偿超过定金数额的损失。”

五、违约责任的免除

（一）违约责任免除的概念

违约责任的免除，又称免责，是指在合同履行过程中，因法定免责条件的出现而导致合同不履行，债务人将免于承担违约责任。

（二）不可抗力

不可抗力是指不能预见、不可避免并不能克服的客观情况，通常包括：一是自然灾害，由自然原因造成，如火灾、水灾、旱灾、地震、风灾等，在合同中订立不可抗力条款时，一般均应列出这些事件；二是社会事件，由社会原因造成，如战争、社会动乱、政策改变等，也应在合同中约定。

《民法典》第五百九十条规定：“当事人一方因不可抗力不能履行合同的，根据不可抗力的影响，部分或者全部免除责任，但是法律另有规定的除外。因不可抗力不能履行合同的，应当及时通知对方，以减轻可能给对方造成的损失，并应当在合理期限内提供证明。当事人迟延履行后发生不可抗力的，不免除其违约责任。”

（三）减损规则

《民法典》第五百九十一条规定：“当事人一方违约后，对方应当采取适当措施防止损失的扩大；没有采取适当措施致使损失扩大的，不得就扩大的损失请求赔偿。当事人因防止损失扩大而支出的合理费用，由违约方负担。”

（四）双方违约和与有过失

《民法典》第五百九十二条规定：“当事人都违反合同的，应当各自承担相应的责任。当事人一方违约造成对方损失，对方对损失的发生有过错的，可以减少相应的损失赔偿额。”

（五）第三人原因造成违约时的违约责任承担

《民法典》第五百九十三条规定："当事人一方因第三人的原因造成违约的，应当依法向对方承担违约责任。当事人一方和第三人之间的纠纷，依照法律规定或者按照约定处理。"

学中做 4-14

甲与乙订立买卖合同，约定由甲向乙供货 80 吨。甲在向乙提供货物的运输途中遇暴雨，因遮盖不及时使其中 20 吨货物因淋湿而报废。

讨论：

（1）甲能否主张不可抗力免责？

（2）如果甲在运输途中遇上泥石流，致使 80 吨货物全部报废，甲是否有权主张免责？

模块小结

本模块主要介绍了合同的定义、合同的分类、合同的订立、合同的效力、合同的履行、合同的变更、合同的转让和合同的终止以及违约责任，阐述了合同编总则部分的相关内容。

本模块阐述了合同的定义和分类、合同成立的条件、合同订立的程序、订立过程中要约和承诺的法律竞争力及合同需具备的内容、合同未成功订立但在磋商过程中有恶意的一方需承担的缔约过失责任的构成要件及相关内容。

本模块介绍了合同生效的条件及正确判断合同效力的内容，列举了合同履行规则、合同履行中的抗辩权以及合同的保全制度，合同变更、转让的规则以及合同权利义务终止、法定解除等情形。本模块还对合同违约的表现形态及违约责任的主要承担形式进行了阐述。

实训练习

一、应知考核

（一）单项选择题

1. 下列属于要约的是（　　）。

A. 拍卖过程中的竞买出价举牌　B. 寄送商品价目表

C. 某超市的促销广告　D. 某股份有限公司发布招股说明书

2. 甲、乙双方互负债务，没有先后履行顺序，一方在对方履行之前有权拒绝其履行要求，一方在对方履行债务不符合约定时有权拒绝其相应的履行要求。这在我国法学理论上称为（　　）。

A. 同时履行抗辩权　　B. 先诉抗辩权

C. 先履行抗辩权　　D. 不安抗辩权

3. 甲公司向乙公司购买 100 万元的建材，甲公司按合同约定的定金数额支付了 30 万元。后乙公司违约，甲公司向法院起诉请求判令乙公司双倍返还定金。法院判令乙公司应当向甲公司支付的金额为（　　）。

A. 60 万元　　B. 50 万元

C. 40 万元　　D. 30 万元

4. 甲学校向乙厂订购空调 100 台，约定交货期为 5 月 10 日。由于当年暑期早至，因此甲学校向乙厂提出，将交货期提前至 4 月 10 日。乙厂提出生产能力有限，只能根据库存情况尽量提前。4 月 10 日，乙厂未能交货，甲学校遂向法院起诉，要求乙厂承担违约责任，下列表述正确的是（　　）。

A. 乙厂行为构成违约

B. 双方关于交货日期的提前未达成协议，应视为合同未变更

C. 双方买卖合同因交货日期未确定，故买卖合同不成立

D. 双方买卖合同已经变更

5. 甲、乙订立了购销合同，甲隐瞒了与订立合同有关的重要事实，事后被乙识破，乙主张合同无效并要求甲赔偿损失，甲应当承担（　　）。

A. 违约责任　　B. 违约责任与侵权责任

C. 侵权责任　　D. 缔约过失责任

6. 根据我国《民法典》“合同编”的规定，关于履行费用的负担，当事人没有约定或约定不明的，事后又不能达成补充协议，也不能依交易习惯确定的，则由（　　）负担。

A. 双方共同　　B. 履行义务一方

C. 债权人　　D. 债权人和债务人

7. “本店商品售出后概不负责，不退不换”这样的店堂告示（　　）。

A. 有效

B. 可以在购买者同意时有效

C. 无效

D. 若购买者不同意则无效

8. 我国《民法典》“合同编”规定，要约自（　　）时生效。

A. 发出

B. 到达受要约人

C. 受要约人了解要约内容

D. 受要约人作出承诺表示

9. 甲于5月1日向乙发出一要约，于5月3日发出撤回通知，要约在5月5日到达乙处，因乙外出未能拆阅，撤回通知于5月6日到达乙处。乙于5月7日返回家中。此要约（　　）。

A. 有效，因要约先于撤回通知到达

B. 有效，因要约发出后不得撤回

C. 无效，因撤回通知和要约同时到达

D. 无效，因为要约可以任意撤回

10. 郑某和张某拟订一份书面合同。双方在甲地谈妥合同的主要条款，郑某于乙地在合同上签字，其后，张某于丙地在合同上盖章，合同的履行地为丁地。根据《民法典》的规定，该合同成立的地点是（　　）。

A. 甲地　　B. 乙地

C. 丙地　　D. 丁地

11. 法律、行政法规规定或者当事人约定采用书面形式订立合同，当事人未采用书面形式但一方已经履行主要义务，对方接受的，该合同（　　）。

A. 不成立　　B. 成立

C. 补签书面合同后成立　　D. 无效

12. 根据《民法典》"合同编"关于可撤销合同的规定，撤销权人行使撤销权的期限为一年，此一年为（　　）。

A. 不变期间，不适用诉讼时效中止、中断或者延长的规定

B. 不变期间，不适用诉讼时效中止、中断的规定，但适用诉讼时效延长的规定

C. 不变期间，适用诉讼时效中止、中断的规定，但不适用诉讼时效延长的规定

D. 不变期间，适用诉讼时效中止、中断或延长的规定

13. 成都某工厂向洛阳某公司购买一批物品，合同对付款地点和交货期限没有约定，发生争议时，根据《民法典》"合同编"的规定，（　　）。

A. 成都某工厂付款给洛阳某公司应在成都履行

B. 成都某工厂可以随时请求洛阳某公司交货，而且可以不给该公司必要的准备时间

C. 成都某工厂付款给洛阳某公司应在洛阳履行

D. 洛阳某公司可以随时交货给成都某工厂，而且可以不给该厂必要的准备时间

（二）多项选择题

1. 我国合同法律制度规定当事人承担的违约责任主要有（　　）。

A. 支付定金　　B. 赔偿损失

C. 继续履行合同　　D. 采取补救措施

2. 不安抗辩权的适用条件有（　　）。

A. 须是同一双务合同所产生的两项债务，并且相互为对待给付

B. 互为对待给付的双务合同规定有先后履行顺序

C. 应后履行债务的一方当事人，在合同依法成立之后，出现丧失或有可能丧失对

待履行债务的能力

D. 应后履行债务的当事人未能为对待给付或为债务的履行提供适当的担保

3. 合同自愿原则的主要内容包括（　　）。

A. 缔结合同的自由　　B. 选择相对人的自由

C. 决定合同内容的自由　　D. 决定合同方式的自由

4. 合同当事人一方违约时，对方当事人可以同时适用的补救方式是（　　）。

A. 实际履行与解除合同　　B. 赔偿损失与解除合同

C. 违约金与定金　　D. 赔偿损失与实际履行

5. 区别要约与要约邀请的标准有（　　）。

A. 按照法律的规定作出区分

B. 根据当事人是否愿意在法律上受到约束作出区分

C. 根据订约提议的内容是否包含合同的主要条款予以确定

D. 根据交易的习惯即当事人历来的交易方式进行区分

6. 要约发出以后，遇到下列哪些情况时，不发生效力或其效力消灭？（　　）

A. 要约被撤回　　B. 要约被拒绝

C. 要约的有效期限届满　　D. 要约被撤销

7. 甲（卖方）与乙（买方）于某年1月5日订立买卖合同，约定甲同年1月10日发货，乙同年2月18日前付款。乙收到货物后进行核验，发现甲所供货物质量有瑕疵；同年3月1日，甲通知乙已将10万元货款债权转让给丙公司，通知要求乙向丙交付货款；乙则通知甲已将支付货款的债务转让给丁，同时丁认为甲所供货物有瑕疵，拒绝支付货款。根据已知条件，下列各项正确的是（　　）。

A. 本案中合同债权转让无效

B. 本案中合同债权转让有效

C. 本案中合同债务转让有效

D. 如合同债务转让满足条件，丁可依据甲的供货质量瑕疵主张抗辩权

8.依据《民法典》“合同编”，出现了下列哪种情况，一方当事人有权解除合同？（　　）

A. 对方当事人有违约行为

B. 发生不可抗力事件，致使合同目的不能实现

C. 对方当事人在合同约定的期限内没有履行合同，经催告仍未履行

D. 根本性违约

9. 广州某厂向山东某公司购买一批货物，但对履行地点和履行期限未作明确规定。根据法律规定，（　　）。

A. 山东某公司可随时将货物交给广州某厂，但应给广州某厂必要的准备时间

B. 山东某公司向广州某厂交付货物，在广州履行

C. 山东某公司可随时将货物交给广州某厂，广州某厂应无条件接受

D. 山东某公司向广州某厂交付货物，在山东履行

10.根据《民法典》“合同编”的规定，下列关于不同种类违约责任相互关系的表述中，正确的有（　　）。

A. 当事人就迟延履行约定违约金的，违约方支付违约金后，还应当履行债务

B.当事人依法请求人民法院支持的损失赔偿额应当相当于因违约所造成的损失

C. 当事人既约定违约金，又约定定金的，一方违约时，对方可以同时适用违约金和定金条款

D. 当事人执行定金条款后不足以弥补所受损害的，仍可以请求赔偿损失

二、应会考核

（一）案例分析题

1. 某食品公司因业务需要急需包装材料，于是向甲、乙两家包装材料公司发出函电。函电中称“我公司急需 A4 型包装纸，如贵公司有货，请速来函电，我公司愿派人前去购买”。甲、乙两公司在收到函电后先后向食品公司回复了函电，告知食品公司有现货及 A4 型包装纸的价格。甲公司在发出函电的同时还派车给食品公司送去了 5 000 令 A4 型包装纸。在这批货送达之前，食品公司得知乙公司的包装纸质量较好，而且价格合理，因此向乙公司致电，称“我公司愿购买贵公司 1 000 令 A4 型包装纸，盼速发货，运费由我公司承担”。在发出函电的第二天上午，乙公司发函电给食品公司称已准备发货。下午，甲公司的货送到，食品公司拒收。甲公司认为食品公司违约。双方协商不成，甲公司向法院起诉。

思考：

（1）食品公司向甲、乙两公司发函的行为，在合同法上属于什么行为？

（2）甲、乙两公司的复函行为属于什么行为？

（3）食品公司第二次向乙公司发函的行为属于什么行为？

（4）食品公司与乙公司之间的买卖合同是否成立？为什么？

（5）食品公司与甲公司之间的买卖合同是否成立？为什么？

（6）食品公司是否有义务接受甲公司送上门的货？甲的损失应由谁承担？

2. 甲公司与乙公司签订了一份买卖合同。合同约定：乙公司供给甲公司限量生产的 X 型号的手表 1 000 块，每块单价 100 元；甲公司向乙公司交付定金 3 万元；如果一方违约，则应支付总价款的 20% 作为违约金。合同签订后，甲公司立即将 3 万元定金交付乙公司，并很快与丙公司就同一批货物签订了一份买卖合同，每块表单价 120 元。后乙公司没有按期履行合同，从而导致甲公司无法履行与丙公司之间的合同，为此甲公司向丙公司支付了违约金 2.4 万元。现甲公司要求乙公司双倍返还定金 6 万元、支付违约金 2 万元、赔偿损失 2.4 万元。乙公司则以定金条款无效为由主张合同无效。

思考：

（1）甲公司与乙公司签订的买卖合同中的定金条款是否有效？为什么？

（2）甲公司向乙公司提出的双倍返还定金、支付违约金、赔偿损失的要求是否合法？

乙公司实际应向甲公司支付多少款项？为什么？

（二）实践操作

请按照相关法律要求订立一份完整、有效的合同。

任务要求：

（1）合同的种类可从买卖合同、租赁合同、运输合同、保管合同、仓储合同等合同类型中选取。

（2）以小组为单位，两小组分别作为合同双方当事人，就相关条款进行协商，根据实际需求订立一份合同。

考核要求：

合同条款完备，应具备《民法典》第四百七十条规定的一般条款，相关条款信息完整、准确。该合同能作为一项交易活动完成的依据，指导双方履行。

模块五　市场规制法律制度

◆ 知识目标

1. 熟悉垄断行为的类型及界定标准；
2. 熟悉不正当竞争和限制竞争的行为类型；
3. 熟悉消费者的权利和经营者的义务。

◆ 能力目标

1. 能正确辨别不正当竞争行为；
2. 能依法保护消费者合法权益，妥善处理消费争议。

◆ 素养目标

1. 具备较强的数据阅读与分析处理能力；
2. 具备严谨的逻辑思维能力；
3. 培养在市场经营过程中市场主体所需遵守的市场规则意识。

市场经济的核心是公平竞争。在经营活动中，市场主体要扩大经营，在竞争中取得优势地位，必然要进行宣传推广活动。国家通过制定并实施《中华人民共和国反垄断法》《中华人民共和国反不正当竞争法》《中华人民共和国消费者权益保护法》等一系列法律制度来规范市场主体行为，进而打击不正当竞争行为，保护消费者权益，保证市场经济健康、有序运行。

随着市场经济不断发展，市场主体间竞争日益激烈，各类不正当竞争行为不断增多并向线上延伸，对公平竞争市场秩序带来新的冲击。党的二十大报告明确指出：加强反垄断和反不正当竞争，破除地方保护和行政性垄断，依法规范和引导资本健康发展。《中华人民共和国反垄断法》根据 2022 年 6 月 24 日第十三届全国人民代表大会常务委员会第三十五次会议的相关决定进行了修正，市场监管部门持续深化营商环境改革，回应了社会关切，为营商环境健康发展提供法治保障。

单元一 竞争法

一、反垄断法

（一）垄断与反垄断法概述

1. 垄断的概念及分类

垄断是指企业或企业组织在市场经济运行过程中进行的排他性控制或对市场竞争进行实质性限制、妨碍公平竞争秩序的行为或状态。法律意义上的垄断具有两个显著的特征，即违法性和危害性。

根据不同标准，垄断可以分为以下几类：

（1）根据垄断者占有市场的情况划分，垄断可分为独占垄断、寡头垄断和联合垄断。

1）独占垄断是指一家企业对整个行业的生产、销售和价格有完全的排他性的控制能力，在该企业所在的行业内，不存在任何竞争。

2）寡头垄断，又称寡占，意指为数不多的销售者的垄断。在寡头垄断市场上，只有少数几家厂商供给该行业全部或大部分产品，每个厂家的产量占市场总量的相当份额对市场价格和产量有举足轻重的影响。

3）联合垄断是指两个或两个以上企业或企业联合组织，通过明示、默示限制竞争协议或共同一致的行为，联合控制某一产业的生产或销售。它是垄断竞争的重要表现形式。

（2）根据垄断产生的原因划分，垄断可分为经济性垄断、国家垄断、行政性垄断和自然垄断。

1）经济性垄断，又称经济垄断，是指经营者或经营者的联合体为了获得垄断利润而滥用其拥有的经济优势或市场支配地位（包括联合优势）的排除和限制竞争的行为。

2）国家垄断是作为经济主体的国家对社会经济运行过程进行排他性控制的经济形式。

3）行政性垄断是指行政机关或其授权的组织滥用行政权力排除、限制竞争的行为。主要表现为地区行政性市场垄断、行政强制交易、行政部门干涉企业经营行为、行政性公司滥用优势行为等。

4）自然垄断主要是指由于资源条件的分布集中而无法竞争或不适宜竞争所形成的垄断。

2. 反垄断法概述

（1）反垄断法的概念。反垄断法是指通过规范垄断和限制竞争行为来调整企业和企业联合组织相互间竞争关系的法律规范的总和。反垄断法是现代经济法的重要组成部分，旨在规制市场中一系列独占市场、限制竞争、破坏市场竞争机制、损害社会公平利益的行为。

社会主义市场经济的发展，不可避免地导致了垄断和竞争矛盾的加剧。为了处理好这对矛盾，从保护社会主义市场竞争和国家利益出发，从维护广大竞争者和消费者利益出发，促进竞争机制功能的充分发挥，打破地区封锁和条块垄断、行政性垄断，必须把国家管理市场经济活动、制止垄断现象的经济政策规范化、规律化。反垄断法是保障这种经济管理手段和政策措施的法律工具。

（2）反垄断法的渊源。1889 年，加拿大颁布了《预防和制止限制贸易之联合行为的法律》，这是现代社会第一部专门性反垄断法律。但是这部法律没有被有效实施，影响也不大。现代反垄断法起源于美国。美国的反垄断法称为反托拉斯法，1890 年，美国通过了《抵制非法限制与垄断保护贸易及商业法》（又称《谢尔曼法》），成为世界各国反垄断立法借鉴的重要文献，被称为反垄断法的起源。美国以 1890 年《谢尔曼法》、1914 年《克莱顿法》和《联邦贸易委员会法》三个法律为基础，后经若干单行法和大量判例修改并不断完善，形成了今天庞大的反托拉斯法体系。

（3）我国反垄断法的立法体系。反垄断法与反不正当竞争法同属于市场竞争规制的法律范畴，各国在处理二者之间的关系上，采取了两种不同的立法体例：分立式立法与合并式立法。我国采用的是分立式立法。《中华人民共和国反不正当竞争法》（以下简称《反不正当竞争法》）于 1993 年 9 月 2 日第八届全国人民代表大会常务委员会第三次会议通过，自 1993 年 12 月 1 日起施行；《中华人民共和国反垄断法》（以下简称《反垄断法》）于 2007 年 8 月 30 日第十届全国人民代表大会常务委员会第二十九次会议通过，自 2008 年 8 月 1 日起正式实施。2022 年 6 月 24 日第十三届全国人民代表大会常务委员会第三十五次会议通过《关于修改〈中华人民共和国反垄断法〉的决定》，修正后的《反垄断法》自 2022 年 8 月 1 日起施行。至此，我国反垄断法与反不正当竞争法并立的体系最终形成。

（4）我国反垄断法的立法目的。预防和制止垄断行为，保护市场公平竞争，提高经济运行效率是反垄断法的直接立法目的；维护消费者利益和社会公共利益，促进社会主义市场经济健康发展是其根本立法目的。

（5）反垄断法与反不正当竞争法的关系。反垄断法与反不正当竞争法同属于市场竞争规制的法律范畴，都以市场竞争关系与市场竞争管理关系为调整对象。保护市场竞争机制是二者共同努力的方向。但是，反垄断法与反不正当竞争法又存在很大的差异。

（6）我国反垄断法的适用范围及规制对象。我国《反垄断法》主要适用于两类垄断行为：一是经营者的经济性垄断行为；二是行政机关滥用行政权力，排除、限制竞争的行政性垄断行为。我国《反垄断法》所规制的经济性垄断行为，不仅包括经营者在我国境内经济活动中的垄断行为，也包括在我国境外发生的，对国内市场竞争产生排除、限制影响的垄断行为。

（7）我国反垄断法的适用除外。我国《反垄断法》规定了两种适用除外的类型：一是经营者依照有关知识产权的法律、行政法规规定行使知识产权的行为，不适用《反垄断法》，但是，经营者滥用知识产权，排除、限制竞争的行为，适用《反垄断法》；二是农业生产者及农村经济组织在农产品生产、加工、销售、运输、储存等经营活动中实施的联合或者协同行为，不适用《反垄断法》。

3. 反垄断法的基本原则

我国反垄断法的基本原则可概括为：

（1）健全统一、开放、竞争、有序的市场体系的原则。《反垄断法》与《反不正当竞争法》一同构筑起我国竞争法体系的骨架，形成了与社会主义市场经济相适应的竞争规则。

（2）保护经济自由权与监管和调控相结合的原则。反垄断法抑制垄断并不消灭垄断。它承认并保护经营者的经济自由权，允许经营者通过公平竞争、自愿联合，依法实施集中，扩大经营规模，提高市场竞争能力，同时为建立健全统一、开放、竞争、有序的市场体系而监管和调控经营者的反竞争行为。

（二）我国《反垄断法》中的垄断行为

1. 垄断协议

（1）概述。垄断协议是指两个或两个以上的经营者以协议、决议或其他协同行为实施的限制竞争行为。垄断协议分为横向垄断协议和纵向垄断协议。

1）横向垄断协议。横向垄断协议是指两个或两个以上因经营同类产品或服务而在生产或销售过程中处于同一经营阶段的同业竞争者之间的垄断协议。如两家汽车生产公司之间的联合。这种联合限制竞争行为实现了价格联合、划分市场、联合抵制，从根本上排除了相互间的竞争，甚至形成了各自的市场支配地位，还排除了相互间竞争的可能。

横向垄断协议是一种最严重的排斥竞争、危害最大且受处罚也最严厉的垄断行为。

2）纵向垄断协议。纵向垄断协议是指两个或两个以上在同一产业中处于不同阶段而有买卖关系的企业间的垄断协议。如汽车生产商与汽车销售商之间的联合。

禁止纵向垄断协议主要是禁止限制转售价格，禁止在同一产业链中，上一环节经营者利用其市场支配地位，通过协议确定下一环节经营者销售价格的行为。

（2）法律禁止达成的垄断协议。

1）禁止达成的横向垄断协议。根据我国《反垄断法》的规定，禁止具有竞争关系的经营者达成下列垄断协议（即横向垄断协议）：固定或者变更商品价格；限制商品的生产数量或者销售数量；分割销售市场或者原材料采购市场；限制购买新技术、新设备或者限制开发新技术、新产品；联合抵制交易；国务院反垄断执法机构认定的其他垄断协议。

2）禁止达成的纵向垄断协议。我国《反垄断法》禁止经营者与交易相对人达成下列垄断协议（即纵向垄断协议）：固定向第三人转售商品的价格；限定向第三人转售商品的最低价格；国务院反垄断执法机构认定的其他垄断协议。经营者能够证明其在相关市场的市场份额低于国务院反垄断执法机构规定的标准，并符合国务院反垄断执法机构规定的其他条件的，不予禁止。

（3）垄断协议的豁免情形。垄断协议的豁免是指经营者之间的协议、决议或者其他协同行为，虽然排除、限制了竞争，构成了垄断协议，但该类协议在其他方面所带来的好处要大于其对于竞争秩序的损害。我国《反垄断法》对垄断协议的豁免，采取的是规定豁免类型的方式。

根据《反垄断法》的规定，以下垄断协议予以豁免：经营者为改进技术、研究开发新产品的；为提高产品质量、降低成本、增进效率，统一产品规格、标准或者实行专业化分工的；为提高中小经营者经营效率，增强中小经营者竞争力的；为实现节约能源、保护环境、救灾救助等社会公共利益的；因经济不景气，为缓解销售量严重下降或者生产明显过剩的；为保障对外贸易和对外经济合作中的正当利益的；法律和国务院规定的其他情形。

（4）构成垄断协议的法律责任。

1）行政处罚措施。经营者违反《反垄断法》的规定，达成并实施垄断协议的，由反垄断执法机构责令停止违法行为，没收违法所得，并处上一年度销售额百分之一以上百分之十以下的罚款，上一年度没有销售额的，处五百万元以下的罚款；尚未实施所达成的垄断协议的，可以处三百万元以下的罚款。经营者的法定代表人、主要负责人和直接责任人员对达成垄断协议负有个人责任的，可以处一百万元以下的罚款。

经营者组织其他经营者达成垄断协议或者为其他经营者达成垄断协议提供实质性帮助的，适用上述规定。

行业协会违反本法规定，组织本行业的经营者达成垄断协议的，由反垄断执法机构责令改正，可以处三百万元以下的罚款；情节严重的，社会团体登记管理机关可以依法撤销登记。

2）民事责任。达成的垄断协议的合同内容、行业协会的章程等违反《反垄断法》或者其他法律、法规的强制性规定的，法院认定其无效。

实施垄断行为的经营者应承担停止侵害、赔偿损失等民事责任。

2. 滥用市场支配地位

文本阅读：《禁止滥用市场支配地位行为规定》及其解读

（1）概述。市场支配地位是指经营者在相关市场内具有能够控制商品价格、数量或者其他交易条件，或者能够阻碍、影响其他经营者进入相关市场能力的市场地位。我国《反垄断法》采取国际通行做法，不反对经营者具有市场支配地位，只有当具有市场支配地位的企业利用其市场支配地位危害竞争、损害公共利益和私人利益时，《反垄断法》才会发挥其作用。

（2）市场支配地位的认定。经营者具有市场支配地位是其实施滥用市场优势垄断行为的基本条件。根据我国《反垄断法》的规定，认定经营者是否具有市场支配地位，应当依据以下因素：1）该经营者在相关市场的市场份额，以及相关市场的竞争状况；2）该经营者控制销售市场或者原材料采购市场的能力；3）该经营者的财力和技术条件；4）其他经营者对该经营者在交易上的依赖程度；5）其他经营者进入相关市场的难易程度；6）与认定该经营者市场支配地位有关的其他因素。

同时，为了方便执法和司法实践中的操作，我国《反垄断法》也设计了市场支配地位的推定制度，如果经营者在相关市场达到法定市场份额，即可推定经营者具有市场支配地位。

（3）滥用市场支配地位行为的认定。滥用市场支配地位行为是指具有市场支配地位的企业，利用其市场支配地位危害竞争，损害竞争对手和社会公共利益及其他私人利益的行为。

具有市场支配地位的经营者有下列行为之一，则可以认定经营者存在滥用市场支配地位的行为：1）以不公平的高价销售商品或者以不公平的低价购买商品；2）没有正当理由，以低于成本的价格销售商品；3）没有正当理由，拒绝与交易相对人进行交易；4）没有正当理由，限定交易相对人只能与其进行交易或者只能与其指定的经营者进行交易；5）没有正当理由搭售商品，或者在交易时附加其他不合理的交易条件；6）没有正当理由，对条件相同的交易相对人在交易价格等交易条件上实行差别待遇；7）国务院反垄断执法机构认定的其他滥用市场支配地位的行为。具有市场支配地位的经营者不得利用数据和算法、技术以及平台规则等从事前款规定的滥用市场支配地位的行为。

滥用市场支配地位的行为与不正当竞争行为中的一些行为看起来较为相似，但前者以具有市场支配地位为基础，后者一般无此要求。

（4）法律责任。经营者违反《反垄断法》的规定，滥用市场支配地位的，由反垄断执法机构责令其停止违法行为，没收违法所得，并处上一年度销售额百分之一以上百分之十以下的罚款。

3. 经营者集中

（1）概述。经营者集中，又称企业合并、企业集中，是指两个或两个以上相互独立的企业合并为一个企业，或者企业之间通过取得股权或资产，或者通过合同等方式，使一个企业能够直接或间接控制另一个企业。

经营者集中，可能同时对市场经济带来积极作用与消极作用。经营者集中有利于发挥规模经济、范围经济的积极效果并不对竞争产生排斥和限制。同时，经营者集中具有或者可能具有排除、限制竞争的效果。因此，法律一方面尊重经济规律，承认规模经济的合理性，允许经济力集中和企业适度合并，同时要预防经营者以不法手段实施集中，或者使经营者集中失控，导致一定市场或行业内竞争的丧失。

（2）经营者集中的形式。

1）经营者合并。经营者合并是指两个或两个以上的企业通过订立合并协议，根据相关法律合并为一家企业的法律行为。经营者合并其实就是公司法意义上的企业合并。从经营者合并对市场的影响来分类，经营者合并又可以分为横向合并、纵向合并及混合合并。

2）经营者通过取得股权或资产的方式取得对其他经营者的控制权。

3）经营者通过合同等方式取得对其他经营者的控制权或者能够对其他经营者施加决定性影响。

此外，企业还可以通过董事互任或干部兼任等形式，实现一家企业对其他企业的人事控制，从而对该受控企业产生具有决定性作用的影响，在实际上达到经营者合并的效果，最终限制竞争。

（3）经营者集中的控制。对经营者集中的控制，需要通过申报和审查程序来实现。

1）经营者集中的申报。

①经营者集中申报制度及其申报豁免。我国《反垄断法》规定，经营者集中达到国务院规定的申报标准的，应当事先向国务院反垄断执法机构申报，未申报的不得实施集中。经营者集中未达到国务院规定的申报标准，但有证据证明该经营者集中具有或者可能具有排除、限制竞争效果的，国务院反垄断执法机构可以要求经营者申报。

同时，在以下两种情况下，经营者集中即使达到申报标准，也可以不向国务院反垄断执法机构申报：参与集中的一个经营者拥有其他每个经营者百分之五十以上有表决权的股份或者资产的；参与集中的每个经营者百分之五十以上有表决权的股份或者资产被同一个未参与集中的经营者拥有的。

②经营者集中申报需提交的文件。经营者向国务院反垄断执法机构申报集中，应当提交下列文件、资料：申报书；集中对相关市场竞争状况影响的说明；集中协议；参与集中的经营者经会计师事务所审计的上一会计年度财务会计报告；国务院反垄断执法机构规定的其他文件、资料。

2）对经营者集中的审查。由国务院反垄断执法机构对经营者集中进行审查，审查程序如下：

①初步审查。国务院反垄断执法机构应当自收到经营者提交的符合《反垄断法》规定的文件、资料之日起三十日内，对申报的经营者集中进行初步审查，作出是否实施进一步审查的决定，并书面通知经营者。

②进一步审查。国务院反垄断执法机构决定实施进一步审查的，应当自决定之日起九十日内审查完毕，作出是否禁止经营者集中的决定，并书面通知经营者。

3）经营者集中的审查标准。目前，国际上有关经营者集中审查的实质性标准主要有两种：一种是“实质性减少竞争标准”，另一种是“支配地位标准”。我国《反垄断法》在总结实践经验的基础上，参考国际上的通行做法，明确规定审查经营者集中应当考虑下列因素：①参与集中的经营者在相关市场的市场份额及其对市场的控制力；②相关市场的市场集中度；③经营者集中对市场进入、技术进步的影响；④经营者集中对消费者和其他有关经营者的影响；⑤经营者集中对国民经济发展的影响；⑥国务院反垄断执法机构认为应当考虑的影响市场竞争的其他因素。

4）不予禁止的经营者集中。我国《反垄断法》第三十四条列举了对经营者集中不予禁止的两种情形：一种是集中对竞争产生的有利影响明显大于不利影响，另一种是集中符合社会公共利益。

5）经营者集中的国家安全审查。对外资并购境内企业或者以其他方式参与经营者集中，涉及国家安全的，除依照《反垄断法》的规定进行经营者集中审查外，还应当按照国家有关规定进行国家安全审查。我国已经初步建立并正在进一步完善对外资并购的国家安全审查制度。

6）法律责任。经营者违反《反垄断法》的规定实施集中，且具有或者可能具有排除、限制竞争效果的，由国务院反垄断执法机构责令停止实施集中、限期处分股份或者资产、限期转让营业以及采取其他必要措施恢复到集中前的状态，处上一年度销售额百分之十以下的罚款；不具有排除、限制竞争效果的，处五百万元以下的罚款。

4. 滥用行政权力排除、限制竞争

（1）概述。滥用行政权力排除、限制竞争，即通常所称的“行政垄断”，是指拥有行政权力的政府机关以及其他依法具有管理公共事务职能的组织滥用行政权力，排除、限制竞争的各种行为。这种行为的主体不是经营者，而是行政机关和法律、法规授权的具有管理公共事务职能的组织。

（2）滥用行政权力排除、限制竞争的行为方式。

1）地区封锁。这是指地方政府以及其他依法具有管理公共事务职能的组织为了本地区利益，利用行政权力排除、限制竞争的行为。它往往由地方政府及其所属部门以政府命令、文件或通知等方式出现，通过对这些命令、文件、通知等的执行达到封锁市场、保护地方利益的目的。

我国《反垄断法》规定了地区封锁的三种表现形式：

一是限制商品在地区间自由流通。这包括以下几种行为：①对外地商品设定歧视性收费项目，实行歧视性收费标准，或者规定歧视性价格；②对外地商品规定与本地同类商品不同的技术要求、检验标准，或者对外地商品采取重复检验、重复认证等歧视性技术措施，限制外地商品进入本地市场；③采取专门针对外地商品的行政许可，限制外地商品进入本地市场；④设置关卡或者采取其他手段，阻碍外地商品进入或者本地商品运出；⑤妨碍商品在地区之间自由流通的其他行为。

二是排斥或限制招标投标行为。这是指行政机关和其他依法具有管理公共事务职能的组织滥用行政权力以设定歧视性资质要求、评审标准或者不依法发布信息等方式，排斥或限制外地经营者参加本地的招标投标活动。

三是排斥或者限制外地投资或设立分支机构。

2）强制交易。这是指中央政府部门、地方政府及其他依法具有管理公共事务职能的组织，利用行政权力强制安排市场交易活动，排斥或者限制竞争、妨碍公平交易的行为。

3）强制经营者实施危害竞争的垄断行为。这是指行政管理者为了本地区或本部门的利益，违背经营者的意愿，强制其从事有利于本地区、本部门的垄断行为。

4）制定含有限制竞争内容的行政法规、行政命令等。

（3）法律责任。行政机关和法律、法规授权的具有管理公共事务职能的组织滥用行政权力，实施排除、限制竞争行为的，由上级机关责令改正；对直接负责的主管人员和其他直接责任人员依法给予处分。反垄断执法机构可以向有关上级机关提出依法处理的建议。行政机关和法律、法规授权的具有管理公共事务职能的组织应当将有关改正情况书面报告上级机关和反垄断执法机构。

学中做 5-1

某年4月，某市某街道办事处召集新啤集团的一名厂家代表和新啤产品的3名经销商，对某夜市的啤酒销售权进行招标，最后新啤集团以4万元竞价成交。5月，该办事处与新啤集团签订了啤酒经销合同，双方约定新啤集团为该街道办事处管辖的夜市瓶装啤酒及生啤的唯一经销商，该街道办事处全权负责及保护新啤集团产品的展示及新啤集团生啤桶；新啤集团以外的任何啤酒产品不得进入夜市；其他厂家的经销商不得进入夜市开展促销活动。合同签订后，办事处即通知夜市内的所有经营户，只能经销新啤集团的啤酒，不得销售其他品牌的啤酒，否则将采取相应措施。

讨论：该街道办事处的行为是否触犯了《反垄断法》？其行为应如何定性？应承担什么法律责任？

（三）反垄断机构

1. 反垄断委员会

国务院设立反垄断委员会，负责组织、协调、指导反垄断工作，履行下列职责：

（1）研究拟订有关竞争政策；

（2）组织调查、评估市场总体竞争状况，发布评估报告；

（3）制定、发布反垄断指南；

（4）协调反垄断行政执法工作；

（5）国务院规定的其他职责。

国务院反垄断委员会的组成和工作规则由国务院规定。

2. 反垄断执法机构

国务院规定的承担反垄断执法职责的机构称为反垄断执法机构，负责反垄断统一执法工作。国务院反垄断执法机构根据工作需要，可以授权省、自治区、直辖市人民政府相应的机构，依照法律规定负责有关反垄断执法工作。

（四）对涉嫌垄断行为的调查

（1）反垄断执法机构调查涉嫌垄断行为，可以采取下列措施：进入被调查的经营者的营业场所或者其他有关场所进行检查；询问被调查的经营者、利害关系人或者其他有关单位或者个人，要求其说明有关情况；查阅、复制被调查的经营者、利害关系人或者其他有关单位或者个人的有关单证、协议、会计账簿、业务函电、电子数据等文件、资料；查封、扣押相关证据；查询经营者的银行账户。反垄断执法机构及其工作人员对执法过程中知悉的商业秘密、个人隐私和个人信息依法负有保密义务。

（2）反垄断执法机构调查涉嫌垄断行为时应遵守法定调查程序，保守被调查人的商业秘密。

（3）根据《反垄断法》的相关规定，被调查的经营者、利害关系人有权陈述意见。同时，被调查的经营者、利害关系人或者其他有关单位或者个人应当配合反垄断执法机构依法履行职责，不得拒绝、阻碍反垄断执法机构的调查。

（4）反垄断调查的中止。对反垄断执法机构调查的涉嫌垄断行为，被调查的经营者承诺在反垄断执法机构认可的期限内采取具体措施消除该行为后果的，反垄断执法机构可以决定中止调查。中止调查的决定应当载明被调查的经营者承诺的具体内容。

二、反不正当竞争法

（一）概述

1. 不正当竞争行为的概念和特征

不正当竞争行为是针对市场竞争中的正当竞争行为而言的，是指经营者在生产经营活动中，违反法律规定，扰乱市场竞争秩序，损害其他经营者或者消费者的合法权益的行为。

不正当竞争行为在现实生活中纷繁复杂、形式多样。为了对某些危害特别严重的行为进行有效的规制，各国在立法中除了对不正当竞争行为进行概括定义以外，又通过列举具体竞争行为的方式，来补充概括意义上对不正当竞争行为的定义。我国的《反不正当竞争法》对不正当竞争行为的界定采用了世界各国的通常做法。首先，该法的“总则”部分规定了市场交易的基本准则，实际上是把违背这些基本准则的行为界定为不正当竞争行为；其次，该法在第二章中详细地列举了不正当竞争行为。

不正当竞争行为具有以下特征：

第一，不正当竞争行为的主体是实施违法竞争行为的经营者。

第二，不正当竞争行为具有违法性。

第三，不正当竞争行为具有社会危害性。

2. 反不正当竞争法的概念及调整对象

反不正当竞争法是调整市场竞争过程中因规制不正当竞争行为而产生的社会关系的法律规范的总称。

在市场竞争中，经营者之间的不正当竞争关系及监督检查部门与市场竞争主体之间的竞争管理关系由反不正当竞争法调整。由于我国的特殊情况，反不正当竞争法亦调整在政府与经营者之间产生的与竞争有牵涉的关系。

我国于 1993 年 9 月 2 日第八届全国人民代表大会常务委员会第三次会议通过并于同年 12 月 1 日开始实施《反不正当竞争法》。该法于 2017 年 11 月 4 日第十二届全国人民代表大会常务委员会第三十次会议修订，根据 2019 年 4 月 23 日第十三届全国人民代表大会常务委员会第十次会议《关于修改〈中华人民共和国建筑法〉等八部法律的决定》修正。

（二）不正当竞争行为

1. 混淆行为

混淆行为是指经营者在市场经营活动中，以种种不实手法对自己的商品或服务作虚假表示、说明或承诺，或不当利用他人的智力劳动成果推销自己的商品或服务，使用户或者消费者产生误解，扰乱市场秩序、损害同业竞争者的利益或者消费者利益的行为。

混淆行为的主要表现形式：

（1）擅自使用与他人有一定影响的商品名称、包装、装潢等相同或者近似的标识；

（2）擅自使用他人有一定影响的企业名称（包括简称、字号等）、社会组织名称（包括简称等）、姓名（包括笔名、艺名、译名等）；

（3）擅自使用他人有一定影响的域名主体部分、网站名称、网页等；

（4）其他足以引人误认为是他人商品或者与他人存在特定联系的混淆行为。

经营者不得实施以上混淆行为，引人误认为是他人商品或与他人存在特定联系。

学中做 5-2

甲公司在市场上推出一种多功能遥控器，名为“一按通”，产品外观设计成手形曲线，非常便于操作，加上色彩鲜艳、艺术感强，最终在电视和报纸广告的联合推动下，很快占领市场，受到消费者的热烈欢迎，成为家喻户晓的知名产品。乙公司看到生产和销售这种遥控器有利可图，遂仿照甲公司的产品，推出名为“易按通”的多功能遥控器，其产品名称、外观、色彩、功能、包装等与甲公司的“一按通”近似，在部分消费者中引起了混淆，甲公司产品的销售额也有所下降。甲公司发现该情况后，遂诉至法院。

讨论：

（1）乙公司的行为是否构成不正当竞争？为什么？

（2）如果乙公司的行为构成不正当竞争，则其属于何种不正当竞争行为？

2. 商业贿赂行为

商业贿赂行为是指经营者为销售或者购买商品而采用财物或者其他手段暗中收买对方单位或者个人，以获得交易机会或有利交易条件的行为。

（1）商业贿赂行为的基本特征。商业贿赂行为具有以下四个方面的基本特征，这也是构成商业贿赂行为的要件：

1）商业贿赂行为的主体包括行贿者和受贿者双方在内的经营者及其相关人员，包括交易相对方的工作人员、受交易相对方委托办理相关事务的单位或者个人、利用职权或者影响力影响交易的单位或者个人。

2）主观上是以排斥商业竞争为目的。商业贿赂行为大多发生于竞争较为激烈的行业。商业贿赂的行贿者借用贿赂手段促成交易或者在交易中排挤同业竞争者，取得竞争优势。实践中，只要以不正当手段推销或者购买商品就可以认为是在主观上具有排斥竞争的目的。

3）商业贿赂是以不正当方式进行的行为。不正当的方式表现为向单位或单位的有关人员提供财物或其他利益。随着民众对商业贿赂的非法性渐渐熟悉、法律对商业贿赂的打击越来越严厉，商业贿赂的形式开始向非货币化转变，豪华旅游、住房补贴、境外利益以及提供色情服务等都成为商业贿赂的方式。

4）商业贿赂行为具有违法性。商业贿赂一般是暗中进行的，钱款等财物的支付与个人收受过程都是通过隐秘的方式进行的，通常采用不入账或伪造会计账册的形式加以掩盖。它违反了《反不正当竞争法》等法律的规定，违背了诚实信用原则和公认的商业道德，损害了其他经营者的合法利益，扰乱了市场秩序。

（2）与商业贿赂相关的行为。要注意区别下列与商业贿赂相关的几类行为：

1）回扣。回扣是指经营者为了销售或者购买商品，在账外暗中给予交易对象或有关人员财物，属于商业贿赂行为。但如果对方以明示方式给予回扣，收受单位或个人如实入账的，则被视同折扣。

2）折扣。折扣，又称让利或打折，是指经营者为销售或者购买商品，以公开明示的方式向交易对象支付一定数额的财物。折扣必须以明示的方式公开支付，折扣是正常的商业促销行为，受法律保护。

3）佣金。佣金是指在市场交易中，经营者以公开明示的方式给付促成交易的中间人的劳务报酬。佣金必须以公开明示的方式给付，并且给付的对象只能是中间人。这既可以调动中间人从事中介服务活动的积极性，也有助于杜绝中介服务活动中暗中私下收取酬金。

（3）员工商业贿赂行为的认定。经营者的工作人员进行贿赂的，应当认定为经营者的行为；但是，经营者有证据证明该工作人员的行为与为经营者谋取交易机会或者竞争优势无关的除外。

3. 虚假宣传行为

虚假宣传行为是指经营者为获取市场竞争优势和不正当利益，利用广告或者其他方法，对商品或者提供的服务，商品的质量、制作成分、性能、用途、生产者、有效期限、产地等作虚假广告或其他形式的引人误解的宣传行为。

虚假宣传行为以虚假广告为主要表现形式，具有以下几个特征：

（1）行为的违法性。虚假广告违反了我国《广告法》《消费者权益保护法》《反不正当竞争法》等法律的有关规定，违背了公序良俗，损害了消费者或者其他生产经营者的合法权益，具有一定程度的社会危害性。

（2）内容的不真实性。虚假广告之所以虚假，根本在于广告的内容未能真实客观地介绍有关商品或服务的情况，即广告内容与实际商品或服务情况明显不符。

（3）手段的欺骗性。虚假广告采取虚构事实、隐瞒真相等手段，故意欺骗或误导消费者，使其产生错误的认识，进而购买其宣传的商品或接受其宣传的服务。

（4）主体的复杂性。虚假广告的主体既包括广告主，也包括广告经营者，还包括广告发布者。

《反不正当竞争法》规定，经营者不得对其商品的性能、功能、质量、销售状况、用户评价、曾获荣誉等作虚假或者引人误解的商业宣传，欺骗、误导消费者。

经营者不得通过组织虚假交易等方式，帮助其他经营者进行虚假或者引人误解的商业宣传。

根据《反不正当竞争法》第二十条的规定，经营者违反本法第八条规定对其商品作虚假或者引人误解的商业宣传，或者通过组织虚假交易等方式帮助其他经营者进行虚假或者引人误解的商业宣传的，由监督检查部门责令停止违法行为，处二十万元以上一百万元以下罚款；情节严重的，处一百万元以上二百万元以下的罚款，可以吊销营业执照。

4. 侵犯商业秘密行为

商业秘密是指不为公众知晓，具有商业价值并经权利人采取相应保密措施的技术信息和经营信息等商业信息。

商业秘密主要包含以下三类：第一类是技术秘密，是指人们从经验中或技艺中得来的，能在实践中特别是在工业中应用的技术信息、技术数据或技术知识；第二类是经营秘密，是指具有秘密性质的经营管理方法及与经营管理方法密切相关的信息和资料，包括推销计划、客户名单、产品价格、销售网络、招投标的标底等；第三类是管理秘密，是指组织生产和经营管理的秘密，特别是合理有效地管理各部门、各行业之间相互协作，使生产与经营有效运行的经验性信息，如管理模式、公关技巧等。

侵犯商业秘密行为是指经营者通过不正当手段，违法获取、披露、使用或者允许他人使用权利人的商业秘密的行为。

根据我国《反不正当竞争法》第九条的规定，侵犯商业秘密的行为主要包括如下几类：（1）以盗窃、贿赂、欺诈、胁迫、电子侵入或者其他不正当手段获取权利人的商业秘密；（2）披露、使用或者允许他人使用以前项手段获取的权利人的商业秘密；（3）违反保密约定或者违反权利人有关保守商业秘密的要求，披露、使用或者允许他人使用其所掌握的商业秘密；（4）教唆、引诱、帮助他人违反保密义务或者违反权利人有关保守商业秘密的要求，获取、披露、使用或者允许他人使用权利人的商业秘密。此外，经营者以外的其他自然人、法人和非法人组织实施上述违法行为的，视为侵犯商业秘密。第三人明知或应知商业秘密权利人的员工、前员工或者其他单位、个人实施上述违法行为，仍获取、披露、使用或者他人使用该商业秘密的，视为侵犯商业秘密。

学中做 5-3

某 A 高新技术企业投入 100 万元研发经费，聘请了 10 名工程师并与其签订相应保密协议。历时 1 年，虽然有部分的创新成果，但该企业始终未能将产品投放市场，这些成果不符合提交专利申请的条件。在研究过程中，工程师绘制了大量图纸，生成了很多产品数据等。B 企业见 A 企业既未将产品投放市场，也未提交专利申请作为保护，遂通过行贿某研发人员获得相关研究材料，做出相应优化、调整，并投入生产。

讨论：B 企业的这种行为是否构成侵犯 A 企业的商业秘密？为什么？

5. 不正当有奖销售行为

有奖销售是指经营者在销售商品或提供服务时，附带性地向购买者提供物品、金钱或者其他经济利益的一种促销行为，它实际上是一种赠与行为。有奖销售作为一种促销手段，在引发消费欲望、促进销售增长、刺激经济发展方面有一定的作用。然而，随着有奖销售愈演愈烈，其严重违反公平竞争原则的消极作用越来越明显。

有奖销售行为在各个国家都同样存在，只是表现形式、表现程度有所不同。从各国的竞争立法来看，限制和禁止的有奖销售大致可以划分为抽奖式有奖销售和附赠式有奖销售两种。抽奖式有奖销售是销售方以抽奖等带有偶然性的方法决定购买方是否中奖，并提供奖品或奖金的销售方式。抽奖式有奖销售是利用购买者的贪小便宜心理推销商品，容易导致社会风气的衰退。至于利用有奖销售推销劣质产品更是为市场秩序所不允许。因此，各国对抽奖式有奖销售都有相应的规制措施和具体的规定。附赠式有奖销售是指经营者销售商品或提供服务时，附带性地向用户提供物品、金钱或者其他经济利益的行为。

不正当有奖销售行为是指经营者利用财物、金钱或其他经济利益引诱购买者与之交易，以达到排挤竞争对手的不正当竞争行为。根据我国《反不正当竞争法》第十条的规定，下列情形属于不正当有奖销售行为：所设奖的种类、兑奖条件、奖金金额或者奖品等有奖销售信息不明确，影响兑奖；采用谎称有奖或故意让内定人员中奖的欺骗方式进行有奖销售；抽奖式的有奖销售，最高奖的金额超过五万元。

6. 诋毁商誉行为

良好的商誉对经营者而言是一笔无形财富，在经济活动中，最终通过有形的形式回报主人。诋毁商誉行为是指经营者编造、传播虚假信息或者误导性信息，损害竞争对手的商业信誉、商品声誉，从而削弱其竞争力的行为。在现实经济活动中，诋毁、贬低竞争对手的方式多种多样，如利用散布公开信，向有关经济监督管理部门投寄假检举信，唆使他人造谣、中伤竞争对手等，这种不正当竞争行为违背了公认的商业道德和市场竞争规则。法律对通过积极劳动获得的商誉给予尊重和保护，对以不正当手段侵犯竞争者商誉的行为予以严厉制裁。

7. 互联网不正当竞争行为

经营者不得利用技术手段，通过影响用户选择或者其他方式，实施下列妨碍、破坏其他经营者合法提供的网络产品或者服务正常运行的行为：

（1）未经其他经营者同意，在其合法提供的网络产品或者服务中，插入链接、强制进行目标跳转；

（2）误导、欺骗、强迫用户修改、关闭、卸载其他经营者合法提供的网络产品或者服务；

（3）恶意对其他经营者合法提供的网络产品或者服务实施不兼容；

（4）其他妨碍、破坏其他经营者合法提供的网络产品或者服务正常运行的行为。

学思之窗

“刷单炒信”不正当竞争纠纷

教师介绍最高人民法院发布的《2023年人民法院反垄断和反不正当竞争典型案例》中的“刷单炒信”不正当竞争纠纷案的相关情况，涉案公司以营利为目的，通过诱导消费者对其合作商户在相关平台进行特定分数的好评、评论、收藏等行为，造成平台内展示的商户数据失真，影响平台的信用体系，扰乱平台内商户的竞争秩序，构成不正当竞争行为。

该案是打击互联网环境下虚假宣传行为的典型案例。通过制止利用“刷单炒信”行为帮助其他经营者进行虚假宣传等不正当竞争行为，保护经营者和消费者的合法权益，有力维护和促进网络生态健康发展，有助于形成崇尚、保护和促进公平竞争的市场环境。

教师引导学生了解互联网领域中各方主体的利益，把握数字经济竞争规则，以案例为切入点，让学生充分了解公平竞争的重要性，为学生今后的学习、工作和生活打下基础。

教师从法律、法规政策方面入手，培养学生尊重和保护公平竞争的法治意识，遵守市场竞争秩序，为营造诚实信用、公平有序的市场环境贡献自己的力量。

（三）对涉嫌不正当竞争行为的调查及法律责任

1. 监督检查部门

根据我国《反不正当竞争法》第四条的规定，县级以上人民政府履行工商行政管理职责的部门对不正当竞争行为进行查处；法律、行政法规规定由其他部门查处的，依照其规定。

2. 不正当竞争行为的法律责任

不正当竞争行为是一种侵犯消费者和经营者利益以及国家利益、扰乱经济秩序的行为，具有严重的经济危害，必须对其采取严厉的制裁措施。按照规定，违反《反不正当竞争法》的行为，要分别承担民事责任、行政责任和刑事责任。

“违反《反不正当竞争法》的规定”和“给他人造成损害”是不正当竞争行为的民事责任的构成要件。经营者的合法权益受到不正当竞争行为损害的，可以向人民法院提起诉讼。因不正当竞争行为受到损害的经营者的赔偿数额，按照其因被侵权所受到的实际损失确定。实际损失难以计算的，按照侵权人因侵权所获得的利益确定。经营者恶意实施侵犯商业秘密行为，情节严重的，可以在按照上述方法确定数额的一倍以上五倍以下确定赔偿数额，并且侵权人应当承担被侵害的经营者为制止侵权行为所支付的合理开支。

监督检查部门可对违反《反不正当竞争法》的经营者依法给予行政处罚，包括责令停止违法行为、责令改正、没收违法所得、罚款和吊销营业执照等。经营者侵犯他人注册商标、销售伪劣商品、以贿赂手段销售商品、侵犯商业秘密等情节严重，构成犯罪的，应依法追究刑事责任。

单元二 食品安全法与产品责任法

一、食品安全基本法律规定

《中华人民共和国食品安全法》（以下简称《食品安全法》）于 2009 年 2 月 28 日第十一届全国人民代表大会常务委员会第七次会议通过、同年 6 月 1 日起施行。2015 年 4 月 24 日第十二届全国人民代表大会常务委员会第十四次会议修订，修订后的《食品安全法》于 2015 年 10 月 1 日起施行。2018 年 12 月 29 日第十三届全国人民代表大会常务委员会第七次会议进行第一次修正，2021 年 4 月 29 日第十三届全国人民代表大会常务委员会第二十八次会议进行第二次修正。2009 年 7 月 20 日公布并施行的《中华人民共和国食品安全法实施条例》，根据 2016 年 2 月 6 日《国务院关于修改部分行政法规的决定》（国务院令第 666 号）、2019 年 3 月 26 日国务院第 42 次常务会议两次修订，自 2019 年 12 月 1 日起施行。

（一）我国《食品安全法》的适用范围

在中华人民共和国境内从事下列活动，应当遵守《食品安全法》：

（1）食品生产和加工（以下称食品生产），食品销售和餐饮服务（以下称食品经营）；

（2）食品添加剂的生产经营；

（3）用于食品的包装材料、容器、洗涤剂、消毒剂和用于食品生产经营的工具、设备（以下称食品相关产品）的生产经营；

（4）食品生产经营者使用食品添加剂、食品相关产品；

（5）食品的贮存和运输；

（6）对食品、食品添加剂、食品相关产品的安全管理。

供食用的源于农业的初级产品（以下称食用农产品）的质量安全管理，遵守《中华人民共和国农产品质量安全法》的规定。但是，食用农产品的市场销售、有关质量安全标准的制定、有关安全信息的公布和《食品安全法》对农业投入品作出规定的，应当遵守《食品安全法》的有关规定。

（二）食品安全标准

食品安全标准是强制执行的标准。除食品安全标准外，不得制定其他食品强制性标准。

食品安全国家标准应当经国务院卫生行政部门组织的食品安全国家标准审评委员会审查通过。

对地方特色食品，没有食品安全国家标准的，省、自治区、直辖市人民政府卫生行政部门可以制定并公布食品安全地方标准，报国务院卫生行政部门备案。食品安全国家标准制定后，该地方标准即行废止。

国家鼓励食品生产企业制定严于食品安全国家标准或者地方标准的企业标准，在本企业适用，并报省、自治区、直辖市人民政府卫生行政部门备案。

省级以上人民政府卫生行政部门应当在其网站上公布制定和备案的食品安全国家标准、地方标准和企业标准，供公众免费查阅、下载。对食品安全标准执行过程中的问题，县级以上人民政府卫生行政部门应当会同有关部门及时给予指导、解答。

（三）食品生产经营

1. 国家对食品生产经营实行许可制度

国家对食品生产经营实行许可制度。从事食品生产、食品销售、餐饮服务，应当依法取得许可。但是，销售食用农产品和仅销售预包装食品的，不需要取得许可。仅销售预包装食品的，应当报所在地县级以上地方人民政府食品安全监督管理部门备案。

县级以上地方人民政府食品安全监督管理部门应当依照《中华人民共和国行政许可法》的规定，审核申请人提交的《食品安全法》第三十三条第一款第一项至第四项规定要求的相关资料，必要时对申请人的生产经营场所进行现场核查；对符合规定条件的，准予许可；对不符合规定条件的，不予许可并书面说明理由。

食品生产加工小作坊和食品摊贩等从事食品生产经营活动，应当符合《食品安全法》规定的与其生产经营规模、条件相适应的食品安全要求，保证所生产经营的食品卫生、无毒、无害，食品安全监督管理部门应当对其加强监督管理。

2. 食品安全全程追溯制度

食品生产经营者应当建立食品安全追溯体系，保证食品可追溯。国家鼓励食品生产经营者采用信息化手段采集、留存生产经营信息，建立食品安全追溯体系。

（1）食品生产者进货查验记录制度。进货查验记录制度是指食品生产者依照法律、法规和规章的规定，对购进的原料、食品添加剂、食品相关产品的质量状况进行检查，对经检查确认符合食品安全标准的方可予以购进的进货质量保证制度。食品经营者采购食品，应当查验供货者的许可证和食品出厂检验合格证或者其他合格证明。食品经营企业应当建立食品进货查验记录制度，如实记录食品的名称、规格、数量、生产日期或者生产批号、保质期、进货日期以及供货者名称、地址、联系方式等内容，并保存相关凭证。

（2）食品出厂检验记录制度。食品生产企业应当建立食品出厂检验记录制度，查验出厂食品的检验合格证和安全状况，如实记录食品的名称、规格、数量、生产日期或者生产批号、保质期、检验合格证号、销售日期以及购货者名称、地址、联系方式等内容，并保存相关凭证。

（3）食品安全检验。食品、食品添加剂、食品相关产品的生产者，应当按照食品安全标准对所生产的食品、食品添加剂、食品相关产品进行检验，检验合格后方可出厂或者销售。

（4）食品添加剂。国家对食品添加剂生产实行许可制度。从事食品添加剂生产，应当具有与所生产食品添加剂品种相适应的场所、生产设备或者设施、专业技术人员和管理制度，并依照《食品安全法》第三十五条第二款规定的程序，取得食品添加剂生产许可。

（5）食品召回制度。根据食品召回程序的启动方式，食品召回可分为食品生产经营者主动召回和责令召回两种。

1）主动召回。

①食品生产者召回。食品生产者发现其生产的食品不符合食品安全标准或者有证据证明可能危害人体健康的，应当立即停止生产，召回已经上市销售的食品，通知相关生产经营者和消费者，并记录召回和通知情况。

②食品经营者召回。食品经营者发现其经营的食品不符合食品安全标准或者有证据证明可能危害人体健康的，应当立即停止经营，通知相关生产经营者和消费者，并记录停止经营和通知情况。食品生产者认为应当召回的，应当立即召回。由于食品经营者的原因造成的，食品经营者应当召回。食品生产经营者应当对召回的食品采取无害化处理、销毁等措施，防止其再次流入市场。但是，对因标签、标志或者说明书不符合食品安全标准而被召回的食品，食品生产者在采取补救措施且能保证食品安全的情况下可以继续销售；销售

时应当向消费者明示补救措施。

2）责令召回。食品生产经营者未依照法律规定召回或者停止经营的，县级以上人民政府食品安全监督管理部门可以责令其召回或者停止经营。

二、产品质量法

（一）产品的概念和特征

1. 产品的概念

产品是指与自然物相对的一切劳动生产物，是人类用生产资料对劳动对象加工、改造而成的物质成果，是人们和社会需要的物化体现。在理解产品这一定义时需注意：在法律上，一般对产品多作狭义理解，并非任何产品都在产品责任法的调整范围之内。《中华人民共和国产品质量法》（以下简称《产品质量法》）所称的产品是指经过加工、制作，用于销售的产品，但建设工程除外。而建设工程使用的建筑材料、建筑构配件和设备，则属于《产品质量法》中所指的产品。这表明该法所调整的产品的范围小于一般意义上的产品，并不是所有的产品都由《产品质量法》来调整。

2. 产品的特征

根据我国《产品质量法》的规定，产品必须同时具备四个条件，即具有以下四个特征：

第一，必须是人们的劳动产品。那些未经人们加工、制作的天然物品和自然生长物品，如原始森林、地下矿藏、野生植物等，在没有经过人们的劳动过滤之前，都是天然的财富即自然资源，而不是产品。

第二，必须是经过加工、制作的制成品。也就是说，必须完成全部生产过程，不需要进一步加工、制作就可以供社会使用的产品。半成品或在制品不是我国《产品质量法》中所指的产品。

第三，必须是动产。不动产，即建设工程，如房屋、桥梁、铁路、公路等，虽然也是劳动产品，但不是《产品质量法》中所指的产品。

第四，必须是用于销售的产品。那些非用于销售的产品，不在我国《产品质量法》的调整范围内。

（二）生产者、销售者的产品质量责任和义务

1. 生产者的产品质量责任和义务

（1）生产者的积极义务。

1）产品质量应符合下列要求：

①不存在危及人身、财产安全的不合理的危险，有保障人体健康和人身、财产安全的国家标准、行业标准的，应当符合该标准；

②具备产品应当具备的使用性能，但是，对产品存在使用性能的瑕疵作出说明的除外；

③符合在产品或者其包装上注明采用的产品标准，符合以产品说明、实物样品等方式表明的质量状况。

2）包装及产品标识应当符合下列要求：

①特殊产品，即易碎、易燃、易爆、有毒、有腐蚀性、有放射性等危险物品以及储运中不能倒置和其他有特殊要求的产品，其包装质量必须符合相应要求，依照国家有关规定作出警示标志或者中文警示说明，标明储运注意事项。

②普通产品，产品或者其包装上的标识必须真实，并符合下列要求：有产品质量检验合格证明；有中文标明的产品名称、生产厂厂名和厂址；根据产品的特点和使用要求，需要标明产品规格、等级、所含主要成分的名称和含量的，用中文相应予以标明；需要事先让消费者知晓的，应当在外包装上标明，或者预先向消费者提供有关资料；限期使用的产品，应当在显著位置清晰地标明生产日期和安全使用期或者失效日期；使用不当，容易造成产品本身损坏或者可能危及人身、财产安全的产品，应当有警示标志或者中文警示说明。

（2）生产者的消极义务。

1）不得生产国家明令淘汰的产品；

2）不得伪造产地，不得伪造或者冒用他人的厂名、厂址；

3）不得伪造或者冒用认证标志等质量标志；

4）不得掺杂、掺假，不得以假充真、以次充好，不得以不合格产品冒充合格产品。

2. 销售者的产品质量责任和义务

（1）销售者的积极义务。

1）应当建立并执行进货检查验收制度，验明产品合格证明和其他标识；

2）采取措施，保持销售产品的质量；

3）所销售产品的标志符合法定要求。在产品标志问题上，除与生产者具有同样的义务外，销售者还应向生产者索要合法、齐全的标志和说明，不能接受生产者不合格甚至假冒的产品标志等。销售者尤其不可自行伪造或者冒用产品标志。

（2）销售者的消极义务。

1）不得销售国家明令淘汰并停止销售的产品和失效、变质的产品；

2）不得伪造产地，不得伪造或者冒用他人的厂名、厂址；

3）不得伪造或者冒用认证标志等质量标志；

4）所销售的产品不得掺杂、掺假，销售者不得以假充真、以次充好，不得以不合格产品冒充合格产品。

（三）产品质量法律责任

1. 产品质量民事责任

（1）销售者的产品合同责任。售出的产品有下列情形之一的，销售者应当负责修理、更换、退货；给购买产品的消费者造成损失的，销售者应当赔偿损失：

1）不具备产品应当具备的使用性能而事先未作说明的；

2）不符合在产品或者其包装上注明采用的产品标准的；

3）不符合以产品说明、实物样品等方式表明的质量状况的。

销售者负责修理、更换、退货、赔偿损失后，属于生产者的责任或者属于向销售者提供产品的其他销售者（以下简称供货者）的责任的，销售者有权向生产者、供货者追偿。

（2）产品责任。产品责任是指因产品存在缺陷造成人身、缺陷产品以外的其他财产（以下简称他人财产）损害的，生产者应当承担赔偿责任。因此，产品责任特指生产者应当承担的侵权责任。

产品责任的构成要件包括：

第一，产品有缺陷。缺陷是一个具有特定法律含义的概念。根据我国《产品质量法》的规定，缺陷是指产品存在危及人身、他人财产安全的不合理的危险；产品有保障人体健康和人身、财产安全的国家标准、行业标准的，不符合该标准。

产品缺陷一般包括设计缺陷、制造缺陷、指示缺陷等。当产品缺陷造成消极后果时，就引发了产品缺陷责任问题。产品缺陷责任即产品责任。

第二，存在损害事实。一般来说，损害是指由一定的行为或事件造成的人身或财产上的不利益，具体是指缺陷产品所导致的死亡、人身伤害和财富损失以及其他重大损失。损害可以分为人身损害和财产损害。人身损害可以分为肉体上的损害和精神上的损害。财产损害可以分为缺陷产品以外的其他财产的损害和产品本身的损害。产品自损可通过合同责任加以追究，严格责任中的财产损害是指缺陷产品以外的其他财产的损害。为此，产品责任案件中的损害是指缺陷产品造成的他人人身和该产品以外的其他财产的损害。

第三，产品缺陷和损害事实之间存在因果关系。根据相关规定，因缺陷产品致人损害的侵权诉讼，由产品的生产者就法律规定的免责事由承担举证责任。可见，原告只要证明损害和因果关系的存在，则转由产品的生产者举证免责事由的存在。在部分产品责任案件中，只要原告能证明因果关系存在的可能性大于50%，即可裁判因果关系成立。

（3）产品责任的归责原则。《产品质量法》规定的产品质量责任的归责原则是对生产者实行严格责任制度，即无过错责任制度，也就是只要产品有缺陷，不论生产者主观上是否有故意或过失，都要承担法律责任。但是，生产者能够证明有下列情形之一的，不承担赔偿责任：一是未将产品投入流通的；二是产品投入流通时，引起损害的缺陷尚不存在的；三是将产品投入流通时的科学技术水平尚不能发现缺陷存在的。对销售者实行过错责任制度，即只有因销售者主观故意或过失而导致产品缺陷引起损害的，销售者才承担法律责任。此外，销售者不能指明缺陷产品的生产者和供货者的，推定为销售者有过错，对此应当承担法律责任。生产者和销售者对由产品质量缺陷造成的损害依法承担连带赔偿责任，但是，不论最终责任应由谁承担，销售者对损害都负有先行赔偿的义务，在赔偿后，如属生产者的责任，销售者有追偿权。

2. 产品质量行政责任

对于生产的产品不符合国家标准、行业标准或其产品标志上采用的标准；掺杂、掺假、以假充真、以次充好、以不合格产品冒充合格产品；伪造产地，伪造或者冒用他人厂名、厂址等，行政法上的责任形式主要是责令停止生产销售、警告、罚款、没收财物、没收违法所得并罚款、吊销营业执照、取消检验认证资格等。

3. 产品质量刑事责任

市场监督部门在查处违法行为的过程中，如发现行为人的行为涉嫌构成犯罪，应当移交司法机关追究刑事责任。

学中做 5-4

林先生的家人在为家中老人祝寿时，高压锅突然爆炸，儿媳妇被锅盖击中头部，经抢救无效身亡。据负责高压锅质量检测的专家鉴定，高压锅爆炸的直接原因是高压锅的设计有问题，导致锅盖上的排气孔堵塞。由于高压锅的生产厂家距离较远，林家要求出售此高压锅的商场承担损害民事赔偿责任。但商场声称缺陷不是由自己造成的，而且商场在出售这种高压锅（尚处于试销期）前已与买方签订了一份合同，约定如果产品存在质量问题，商场负责退货，并双倍返还货款，因此商场只承担双倍返还货款的违约责任。

讨论：林家可否要求该商场承担责任？为什么？林家可以请求违约责任还是侵权赔偿责任？

单元三 消费者权益保护法

一、消费者权益保护法概述

（一）消费者权益保护法的概念与适用对象

消费者权益保护法是指国家为了调整在保护消费者权益过程中发生的社会关系、维护全体公民消费权益的法律规范的总称，是我国市场经济法律体系的重要组成部分。《中华人民共和国消费者权益保护法》（以下简称《消费者权益保护法》）经 1993 年 10 月 31 日第八届全国人民代表大会常务委员会第四次会议通过，自 1994 年 1 月 1 日起施行；根据 2013 年 10 月 25 日第十二届全国人民代表大会常务委员会第五次会议《关于修改〈中华人民共和国消费者权益保护法〉的决定》第二次修正，自 2014 年 3 月 15 日起施行。

《消费者权益保护法》的适用对象可以从以下三个方面理解：一是消费者为“生活消

费”需要购买、使用商品或者接受服务的，适用《消费者权益保护法》；二是农民购买、使用直接用于农业生产的生产资料，参照《消费者权益保护法》执行；三是经营者为消费者提供其生产、销售的商品或者提供服务，应当遵守《消费者权益保护法》。

（二）我国《消费者权益保护法》的基本原则

作为我国第一部以保护消费者权益为基本内容的法律，《消费者权益保护法》体现了我国保护消费者权益的以下几个基本原则：

1. 交易自愿、平等、公平、诚实信用原则

这一原则是经营者与消费者进行交易必须遵循的原则。

（1）自愿，是指交易双方可以充分表达自己的意愿，根据自己的意愿设立、变更和终止交易活动，其中心和实质是尊重消费者的意愿。为此，一方不得对另一方加以强迫，也不容许第三人非法干预。

（2）平等，是指交易双方具有平等的法律地位，任何一方不得限制另一方的权利，或把自己的意愿强加给对方。双方在交易中的权利和义务是平等的，受法律保护的程度是平等的。

（3）公平，是指交易公道合理，双方均受公正的对待，交易活动符合等价交换精神和商业惯例要求，不得显失公平。

（4）诚实信用，是指交易双方应当以诚相待，实事求是，恪守信用，遵从公认的商业道德，以善意的方式履行自己的义务，不得弄虚作假、恶意欺诈。

2. 国家保护原则

在市场经济条件下，消费者作为分散、无序的个人，与作为有组织、有经济实力和专业知识的经营者相比，虽然所处的法律地位平等，但在经济实力和经营知识上都处于弱势地位。如果在这种情况下，仍然强调立法上的权利和义务平等，那么对消费者来说，必然造成事实上的不平等。因此，《消费者权益保护法》必须体现国家以特有的权力对消费者和经营者之间的关系进行适度的干预，给消费者以特有的保护。

3. 全社会保护原则

保护消费者的合法权益是全社会的共同责任，社会保护是国家保护的必要补充，只有调动社会各方面的力量来关注消费者的问题，维护消费者的合法权益，与各种损害消费者的行为作斗争，才能建立起全社会共同保护消费者的机制，使消费者的合法权益得到最充分、最有效的保护。

二、消费者的权利

消费者通常是指为生活消费需要而购买、使用商品或者接受服务的人。消费者的权利是指法律设立和保护的，消费者有权作出一定的行为或要求他人作出一定的许可和保障的权利。根据《消费者权益保护法》的规定，消费者有以下九项权利：

（一）安全保障权

安全保障权是指消费者在购买、使用商品和接受服务时享有人身、财产安全不受损害的权利。消费者有权要求经营者提供的商品和服务，符合保障人身、财产安全的要求。安全保障权是消费者最重要和最基本的权利。

安全保障权包括人身安全和财产安全两个方面。人身安全是公民人身权的一种，在这里主要是指消费者在购买、使用商品和接受服务时，享有保持身体各器官及其机能的完整性以及生命不受危害的权利，人身安全还包括消费者人格方面的权利，如姓名权、名誉权、荣誉权不受侵害等。财产安全是公民财产权的一种，在这里主要是指消费者购买、使用商品和接受服务以外的其他财产的安全。

（二）知悉真情权

知悉真情权是指消费者在购买、使用商品和接受服务时享有知悉其购买、使用的商品或者接受的服务的真实情况的权利。消费者有权根据商品或者服务的不同情况，要求经营者提供商品的价格、产地、生产者、用途、性能、规格、等级、主要成分、生产日期、有效期限、检验合格证明、使用方法说明书、售后服务，或者服务的内容、规格、费用等有关情况。知悉真情权是消费者决定是否购买某种商品或服务的前提，也是达到公平交易、防止上当受骗和真正做到自主选择的保证。

（三）自主选择权

自主选择权是指消费者根据自己的意愿独立自主地选择商品或服务的权利。《消费者权益保护法》规定，消费者享有自主选择商品或者服务的权利。消费者有权自主选择提供商品或者服务的经营者，自主选择商品品种或者服务方式，自主决定购买或者不购买任何一种商品、接受或者不接受任何一项服务。消费者在自主选择商品或者服务时，有权进行比较、鉴别和挑选。

自主选择权要求经营者在销售商品或者提供服务时，不得违背消费者的意愿强制交易，也不得搭售商品或者附加其他不合理的条件。

（四）公平交易权

消费者享有公平交易的权利。消费者在购买商品或者接受服务时，有权获得质量保障、价格合理、计量正确等公平交易条件，有权拒绝经营者的强制交易行为。公平交易权的核心是消费者以一定数量的货币换得同等价值的商品或服务。

（五）依法求偿权

消费者因购买、使用商品或者接受服务受到人身、财产损害的，享有依法获得赔偿的权利。

（六）依法结社权

依法结社权是指消费者享有依法成立维护自身合法权益的社会组织的权利。依法结社权是宪法权利在消费领域的具体体现。

（七）获得知识权

获得知识权是指消费者获得有关消费和消费者权益保护方面的知识的权利。消费者应当努力掌握所需商品或者服务的知识和使用技能，正确使用商品和接受服务，提高自我保护意识。

（八）维护尊严权

消费者在购买、使用商品和接受服务时，享有人格尊严、民族风俗习惯得到尊重的权利，享有个人信息依法得到保护的权利。

维护尊严权的基本内容包括三方面：一是人格尊严享有受尊重的权利，包括姓名权、名誉权、荣誉权、肖像权等权利不受侵犯；二是民族风俗习惯受尊重的权利；三是个人信息依法得到保护的权利。

（九）监督批评权

监督批评权是指消费者享有对商品和服务及保护消费者权益工作进行监督批评的权利。监督批评权的主要内容包括：消费者有权对商品和服务质量、价格、计量等进行监督；有权对保护消费者权益的各项工作提出批评、建议，进行监督；有权对保护消费者权益工作中的违法失职行为进行检举、控告。

三、经营者的定义和义务

（一）经营者的定义

经营者是指向消费者提供其生产、销售的商品或者服务的公民、法人和其他经济组织，它是以营利为目的从事生产经营并与消费者相对应的另一方当事人。《消费者权益保护法》中的经营者，是一个广泛的概念，包括各种所有制性质的生产者、销售者和服务的提供者。

（二）经营者的义务

《消费者权益保护法》以消费者的权利为主线，以其他法律、法规为基础，规定了经营者的以下义务：

1. 向消费者履行法定和约定义务

《消费者权益保护法》第十六条规定："经营者向消费者提供商品或者服务，应当依照本法和其他有关法律、法规的规定履行义务。经营者和消费者有约定的，应当按照约定履行义务，但双方的约定不得违背法律、法规的规定。经营者向消费者提供商品或者服务，应当恪守社会公德，诚信经营，保障消费者的合法权益；不得设定不公平、不合理的交易条件，不得强制交易。”

2. 接受消费者监督的义务

经营者应当听取消费者对其提供的商品或者服务的意见，接受消费者的监督。

3. 保证商品和服务安全的义务（包括警示说明义务）

经营者应当保证其提供的商品或者服务符合保障人身、财产安全的要求。对可能危及人身、财产安全的商品和服务，应当向消费者作出真实的说明和明确的警示，并说明和标明正确使用商品或者接受服务的方法以及防止危害发生的方法。

宾馆、商场、餐馆、银行、机场、车站、港口、影剧院等经营场所的经营者，应当对消费者尽到安全保障义务。

经营者发现其提供的商品或者服务存在缺陷，有危及人身、财产安全危险的，应当立即向有关行政部门报告和告知消费者，并采取停止销售、警示、召回、无害化处理、销毁、停止生产或者服务等措施。采取召回措施的，经营者应当承担消费者因商品被召回支出的必要费用。

学中做 5-5

刘女士到一家超市购物时，不知该超市在清洗地板，以致一进门便因地上的清洗液打滑而摔了一跤，造成右手骨折，花去医疗费 3 万余元。当刘女士向超市索赔时，超市却以其已在门口立着一块标有“正在打扫中，请注意安全”的牌子，是刘女士自己不小心为由拒绝赔偿。为此，刘女士向法院提起诉讼，要求超市赔偿 4 万元。

法院查明，当时超市确有这么一块牌子，但放在距离大门 2 米处的一个并不显眼的位置。

讨论：超市是否应对刘女士摔伤的损失承担赔偿责任？法律依据何在？

4. 提供商品和服务的真实信息的义务

经营者向消费者提供有关商品或者服务的质量、性能、用途、有效期限等信息，应当真实、全面，不得作虚假或者引人误解的宣传。经营者对消费者就其提供的商品或者服务的质量和使用方法等问题提出的询问，应当作出真实、明确的答复。

经营者提供商品或者服务应当明码标价。经营者应当标明其真实名称和标记。租赁他人柜台或者场地的经营者，应当标明其真实名称和标记。

采用网络、电视、电话、邮购等方式提供商品或者服务的经营者，以及提供证券、保险、银行等金融服务的经营者，应当向消费者提供经营地址、联系方式、商品或者服务的数量和质量、价款或者费用、履行期限和方式、安全注意事项和风险警示、售后服务、民事责任等信息。

5. 出具购货凭证和服务单据的义务

经营者提供商品或者服务，应当按照国家有关规定或者商业惯例向消费者出具发票等购货凭证或者服务单据；消费者索要发票等购货凭证或者服务单据的，经营者必须出具。

6. 保证商品和服务质量的义务

经营者应当保证在正常使用商品或者接受服务的情况下其提供的商品或者服务应当具有的质量、性能、用途和有效期限，但消费者在购买该商品或者接受该服务前已经知道其存在瑕疵，且存在该瑕疵不违反法律强制性规定的除外。经营者以广告、产品说明、实物样品或者其他方式表明商品或者服务的质量状况的，应当保证其提供的商品或者服务的实际质量与表明的质量状况相符。经营者提供的机动车、计算机、电视机、电冰箱、空调器、洗衣机等耐用商品或者装饰装修等服务，消费者自接受商品或者服务之日起六个月内发现瑕疵，发生争议的，由经营者承担有关瑕疵的举证责任。

7. 履行“三包”等义务

所谓“三包”是指经营者提供商品或者服务，按照国家规定或与消费者的约定，承担包修、包换、包退等责任，是经营者对商品或服务承担质量保证的一种方式。

《消费者权益保护法》第二十四条规定：“经营者提供的商品或者服务不符合质量要求的，消费者可以依照国家规定、当事人约定退货，或者要求经营者履行更换、修理等义务。没有国家规定和当事人约定的，消费者可以自收到商品之日起七日内退货；七日后符合法定解除合同条件的，消费者可以及时退货，不符合法定解除合同条件的，可以要求经营者履行更换、修理等义务。依照上述规定进行退货、更换、修理的，经营者应当承担运输等必要费用。”

经营者采用网络、电视、电话、邮购等方式销售商品，消费者有权自收到商品之日起七日内退货，且无须说明理由，但下列商品除外：消费者定作的；鲜活易腐的；在线下载或者消费者拆封的音像制品、计算机软件等数字化商品；交付的报纸、期刊；其他根据商品性质并经消费者在购买时确认不宜退货的商品。

8. 不得以格式合同等方式排除或限制消费者权益的义务

经营者在经营活动中使用格式条款的，应当以显著方式提请消费者注意商品或者服务的数量和质量、价款或者费用、履行期限和方式、安全注意事项和风险警示、售后服务、民事责任等与消费者有重大利害关系的内容，并按照消费者的要求予以说明。经营者不得以格式条款、通知、声明、店堂告示等方式，作出排除或者限制消费者权利、减轻或者免除经营者责任、加重消费者责任等对消费者不公平、不合理的规定，不得利用格式条款并借助技术手段强制交易。

格式条款、通知、声明、店堂告示等含有前款所列内容的，其内容无效。

9. 不得侵犯消费者人格权的义务

经营者不得对消费者进行侮辱、诽谤，不得搜查消费者的身体及其携带的物品，不得侵犯消费者的人身自由。

10. 不得违法、违约收集、使用信息的义务

经营者收集、使用消费者个人信息，应当遵循合法、正当、必要的原则，明示收集、使用信息的目的、方式和范围，并经消费者同意。经营者收集、使用消费者个人信息，应当公开其收集、使用规则，不得违反法律、法规的规定和双方的约定收集、使用信息。

经营者及其工作人员对收集的消费者个人信息必须严格保密，不得泄露、出售或者非法向他人提供。经营者应当采取技术措施和其他必要的措施，确保信息安全，防止消费者个人信息泄露、丢失。在发生或者可能发生信息泄露、丢失的情况下，应当立即采取补救措施。

经营者未经消费者同意或者请求，或者消费者明确表示拒绝的，不得向其发送商业性信息。

学中做 5-6

"双 11"期间陈女士到市区一超市购物，正值该超市举行"买一送一"的促销活动。陈女士购买了一件标价为 298 元的羊毛上衣，该超市赠送了一条标价为 200 元的皮裤。11 月 8 日，陈女士发现该皮裤穿后会褪色，要求该超市退货，而超市以"赠品概不退换"为由拒绝退货，陈女士遂于 11 月 13 日向当地消费者协会投诉。

讨论：陈女士的投诉有法律依据吗？

四、消费者权益争议的解决

消费者权益争议是指在消费者领域中发生的，消费者在购买、使用商品或者接受服务的过程中，因经营者不履行或不适当履行义务致使消费者权益受损，而引起的矛盾纠纷。

（一）消费争议的解决途径

根据《消费者权益保护法》的规定，消费者和经营者发生消费者权益争议的，可以通过下列途径解决：（1）与经营者协商和解；（2）请求消费者协会或者依法成立的其他调解组织调解；（3）向有关行政部门投诉；（4）根据与经营者达成的仲裁协议提请仲裁机构仲裁；（5）向人民法院提起诉讼。

（二）确定损害消费者权益的赔偿主体

（1）消费者在购买、使用商品时，其合法权益受损害的，可以向销售者要求赔偿，而不管这种损害是由生产者和销售者中哪一方造成的。如果确实属于生产者或向销售者提供商品的其他销售者的责任，销售者在先行赔偿后有权向生产者或其他销售者追偿。

（2）消费者或其他受害者因商品缺陷造成人身、财产损害的，可以向销售者要求赔偿，也可以向生产者要求赔偿；生产者和销售者中的任何一方在先行赔偿后，有权向责任者追偿。

（3）消费者在接受服务时，其合法权益受损害的，可以向服务者要求赔偿。

（4）消费者在购买、使用商品或者接受服务时，其合法权益受到损害，因原企业分立、合并的，可以向变更后承受其权利义务的企业要求赔偿，并且在企业分立的情况下，分立后的企业应当承担连带责任。

（5）消费者在展销会、租赁柜台购买商品或者接受服务，其合法权益受损害的，可以向销售者或者服务者要求赔偿。展销会结束或柜台租赁期满后，也可以向展销会的举办者、柜台的出租者要求赔偿。展销会的举办者、柜台的出租者赔偿后，有权向销售者或者服务者追偿。

（6）消费者通过网络交易平台购买商品或者接受服务，其合法权益受损的，可以向销售者或者服务者要求赔偿。网络交易平台提供者不能提供销售者或者服务者的真实名称、地址和有效联系方式的，消费者也可以向网络交易平台提供者要求赔偿；网络交易平台提供者作出更有利于消费者的承诺的，应当履行承诺。网络交易平台提供者赔偿后，有权向销售者或者服务者追偿。

网络交易平台提供者明知或者应知销售者或者服务者利用其平台侵害消费者合法权益，未采取必要措施的，依法与该销售者或者服务者承担连带责任。

（7）消费者因经营者利用虚假广告或者其他虚假宣传方式提供商品或者服务，其合法权益受到损害的，可以向经营者要求赔偿。广告经营者、发布者发布虚假广告的，消费者可以请求行政主管部门予以惩处。广告经营者、发布者不能提供经营者的真实名称、地址和有效联系方式的，应当承担赔偿责任。

广告经营者、发布者设计、制作、发布关乎消费者生命健康商品或者服务的虚假广告，造成消费者损害的，应当与提供该商品或者服务的经营者承担连带责任。

社会团体或者其他组织、个人在关乎消费者生命健康的商品或者服务的虚假广告或者其他虚假宣传中向消费者推荐商品或者服务，造成消费者损害的，应当与提供该商品或者服务的经营者承担连带责任。

学中做 5-7

张女士在某会展中心举办的商品展销会上购买了一件纯羊毛大衣，售价为 1 280 元，商店标明“换季商品，概不退换”。穿了 5 天后衣服起满毛球，张女士于是到当地市场监督管理部门检验，鉴定结果证明羊毛大衣所用原料 90% 为锦纶。张女士决定退货，但发现展销会已经结束，会展中心声称找不到商家。

讨论：张女士应向谁主张权利？

五、侵犯消费者权益的法律责任

《消费者权益保护法》对各种侵害消费者合法权益的行为所应承担的法律责任作出了明确的规定，其形式有民事责任、行政责任和刑事责任。

（一）民事责任

（1）根据《消费者权益保护法》的规定，经营者提供商品或者服务有下列情形之一的，应承担民事责任：商品或者服务存在缺陷的；不具备商品应当具备的使用性能而出售时未作说明的；不符合在商品或者其包装上注明采用的商品标准的；不符合商品说明、实物样品等方式表明的质量状况的；生产国家明令淘汰的商品或者销售失效、变质的商品的；销售的商品数量不足的；服务的内容和费用违反规定的；对消费者提出的修理、重作、更换、退货、补足商品数量、退还货款和服务费用或者赔偿损失的要求，故意拖延或者无理拒绝的；法律、法规规定的其他损害消费者权益的情形。经营者对消费者未尽到安全保障义务，造成消费者损害的，应当承担侵权责任。

（2）经营者提供商品或者服务，造成消费者或者其他受害人人身伤害的，应当赔偿医疗费、护理费、交通费等为治疗和康复支出的合理费用，以及因误工减少的收入。造成残疾的，还应当赔偿残疾生活辅助具费和残疾赔偿金。造成死亡的，还应当赔偿丧葬费和死亡赔偿金。

（3）经营者侵害消费者的人格尊严、侵犯消费者人身自由或者侵害消费者个人信息依法得到保护的权利的，应当停止侵害、恢复名誉、消除影响、赔礼道歉，并赔偿损失。

（4）经营者有侮辱诽谤、搜查身体、侵犯人身自由等侵害消费者或者其他受害人人身权益的行为，造成严重精神损害的，受害人可以要求精神损害赔偿。

（5）经营者提供商品或者服务，造成消费者财产损害的，应当依照法律规定或者当事人约定承担修理、重作、更换、退货、补足商品数量、退还货款和服务费用或者赔偿损失等民事责任。

（6）经营者以预收款方式提供商品或者服务的，应当按照约定提供。未按照约定提供的，应当按照消费者的要求履行约定或者退回预付款，并应当承担预付款的利息、消费者必须支付的合理费用。

（7）依法经有关行政部门认定为不合格的商品，消费者要求退货的，经营者应当负责退货。

（8）经营者提供商品或者服务有欺诈行为的，应当按照消费者的要求增加赔偿其受到的损失，增加赔偿的金额为消费者购买商品的价款或者接受服务的费用的三倍；增加赔偿的金额不足五百元的，为五百元。法律另有规定的，依照其规定。

经营者明知商品或者服务存在缺陷，仍然向消费者提供，造成消费者或其他受害人死亡或者健康严重损害的，受害人有权要求经营者依照《消费者权益保护法》相关法律规定赔偿损失，并有权要求所受损失二倍以下的惩罚性赔偿。

学中做 5-8

2022 年 3 月赵先生在一家汽车 4S 店买车，在销售人员的热情推荐下，花 12 万元的优惠价买了一辆性价比不错的未上牌的试乘试驾车。3 个月后因磕碰办理保险索赔，他从保险公司获悉这辆车发生过重大事故，上过牌、买过保险，还曾有过理赔。在多次向 4S 店要求退换车无果的情况下，赵先生一纸诉状将 4S 店告上了法庭。

讨论： 4S 店应当承担何种法律责任？

（二）行政责任

经营者违反《消费者权益保护法》的规定应当承担行政责任的，其承担的方式有责令改正、没收违法所得、罚款、责令停业整顿、吊销营业执照等。

根据《消费者权益保护法》的规定，经营者有下列情形之一，除承担相应的民事责任外，其他有关法律、法规对处罚机关和处罚方式有规定的，依照法律、法规的规定执行；法律、法规未作规定的，由市场监督管理部门或者其他有关行政部门责令改正，可以根据情节单处或者并处警告、没收违法所得、处以违法所得一倍以上十倍以下的罚款，没有违法所得的，处以五十万元以下的罚款；情节严重的，责令停业整顿、吊销营业执照：

（1）提供的商品或者服务不符合保障人身、财产安全要求的；

（2）在商品中掺杂、掺假，以假充真，以次充好，或者以不合格商品冒充合格商品的；

（3）生产国家明令淘汰的商品或者销售失效、变质的商品的；

（4）伪造商品的产地，伪造或者冒用他人的厂名、厂址，篡改生产日期，伪造或者冒用认证标志等质量标志的；

（5）销售的商品应当检验、检疫而未检验、检疫或者伪造检验、检疫结果的；

（6）对商品或者服务作虚假或者引人误解的宣传的；

（7）拒绝或者拖延有关行政部门责令对缺陷商品或者服务采取停止销售、警示、召回、无害化处理、销毁、停止生产或者服务等措施的；

（8）对消费者提出的修理、重作、更换、退货、补足商品数量、退还货款和服务费用或者赔偿损失的要求，故意拖延或者无理拒绝的；

（9）侵害消费者人格尊严、侵犯消费者人身自由或者侵害消费者个人信息依法得到保护的权利的；

（10）法律、法规规定的对损害消费者权益应当予以处罚的其他情形。

经营者有前款规定情形的，除依照法律、法规规定予以处罚外，处罚机关应当记入信用档案，向社会公布。

（三）刑事责任

经营者违反《消费者权益保护法》的规定提供商品或者服务，侵害消费者合法权益，构成犯罪的，依法追究刑事责任。

模块小结

本模块主要介绍了反垄断法、反不正当竞争法、食品安全法及产品质量法、消费者权益保护法。

《反垄断法》于2022年6月进行了第一次修正。修改完善反垄断法，是我国社会主义市场经济发展的内在要求，是助力构建新发展格局的客观需要。修改后的《反垄断法》为保障市场公平竞争与企业创新活动提供了重要的法律保障，为经济的高质量发展创造了必要条件。本模块对垄断行为的类型和界定标准进行了列举，明确了违反《反垄断法》及《反不正当竞争法》的法律责任。

《食品安全法》列举了食品安全标准和食品安全全程追溯制度等内容，以及对食品生产经营者的相关要求。通过对《产品质量法》相关内容的学习，学生可掌握产品质量法律责任。

关于《消费者权益保护法》，本模块主要讲述了消费者的权利和经营者的义务以及消费者争议的解决途径，希望学生能依法维护自身的合法权益。

实训练习

一、应知考核

（一）单项选择题

1. 下列不是垄断协议的是（　　）。

A. A超市与B超市约定：前者占领北京市场，后者占领天津市场

B. 因为价格问题，甲、乙两家汽车厂口头约定都不购买丙钢铁公司的钢材

C. 甲药厂和乙医药超市约定：后者出售前者的某种专利药品只能按某价格出售

D. 甲药厂和乙医药超市约定：后者出售前者的某种专利药品最高按某价格出售

2. 根据《反不正当竞争法》的规定，下列哪种行为属于不正当竞争行为中的混淆行为？（　　）

A. 甲厂在其产品说明书中作夸大其词的不实说明

B. 乙厂的矿泉水使用“清凉”商标，而“清凉矿泉水厂”是本地一知名矿泉水厂的企业名称

C. 丙商场在有奖销售中把所有的奖券刮奖区都印上“未中奖”字样

D. 丁酒厂将其在当地评奖会上的获奖证书复印在所有的产品包装上

3. 下列属于经营者集中情形的是（　　）。

A. 经营者通过取得资产的方式，取得对其他经营者的表决权

B. 经营者通过合同等方式，能够对其他经营者施加影响

C. 经营者合并

D. 经营者联合抵制交易

4. 甲欲买“全聚德”牌真空包装烤鸭，临上火车前误购了商标不同而外包装十分近似的显著标明名称为“仝聚德”的烤鸭，遂向“全聚德”公司投诉。“全聚德”公司发现，“仝聚德”烤鸭的价格仅为“全聚德”的 1/3。如果“全聚德”起诉“仝聚德”，其纠纷的性质应当是下列哪一种？（　　）

A. 诋毁商誉的侵权纠纷

B. 虚假宣传的不正当竞争纠纷

C. 混淆行为的不正当竞争纠纷

D. 企业名称侵权纠纷

5. 甲酒店向该市出租车司机承诺，为酒店每介绍一位客人，酒店向其支付该客人房费的 20% 作为奖励，与其相邻的乙酒店向有关部门举报了这一行为。有关部门调查发现，甲酒店给付的奖励在公司的账面上皆有明确详细的记录。甲酒店的行为属于（　　）。

A. 正当的竞争行为　　B. 商业贿赂行为

C. 限制竞争行为　　D. 低价倾销行为

6. 经营者的不正当竞争行为给被侵害的经营者造成的损失难以计算的，赔偿额为（　　）。

A. 受害人在被侵权期间所获得的利润

B. 侵权人在侵权期间所获得的利润

C. 侵权人因侵权所获得的利益

D. 侵权人在侵权期间所获得利润的 1.5 倍

7. 我国《产品质量法》规定的产品质量责任的归责原则是对生产者实行（　　）。

A. 严格责任制度　　B. 过错责任制度

C. 公平责任制度　　D. 过错推定责任制度

8. 甲公司生产一款智能手机。消费者丙从乙商场购买了这款手机，在正常使用的情况下手机发生了爆炸。下列说法中正确的是（　　）。

A. 丙只能向乙索赔

B. 丙只能向甲索赔

C. 丙只能向消费者协会投诉，请其确定向谁索赔

D. 丙可向甲或者乙索赔

9. 对于经营者的售后服务义务，国家根据某些商品的复杂性和特殊性规定了“三包”，下列哪一项不属于“三包”的规定？（　　）

A. 包修　　B. 包赔

C. 包退　　D. 包换

10. 经营者提供商品或者服务有欺诈行为的，应当按照消费者的要求增加赔偿其受到的损失，增加赔偿的金额为消费者购买商品的价款或者接受服务的费用的（　　）。

A. 一倍　　B. 两倍

C. 三倍　　D. 四倍

11. 经营者提供的机动车、计算机、电视机、电冰箱、空调器、洗衣机等耐用商品或者装饰装修等服务，消费者自接受商品或者服务之日起（　　）内发现瑕疵，发生纠纷的，由经营者承担有关瑕疵的举证责任。

A. 六个月　　B. 三个月

C. 一个月　　D. 十五天

（二）多项选择题

1. 下列行为中，属于《反垄断法》所禁止的垄断行为的有（　　）。

A. 某药品生产企业因拥有一项治疗心血管疾病的药品专利，占据了相关市场 95% 的份额

B. 年销售额在 1 亿元以上的药品零售企业之间达成联盟协议，共同要求药品生产企业按统一的优惠价格向联盟内的企业供应药品，联盟内的企业按统一的零售价向消费者销售药品

C. 甲市政府在与某国 A 医药企业签订的战略合作协议中承诺，该国 A 医药企业在甲市医疗机构药品招标中享有优先中标的机会

D. 某省政府招标办公室发布文件称：凡不在本省纳税的企业，一律不得参与本省的招投标活动

2. 在商品上擅自使用（　　），足以引人误认为是他人商品或者与他人存在特定联系的行为，是不正当竞争行为。

A. 与他人有一定影响的商品名称相同或近似的标识

B. 与他人有一定影响的包装相同或近似的标识

C. 他人有一定影响的域名主体部分

D. 他人有一定影响的企业名称

3. 经营者给（　　）的，必须如实入账，接受折扣、佣金的经营者必须如实入账。

A. 对方折扣　　B. 对方佣金

C. 中间人折扣　　D. 中间人佣金

4. 在我国从事（　　）活动应当遵守《食品安全法》。

A. 食品生产和食品经营　　B. 食品相关产品的生产经营

C. 食品添加剂的生产经营　　D. 食品的贮存和运输

5. 经营者凡以（　　）等方式，作出排除或者限制消费者权利、减轻或者免除经营者责任、加重消费者责任等对消费者不公平、不合理规定的，其内容无效。

A. 格式条款　　B. 通知

C. 声明　　D. 店堂告示

6. 经营者侵害消费者的人格尊严或者侵犯消费者人身自由的，应当负的责任有（　　）。

A. 停止侵害　　B. 恢复名誉

C. 消除影响　　D. 赔礼道歉

二、应会考核

（一）案例分析题

1. 甲市A厂、B厂生产同种产品，A厂的市场信息来源不足，销售发生困难，而B厂市场信息较多，销售情况良好。由于B厂对其经营信息采取了保密措施，因此A厂无法从公开渠道直接获取其经营信息。A厂为获取B厂的经营信息尤其是客户名单，在B厂附近租用了一间小屋，安装了自制窃听装置。从某年6月初开始，A厂厂长派本厂两名职工对B厂销售科电话内容进行窃听、录音。到7月中旬，共获取B厂经销信息300多条，其中有价值的客户20多家。在获得这些信息后，A厂逐一与B厂的客户进行联系，并采取低于B厂报价的方式与其中10家单位达成了交易，共推销本厂产品15台。

思考：A厂的行为属于哪种不正当竞争行为？应如何处理？

2. 某市A机械厂于2021年12月经介绍人刘某介绍，向某市B铸造厂定制车床主构架100套，单价3万元，总价款为300万元。B厂为争取今后的业务发展，与A厂厂长协商一致，在订货合同上约定B厂给予A厂10%的优惠。2022年1月15日，B厂依照合同履行义务，发货至A厂；A厂依照合同通过银行转账支付了270万元货款。B厂也就营业收入的抵减项目记了账。为酬谢介绍人，B厂付给刘某“好处费”2 000元；A厂向刘某支付“介绍费”1 000元。两厂又分别将“好处费”“介绍费”支出入了账，并代为扣缴了刘某的个人所得税。

思考：

（1）B厂与A厂的“优惠”约定是什么性质？是否属于不正当竞争行为？为什么？

（2）两厂向刘某支付“好处费”和“介绍费”的行为属于什么性质？是否属于不正当竞争行为？为什么？

（3）试说明在上述行为中合法行为与违法行为的区别。

3. 2022年10月1日，胡先生在某商场花了480元购买了一套茶具，可是回家后初次注入开水冲茶时，茶壶炸裂，胡先生被烫伤，花去医药费5 000多元，胡先生找到商场要求赔偿，但商场以没有发票为由拒绝赔付。

思考：胡先生有权向商场索赔吗？为什么？

（二）实践操作

对经营主体的某种不正当竞争行为进行分析。

任务要求：

（1）以小组为单位，利用数据分析手段或自身经历找出某企业存在的一种不正当竞争行为；

（2）对该行为属于《反不正当竞争法》中规定的哪一类不正当行为进行分析。

考核要求：

对小组选定的不正当竞争行为从行为特征、表现形式上进行分析，定性正确。

模块六　劳动合同与社会保险法律制度

◆ 知识目标

1. 熟悉劳动合同的订立、解除和终止的条件；
2. 了解劳动争议的解决方法和途径。

◆ 能力目标

1. 能判断无固定期限合同，掌握劳动合同的解除和终止，妥善处理劳动争议；
2. 能依据实际情况选择有效的劳动争议解决方法和途径。

◆ 素养目标

1. 具有明确的知识学习目的，能认识到学习课程的目的在于应用；
2. 具备较强的学习能力，对出现的新概念、新软件、新规则能够进行自我学习。

劳动关系在现代社会中是最重要的也是最复杂的社会关系之一。劳动合同是用人单位与劳动者建立劳动关系的法律凭证，通过规范用人单位与劳动者的行为，有利于双方和谐相处，从而达到“构建和发展和谐稳定的劳动关系”的终极目标。党的二十大报告指出要通过健全劳动法律法规、完善劳动关系协商协调机制、完善劳动者权益保障制度、加强灵活就业和新就业形态劳动者权益保障来增进民生福祉，提高人民生活品质。劳动者在就业过程中了解相关法律知识，有利于自身权益的维护。《中华人民共和国社会保险法》（以下简称《社会保险法》）确立了广覆盖、可转移、可衔接的社会保险制度，从法律上破除了阻碍各类人才自由流动、劳动者在地区之间和城乡之间流动就业的制度性障碍，有利于形成和发展统一规范的人力资源市场；进一步规范和明确了劳动者和用人单位的社会保险权利义务关系，有利于促进劳动关系的稳定与和谐。

单元一 劳动合同法

一、劳动合同概述

（一）劳动合同的概念

劳动合同是劳动者与用人单位之间依法确立劳动关系，明确双方权利义务关系的书面协议。

劳动关系是指劳动者与用人单位（包括企业、个体经济组织等）依法签订劳动合同而在劳动者与用人单位之间产生的法律关系。具体来说是指机关、企事业单位、社会团体或个体经济组织（统称用人单位）与劳动者个人之间依法签订劳动合同，劳动者接受用人单位的管理，从事用人单位安排的工作，成为用人单位的成员，从用人单位领取报酬和受劳动法保护所产生的法律关系。

（二）劳动合同的特征

（1）劳动合同的主体具有特定性。劳动合同的主体一方是劳动者，另一方是用人单位。

（2）劳动合同的内容具有较强的法定性。当事人双方签订劳动合同不得违反法律强制性规定，否则无效。

（3）劳动者在签订和履行劳动合同过程中的地位在发生变化。签订劳动合同过程中，双方的法律地位是平等的。但在履行劳动合同的过程中，双方具有支配与被支配、管理与服从的从属关系。

（三）《劳动合同法》的适用范围

《中华人民共和国劳动合同法》（以下简称《劳动合同法》）由中华人民共和国第十届

全国人民代表大会常务委员会第二十八次会议于 2007 年 6 月 29 日通过，自 2008 年 1 月 1 日起施行；2012 年 12 月 28 日第十一届全国人民代表大会常务委员会第三十次会议通过修正，并自 2013 年 7 月 1 日起施行。为了贯彻实施《劳动合同法》,《中华人民共和国劳动合同法实施条例》于 2008 年 9 月 18 日起施行。根据上述法律法规的相关规定：

（1）中华人民共和国境内的企业、个体经济组织、民办非企业单位等组织（以下简称用人单位）与劳动者建立劳动关系，订立、履行、变更、解除或者终止劳动合同，适用《劳动合同法》。

（2）国家机关、事业单位、社会团体和与其建立劳动关系的劳动者，订立、履行、变更、解除或者终止劳动合同，依照《劳动合同法》执行。

（3）事业单位与实行聘用制的工作人员订立、履行、变更、解除或者终止劳动合同，法律、行政法规或者国务院另有规定的，依照其规定；未作规定的，依照《劳动合同法》的有关规定执行。

二、劳动合同的订立

（一）劳动合同订立的原则

劳动合同的订立是劳动者和用人单位经过相互选择和平等协商，就劳动合同的各项条款协商一致，并以书面形式明确规定双方权利、义务及责任，从而确立劳动关系的法律行为。

劳动合同的订立应遵循合法、公平、平等自愿、协商一致以及诚实信用的原则。

（二）劳动合同订立的主体

1. 劳动合同订立主体的资格要求

（1）劳动者需年满 16 周岁（只有文艺、体育、特种工艺单位录用人员可以例外），有劳动权利能力和行为能力。

（2）用人单位有用人权利能力和行为能力。

2. 劳动合同订立主体的义务

（1）用人单位招用劳动者时，应当如实告知劳动者工作内容、工作条件、工作地点、职业危害、安全生产状况、劳动报酬，以及劳动者要求了解的其他情况。

（2）用人单位招用劳动者，不得扣押劳动者的居民身份证和其他证件，不得要求劳动者提供担保或者以其他名义向劳动者收取财物。

（3）用人单位有权了解劳动者与劳动合同直接相关的基本情况，劳动者应当如实说明。

（三）劳动合同订立的形式

用人单位自用工之日起即与劳动者建立了劳动关系。用人单位与劳动者在用工前订立劳动合同的，劳动关系自用工之日起建立。建立劳动关系，应当订立书面劳动合同。对于已建立劳动关系，未同时订立书面劳动合同的，应当自用工之日起 1 个月内订立书面劳动合同。非全日制用工双方当事人可以订立口头协议。

“用工之日”的一般证据固定：招用通知书、考勤卡、入职申请表、职工名册等。

学中做 6-1

A 公司招聘了一名将于 2023 年 7 月毕业的应届毕业生赵某，并与赵某于 2023 年 3 月 15 日签订了劳动合同，合同中规定自 2023 年 7 月 1 日起劳动合同生效，A 公司于 2023 年 7 月前已经给赵某办理了落户手续，但是 2023 年 9 月 13 日赵某才来上班。

讨论：A 公司与赵某的劳动关系从何日起建立？

（四）劳动合同订立的类型

1. 固定期限劳动合同

固定期限劳动合同是指用人单位与劳动者约定合同终止时间的劳动合同。用人单位与劳动者协商一致，可以订立固定期限劳动合同。

2. 无固定期限劳动合同

无固定期限劳动合同是指用人单位与劳动者约定无确定终止时间的劳动合同。《劳动合同法》规定，用人单位与劳动者协商一致，可以订立无固定期限劳动合同。有下列情形之一，劳动者提出或者同意续订、订立劳动合同的，除劳动者提出订立固定期限劳动合同外，应当订立无固定期限劳动合同：（1）劳动者在该用人单位连续工作满十年的；（2）用人单位初次实行劳动合同制度或者国有企业改制重新订立劳动合同时，劳动者在该用人单位连续工作满十年且距法定退休年龄不足十年的；（3）连续订立二次固定期限劳动合同，且劳动者没有本法第三十九条和第四十条第一项、第二项规定的情形，续订劳动合同的。用人单位自用工之日起满一年不与劳动者订立书面劳动合同的，视为用人单位与劳动者已订立无固定期限劳动合同。

3. 以完成一定工作任务为期限的劳动合同

以完成一定工作任务为期限的劳动合同是指用人单位与劳动者约定以某项工作的完成为合同期限的劳动合同。一般来说，有下列情形之一的，用人单位与劳动者可以签订以完成一定工作任务为期限的劳动合同：

（1）以完成单项工作任务为期限的劳动合同；

（2）以项目承包方式完成承包任务的劳动合同；

（3）因季节原因临时用工的劳动合同；

（4）其他双方约定的以完成一定工作任务为期限的劳动合同。

学中做 6-2

老李 2021 年 1 月底应聘进入 A 公司工作，双方签订了一份半年期的劳动合同。之后因为老李工作勤恳，A 公司又和老李续订了一份一年期的劳动合同，期限到 2022 年 6 月 30 日。2022 年 6 月底，老李收到了 A 公司发出的终止劳动合同通知书。A 公司人事部门告诉老李，虽然老李工作确实很努力，但是由于受到经济危机的影响，公司业务量大幅下降，实在无法继续留用老李了，同时 A 公司表示，愿意支付终止劳动合同的经济补偿金。老李听说，《劳动合同法》规定，连续订立两次固定期限劳动合同后，应当订立无固定期限劳动合同，于是来到劳动争议仲裁委员会，要求与 A 公司恢复劳动关系，并订立无固定期限劳动合同。

讨论：A 公司与老李能否签订无固定期限劳动合同？老李的申请能否得到支持？

（五）劳动合同订立的效力

1. 劳动合同的生效

劳动合同由用人单位与劳动者协商一致，并经用人单位与劳动者在劳动合同文本上签字或者盖章生效。

劳动合同依法订立即生效，具有法律约束力，除非当事人对劳动合同生效有特殊约定。

2. 无效劳动合同

无效劳动合同是指劳动合同虽然已经成立，但因违反了法律、行政法规的强制性规定而被确认为无效。

下列劳动合同无效或者部分无效：（1）以欺诈、胁迫的手段或者乘人之危，使对方在违背真实意思的情况下订立或者变更劳动合同的；（2）用人单位免除自己的法定责任、排除劳动者权利的；（3）违反法律、行政法规强制性规定的。

对劳动合同的无效或者部分无效有争议的，由劳动争议仲裁机构或者人民法院确认。

3. 无效劳动合同的法律后果

无效劳动合同，从订立时起就没有法律约束力。劳动合同部分无效，不影响其他部分效力的，其他部分仍然有效。劳动合同被确认无效，给对方造成损害的，有过错的一方应当承担赔偿责任。

学中做 6-3

小刘刚刚大专毕业，由于担心学历被轻视，于是采用投机取巧的办法，买了一张假的本科学历证书和一张知名学校的研究生学历证书。带着这两张假证书，小刘的求职顺利多了，很快就被 A 公司录用，月薪 6 000 元，双方签订了为期两年的劳动合同。但在小刘工作两个月内，工作能力并未达到企业的要求，公司的人事部门对小刘的学历进行了调查并收集了相关证据。在证据面前，小刘不得不承认他的证书是假的，并向公司提出辞职。但是小刘主张公司应将该月的工资付给他。与公司协商未果，小刘申请了仲裁，要求A公司支付他6 000元工资。

讨论： 小刘能否得到仲裁机构的支持？

三、劳动合同的主要内容

（一）劳动合同的必备条款

《劳动合同法》第十七条规定，劳动合同应当具备以下条款：用人单位的名称、住所和法定代表人或者主要负责人；劳动者的姓名、住址和居民身份证或者其他有效身份证件号码；劳动合同期限；工作内容和工作地点；工作时间和休息休假；劳动报酬；社会保险；劳动保护、劳动条件和职业危害防护；法律、法规规定应当纳入劳动合同的其他事项。

1. 关于工时制度

工时制度即工作时间制度，包括工作时间和休息休假制度。

目前我国实行的工时制度主要有标准工时制、不定时工作制和综合计算工时制三种类型。

（1）工作时间。

1）正常工作时间。我国实行劳动者每日工作8小时、每周工作40小时的标准工时制。

2）延长工作时间（加班）。劳动者每日加班不得超过1小时；因特殊原因需要延长工作时间的，在保障劳动者身体健康的条件下每日不得超过3小时，每月不得超过36小时。

（2）休息休假。

1）休息，即工作日内的间歇时间、工作日之间的休息时间（8小时以外）、周末。

2）休假，即无须履行劳动义务且一般有工资保障的法定休息时间，包括法定假日、年休假。国家法定假日为11天，包括元旦（1天）、春节（3天）、清明节（1天）、劳动节（1天）、端午节（1天）、中秋节（1天）、国庆节（3天）。根据工作年限，年休假有三档，即5天、10天、15天。

2. 关于劳动报酬

劳动报酬是指用人单位根据劳动者劳动的数量和质量，以货币形式支付给劳动者的工资。工资总额由六部分构成：计时工资、计件工资、奖金、津贴和补贴、加班加点工资以及特殊情况下支付的工资。工资应当以法定货币支付，不得以实物及有价证券替代货币支付。国家实行最低工资保障制度。

法定标准工作时间以外工作（加班）的工资支付标准如表6-1所示：

表 6-1　法定标准工作时间以外工作（加班）的工资支付标准

延长工作时间（加班时间）	延长工作时间报酬（加班报酬）
日标准工作时间以外	按照不低于劳动合同规定的劳动者本人小时工资标准的 150% 支付
休息日工作，且不能安排补休	按照不低于劳动合同规定的劳动者本人日或者小时工资标准的 200% 支付
法定休假日工作	按照不低于劳动合同规定的劳动者本人日或者小时工资标准的 300% 支付
实行计件工资的劳动者，在完成计件定额任务后，由用人单位安排延长工作时间的	根据上述原则，分别按照不低于其本人法定工作时间计件单价的 150%、200%、300% 支付

3. 关于社会保险

社会保险包括基本养老保险、基本医疗保险、失业保险、工伤保险、生育保险五项。

（二）劳动合同的约定条款

根据《劳动合同法》的规定，劳动合同除规定的必备条款外，用人单位与劳动者可以约定试用期、服务期、保守商业秘密和竞业限制、医疗期等其他事项。

1. 试用期

劳动合同期限在三个月以上不满一年的，试用期不得超过一个月；劳动合同期限在一年以上不满三年的，试用期不得超过二个月；三年以上固定期限和无固定期限的劳动合同，试用期不得超过六个月。

同一用人单位与同一劳动者只能约定一次试用期。以完成一定工作任务为期限的劳动合同或者劳动合同期限不满三个月的，不得约定试用期。试用期包含在劳动合同期限内。劳动合同仅约定试用期的，试用期不成立，该期限为劳动合同期限。试用期的期限具体如图 6-1 所示。

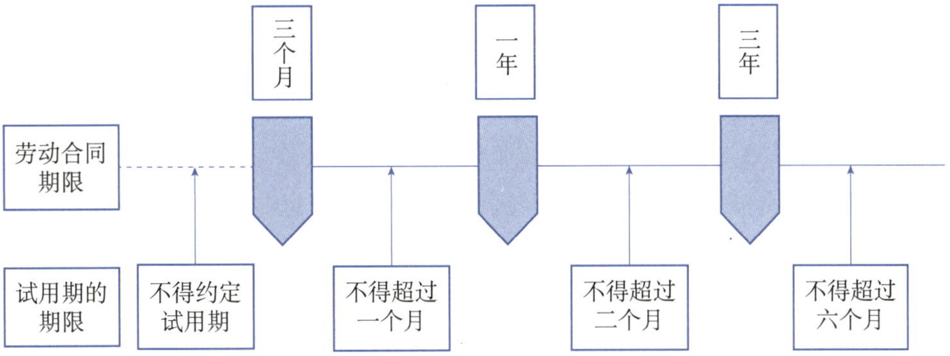

图 6-1　试用期的期限

学中做 6-4

A 公司聘用了张某，签订的劳动合同期限为 3 年，约定的试用期为 3 个月。3 个月试用期内，A 公司发现张某工作能力不强，但是她的工作态度很好，所以 A 公司一方面担心张某无法胜任工作，另一方面希望给张某一个机会，所以决定延长对张某的试用期，如果张某的工作能力能够有所提升的话，A 公司愿意继续留用张某。

讨论：A 公司想延长张某的试用期的做法是否合法？

2. 服务期

用人单位为劳动者提供专项培训费用，对其进行专业技术培训的，可以与该劳动者订立协议，约定服务期。劳动者违反服务期约定的，应当按照约定向用人单位支付违约金。违约金的数额不得超过用人单位提供的培训费用。用人单位要求劳动者支付的违约金不得超过服务期尚未履行部分所应分摊的培训费用。培训费用包括用人单位为了对劳动者进行专业技术培训而支付的有凭证的培训费用、培训期间的差旅费用以及因培训产生的用于该劳动者的其他直接费用。

学中做 6-5

2017 年 7 月，小林硕士研究生毕业后与 A 公司签订了为期 4 年的劳动合同。为了进一步提高小林的专业工作技能，一年半后，A 公司把小林派到美国进行为期 5 个月的专门培训，并与小林签订了培训协议。协议约定，在接受培训后，小林必须再为公司工作 5 年，在这 5 年里小林如果离开公司，必须双倍赔偿 A 公司培训费用。但是，A 公司与小林并没有重新修改劳动合同的期限。4 年后，小林与 A 公司的劳动合同到期了，小林提出双方终止劳动合同，但 A 公司却认为双方签订了培训协议，小林的服务期还未满，小林还应继续为 A 公司工作两年半。如果小林一定要离开 A 公司，那么就应该按照培训协议的约定双倍赔偿 A 公司培训费用。但小林认为自己与 A 公司的劳动合同期限已届满，合同当然应该自然终止，无须承担赔偿责任。

讨论：小林是否应承担赔偿责任？

3. 保守商业秘密和竞业限制

按照《反不正当竞争法》的规定，商业秘密是指不为公众所知悉、具有商业价值并经权利人采取相应保密措施的技术信息、经营信息等商业信息。因此，商业秘密包括两部分：技术信息和经营信息。例如：生产配方、工艺流程、技术诀窍、设计图纸属于技术信息，管理方法、产销策略、客户名单、资源情报属于经营信息。

劳动法意义上的竞业限制是指用人单位在劳动合同中约定，在劳动者在职期间或离职后一定期间内，不得到与本单位生产或者经营同类产品、从事同类业务的有竞争关系的其他用人单位，或者自己开业生产或者经营同类产品。

根据《劳动合同法》的规定，对负有保密义务的劳动者，用人单位可以在劳动合同或者保密协议中与劳动者约定竞业限制条款，并约定在解除或者终止劳动合同后，在竞业限制期限内按月给予劳动者经济补偿。劳动者违反竞业限制约定的，应当按照约定向用人单位支付违约金。劳动者违反劳动合同中约定的保密义务或者竞业限制，给用人单位造成损失的，应当承担赔偿责任。

竞业限制的人员限于用人单位的高级管理人员、高级技术人员和其他负有保密义务的人员。竞业限制的范围、地域、期限由用人单位与劳动者约定，竞业限制的约定不得违反法律、法规的规定。在解除或者终止劳动合同后，上述规定的人员到与本单位生产或者经营同类产品、从事同类业务的有竞争关系的其他用人单位，或者自己开业生产或者经营同类产品、从事同类业务的竞业限制期限，不得超过二年。

4. 医疗期

医疗期是指企业职工因患病或非因工负伤停止工作，治病休息，但不得解除劳动合同的期限。企业职工因患病或非因工负伤，需要停止工作，进行医疗时，根据本人实际参加工作年限和在本单位工作的年限，给予 3 个月到 24 个月的医疗期。

医疗期内用人单位不得与职工解除劳动合同。医疗期内合同终止，则合同必须延续至医疗期满，职工仍然享受医疗期内待遇。

四、劳动合同的解除和终止

（一）劳动合同的解除

1. 劳动合同解除的概念

劳动合同解除是指在劳动合同订立后，劳动合同期限届满之前，因出现法定的情形，一方单方通知终止劳动关系或用人单位与劳动者双方协商提前终止劳动关系的法律行为。

2. 劳动合同解除的类型

劳动合同的解除有协商解除（合意解除）和法定解除（单方解除）。

（1）协商解除。用人单位和劳动者协商一致，可以解除劳动合同。由用人单位提出解除劳动合同而与劳动者协商一致的，必须依法向劳动者支付经济补偿。由劳动者主动辞职而与用人单位协商一致解除劳动合同的，用人单位无须向劳动者支付经济补偿。

（2）法定解除。

1）劳动者可单方面解除劳动合同的情形。

一是预告解除，即劳动者在试用期内提前三日通知用人单位，非试用期提前三十日以书面形式通知用人单位，可以解除劳动合同。

二是即时解除，有以下两种情形：

①随时通知解除，包括用人单位未履行劳动合同义务、制定的规章损害劳动者权益，或者因其过错而导致合同无效等损害劳动者权益的情形。

②不需事先告知即可解除，包括用人单位以暴力、威胁或者非法限制人身自由的手段强迫劳动者劳动的，或者用人单位违章指挥、强令冒险作业危及劳动者人身安全的情形。

2）用人单位可单方面解除劳动合同的情形。

一是过错性解除，有以下几种情形：

①劳动者在试用期间被证明不符合录用条件的；

②劳动者严重违反用人单位的规章制度的；

③劳动者严重失职，营私舞弊，给用人单位造成重大损害的；

④劳动者同时与其他用人单位建立劳动关系，对完成本单位的工作任务造成严重影响，或者经用人单位提出，拒不改正的；

⑤劳动者以欺诈、胁迫的手段或者乘人之危，使用人单位在违背真实意思的情况下订立或者变更劳动合同的；

⑥劳动者被依法追究刑事责任的。

二是非过错性解除，即有下列情形之一的，用人单位提前三十日以书面形式通知劳动者本人或者额外支付劳动者一个月工资后，可以解除劳动合同：

①劳动者患病或者非因工负伤，在规定的医疗期满后不能从事原工作，也不能从事由用人单位另行安排的工作的；

②劳动者不能胜任工作，经过培训或者调整工作岗位，仍不能胜任工作的；

③劳动合同订立时所依据的客观情况发生重大变化，致使劳动合同无法履行，经用人单位与劳动者协商，未能就变更劳动合同内容达成协议的。

三是裁员，即有下列情形之一，需要裁减人员二十人以上或者裁减不足二十人但占企业职工总数百分之十以上的，用人单位提前三十日向工会或者全体职工说明情况，听取工会或者职工的意见后，裁减人员方案经向劳动行政部门报告，可以裁减人员：

①依照《企业破产法》的规定进行重整的；

②生产经营发生严重困难的；

③企业转产、重大技术革新或者经营方式调整，经变更劳动合同后，仍需裁减人员的；

④其他因劳动合同订立时所依据的客观经济情况发生重大变化，致使劳动合同无法履行的。

（3）用人单位不得解除劳动合同的情形。根据《劳动合同法》的规定，劳动者有下列情形之一的，用人单位不得解除劳动合同：

1）从事接触职业病危害作业的劳动者未进行离岗前职业健康检查，或者疑似职业病病人在诊断或者医学观察期间的；

2）在本单位患职业病或者因工负伤并被确认丧失或者部分丧失劳动能力的；

3）患病或者非因工负伤，在规定的医疗期内的；

4）女职工在孕期、产期、哺乳期的；

5）在本单位连续工作满十五年，且距法定退休年龄不足五年的；

6）法律、行政法规规定的其他情形。

学中做 6-6

甲公司职工人数为 120 人，全体职工均于 2018 年 3 月 1 日签订了 1 年期的劳动合同。从 2018 年 9 月起，由于市场发生变化，甲公司生产经营发生严重困难，开始拖欠职工工资。2019 年 1 月，甲公司濒临破产，被法院裁定进行重整。甲公司决定裁减部分职工，裁减人数初步确定为 15 人，不支付经济补偿。甲公司在要求被裁减人员办理解除劳动合同手续时遭到拒绝。后甲公司经再次研究，修改裁员方案，将裁减人数修改为 10 人，并按有关法律规定向被裁减人员支付经济补偿。张某认为自己不应当被裁减，理由是：自己还有 6 年就退休了，为公司已连续工作了 17 年，没有功劳也有苦劳。甲公司认为其理由不能成立。2019 年 5 月，甲公司经过重整，生产经营好转，决定重新向社会招聘职工。张某得知后，要求在同等条件下被优先聘用。

讨论：张某应当被裁减吗？张某可以被优先聘用吗？

（二）劳动合同的终止

1. 劳动合同终止的概念

劳动合同终止是指劳动合同订立后，因出现某种法定的事实，导致用人单位与劳动者之间形成的劳动关系自动归于消灭，或导致双方劳动关系的继续履行成为不可能而不得不消灭的情形。

2. 劳动合同终止的情形

劳动合同终止的情形包括：

（1）劳动合同期满的；

（2）劳动者开始依法享受基本养老保险待遇的；

（3）劳动者死亡，或者被人民法院宣告死亡或者宣告失踪的；

（4）用人单位被依法宣告破产的；

（5）用人单位被吊销营业执照、责令关闭、撤销或者用人单位决定提前解散的；

（6）法律、行政法规规定的其他情形。

（三）劳动合同解除和终止的经济补偿

1. 经济补偿的概念

经济补偿又称经济补偿金，是指按照《劳动合同法》的规定，在劳动者无过错的情况下，用人单位与劳动者解除或者终止劳动合同而依法应给予劳动者的经济上的补助。

2. 用人单位应当向劳动者支付经济补偿的情形

（1）由用人单位提出解除劳动合同并与劳动者协商一致而解除劳动合同的；

（2）劳动者符合随时通知解除和不需事先通知即可解除劳动合同规定情形而解除劳动合同的；

（3）用人单位符合提前三十日以书面形式通知劳动者本人或者额外支付劳动者一个月工资后，符合解除劳动合同规定情形而解除劳动合同的；

（4）用人单位符合可裁减人员规定而解除劳动合同的；

（5）除用人单位维持或者提高劳动合同约定条件续订劳动合同，劳动者不同意续订的情形外，劳动合同期满终止固定期限劳动合同的；

（6）以完成一定工作任务为期限的劳动合同因任务完成而终止的；

（7）用人单位被依法宣告破产终止劳动合同的；

（8）用人单位被吊销营业执照、责令关闭、撤销或者用人单位决定提前解散而终止劳动合同的；

（9）法律、行政法规规定的其他情形。

3. 经济补偿的支付标准

（1）经济补偿金的计算公式。

一般劳动者经济补偿金的计算公式：

经济补偿金 = 工作年限 × 月工资

高收入劳动者经济补偿金的计算公式：

经济补偿金 = 工作年限（≤ 12）× 当地上年度职工月平均工资的 3 倍

（2）关于补偿年限的计算标准。经济补偿按劳动者在本单位工作的年限，每满一年支付一个月工资的标准向劳动者支付。六个月以上不满一年的，按一年计算；不满六个月的，向劳动者支付半个月工资的经济补偿。

（3）关于补偿基数的计算标准。

1）月工资是指劳动者在劳动合同解除或者终止前十二个月的平均工资。

2）劳动者在劳动合同解除或者终止前十二个月的平均工资低于当地最低工资标准的，按照当地最低工资标准计算。

3）劳动者月工资高于用人单位所在直辖市、设区的市级人民政府公布的本地区上年度职工月平均工资三倍的，向其支付经济补偿的标准按职工月平均工资三倍的数额支付，向其支付经济补偿的年限最高不超过十二年。

学中做 6–7

小林是一名退伍军人，喜欢茶艺，与 A 茶艺公司签订书面劳动合同，期限 2 年，试用期为 6 个月，试用期工资为每月 800 元（A 茶艺公司同岗位工资标准为每月 2 000 元，当地政府规定的最低工资标准为每月 920 元），转正后的工资为每月 2 000 元。试用期满，小林觉得在 A 茶艺公司的工作离他的要求相差甚远，于是提出辞职，并要求 A 茶艺公司再支付 16 267 元。A 茶艺公司认为小林辞职可以，但不可能再付钱给他。

讨论：A 茶艺公司应当向小林支付 16 267 元吗？

五、劳动争议的解决

（一）劳动争议的解决方法

文本阅读：关于进一步加强劳动人事争议协商调解工作的意见

根据《劳动合同法》的规定，对劳动者与用人单位因订立、履行、变更、解除或者终止劳动合同发生争议的，当事人可以协商解决；当事人不愿协商、协商不成或者达成和解协议后不履行的，可以向调解组织申请调解；不愿调解、调解不成或者达成调解协议后不履行的，可以向劳动争议仲裁委员会申请仲裁。对仲裁裁决不服的，可以依法向人民法院提起诉讼或者申请撤销仲裁裁决。

（二）劳动调解

1. 劳动调解组织

发生劳动争议，当事人可以到下列调解组织申请调解：

（1）企业劳动争议调解委员会；

（2）依法设立的基层人民调解组织；

（3）在乡镇、街道设立的具有劳动争议调解职能的组织。

2. 劳动调解申请的形式

当事人申请劳动争议调解可以书面申请，也可以口头申请。

3. 劳动调解协议的效力

经调解达成协议后，调解协议书对双方当事人具有约束力，当事人应当履行。一方当事人在协议约定期限内不履行调解协议的，另一方当事人可以依法申请仲裁。因支付拖欠劳动报酬、工伤医疗费、经济补偿或者赔偿金事项达成调解协议，用人单位在协议约定期限内不履行的，劳动者可以持调解协议书依法向人民法院申请支付令。

自劳动争议调解组织收到调解申请之日起十五日内未达成调解协议的，当事人可以依法申请仲裁。

（三）劳动仲裁

1. 劳动仲裁机构

劳动仲裁机构是劳动争议仲裁委员会，由劳动行政部门代表、工会代表和企业方面代表组成。劳动争议仲裁委员会组成人员应当是单数。劳动争议仲裁委员会负责管辖本区域内发生的劳动争议。劳动争议由劳动合同履行地或者用人单位所在地的劳动争议仲裁委员会管辖。双方当事人分别向劳动合同履行地和用人单位所在地的劳动争议仲裁委员会申请仲裁的，由劳动合同履行地的劳动争议仲裁委员会管辖。

2. 劳动仲裁的申请和受理

申请人申请仲裁应当提交书面仲裁申请，并按照被申请人人数提交副本。

劳动争议仲裁委员会自收到仲裁申请之日起五日内，认为符合受理条件的，应当受理，并通知申请人；认为不符合受理条件的，应当书面通知申请人不予受理，并说明理由。对劳动争议仲裁委员会不予受理或者逾期未作出决定的，申请人可以就该劳动争议事项向人民法院提起诉讼。

3. 劳动仲裁的开庭和裁决

劳动争议仲裁委员会裁决劳动争议案件实行仲裁庭制。仲裁庭由三名仲裁员组成，设首席仲裁员。简单劳动争议案件可以由一名仲裁员独任仲裁。仲裁庭在作出裁决前，应当先行调解。调解不成或者调解书送达前，一方当事人反悔的，仲裁庭应当及时作出裁决。

仲裁庭裁决劳动争议案件，应当自劳动争议仲裁委员会受理仲裁申请之日起四十五日内结束。案情复杂需要延期的，经劳动争议仲裁委员会主任批准，可以延期并书面通知当事人，但是延长期限不得超过十五日。逾期未作出仲裁裁决的，当事人可以就该劳动争议事项向人民法院提起诉讼。

当事人对仲裁裁决不服的，可以自收到仲裁裁决书之日起十五日内向人民法院提起诉讼；期满不起诉的，裁决书发生法律效力。

4. 一裁终局

下列劳动争议，除法律另有规定的外，仲裁裁决为终局裁决，裁决书自作出之日起发生法律效力：

（1）追索劳动报酬、工伤医疗费、经济补偿或者赔偿金，不超过当地月最低工资标准十二个月金额的争议；

（2）因执行国家的劳动标准在工作时间、休息休假、社会保险等方面发生的争议。

劳动者对以上仲裁裁决不服的，可以自收到仲裁裁决书之日起十五日内向人民法院提起诉讼。

5. 仲裁时效

劳动争议申请仲裁的时效期间为一年，自当事人知道或者应当知道其权利被侵害之日起计算。劳动关系存续期间因拖欠劳动报酬发生争议的，劳动者申请仲裁不受一年仲裁时效期间的限制。但是，劳动关系终止的，应当自劳动关系终止之日起一年内提出。

（四）劳动诉讼

劳动诉讼依照《中华人民共和国民事诉讼法》的规定执行。

单元二　社会保险法

一、社会保险的概念和种类

（一）社会保险的概念

社会保险是指国家通过立法建立的，以劳动者为保障对象，以劳动者的年老、疾病、工伤、失业、死亡等特殊事件为保障内容，通过税收或缴费建立社会保险基金，从而帮助劳动者克服上述社会风险的一种正式的国家生活保障制度。社会保险是一种为丧失劳动能力、暂时失去劳动岗位或因健康原因造成损失的人口提供收入或补偿的一种社会和经济制度。

（二）社会保险的种类

我国的社会保险项目主要有基本养老保险、基本医疗保险、工伤保险、失业保险、生育保险五项，统称为“五险”。

二、基本养老保险

（一）参加基本养老保险的主体和缴费主体

根据《社会保险法》的规定，参加基本养老保险的主体及缴费主体是：

（1）具有劳动关系的职工，缴费主体是用人单位和职工。

（2）无雇工的个体工商户、未在用人单位参加基本养老保险的非全日制从业人员以及其他灵活就业人员，缴费主体是个人。

（3）公务员和参照公务员法管理的工作人员，参加养老保险的办法由国务院规定。

（二）基本养老保险基金和账户

基本养老保险实行社会统筹与个人账户相结合的模式。

1. 基本养老保险基金的组成

基本养老保险基金由用人单位和个人缴费以及政府补贴等组成。

（1）用人单位应当按照国家规定的本单位职工工资总额的比例缴纳基本养老保险费，记入基本养老保险统筹基金。

（2）职工应当按照国家规定的本人工资的比例缴纳基本养老保险费，记入个人账户。

（3）国有企业、事业单位职工参加基本养老保险前，视同缴费年限期间应当缴纳的基本养老保险费由政府承担。基本养老保险基金出现支付不足时，政府给予补贴。

（4）无雇工的个体工商户、未在用人单位参加基本养老保险的非全日制从业人员以及其他灵活就业人员参加基本养老保险的，应当按照国家规定缴纳基本养老保险费，分别记入基本养老保险统筹基金和个人账户。

2. 个人账户管理

个人账户不得提前支取，记账利率不得低于银行定期存款利率，免征利息税。个人死亡的，个人账户余额可以继承。

（三）基本养老金

根据《社会保险法》的规定，基本养老金由统筹养老金和个人账户养老金组成。基本养老金根据个人累计缴费年限、缴费工资、当地职工平均工资、个人账户金额、城镇人口平均预期寿命等因素确定。

国家建立基本养老金正常调整机制。根据职工平均工资增长、物价上涨情况，适时提高基本养老保险待遇水平。

（四）养老保险的给付条件

1. 养老保险正常给付条件

参加基本养老保险的个人，达到法定退休年龄时累计缴费满十五年的，按月领取基本养老金。参加基本养老保险的个人，达到法定退休年龄时累计缴费不足十五年的，可以缴费至满十五年，按月领取基本养老金；也可以转入新型农村社会养老保险或者城镇居民社会养老保险，按照国务院规定享受相应的养老保险待遇。

2. 养老保险非正常给付条件

参加基本养老保险的个人，因病或者非因工死亡的，其遗属可以领取丧葬补助金和抚恤金；在未达到法定退休年龄时因病或者非因工致残而完全丧失劳动能力的，可以领取病残津贴。所需资金从基本养老保险基金中支付。

（五）养老保险缴费年限不足的处理

对于达到法定退休年龄缴费年限不够十五年的参保人员，根据《社会保险法》第十六条第二款的规定，参保人可以延长缴费至十五年办理退休，按月领取基本养老金；也可以转入新型农村社会养老保险或者城镇居民社会养老保险，按照国务院规定享受相应的养老保险待遇。

（六）养老保险关系转移

根据《社会保险法》第十九条的规定，个人跨统筹地区就业的，其基本养老保险关系随本人转移，缴费年限累计计算。个人达到法定退休年龄时，基本养老金分段计算、统一支付。具体办法由国务院规定。

三、基本医疗保险

（一）我国医疗保险的种类

1. 职工基本医疗保险

职工应当参加职工基本医疗保险，由用人单位和职工按照国家规定共同缴纳基本医疗保险费。无雇工的个体工商户、未在用人单位参加职工基本医疗保险的非全日制从业人员以及其他灵活就业人员可以参加职工基本医疗保险，由个人按照国家规定缴纳基本医疗保险费。

2. 新型农村合作医疗

新型农村合作医疗是指由政府组织、引导、支持，农民自愿参加，个人、集体和政府多方筹资，以大病统筹为主的农民医疗互助共济制度。新型农村合作医疗采取个人缴费、集体扶持和政府资助的方式筹集资金。

3. 城镇居民基本医疗保险

城镇居民基本医疗保险是社会医疗保险的组成部分，具有强制性，采取以政府为主导、以居民个人（家庭）缴费为主、政府适度补助为辅的筹资方式，按照缴费标准和待遇水平相一致的原则，为城镇居民提供医疗需求的医疗保险制度。享受最低生活保障的人、丧失劳动能力的残疾人、低收入家庭六十周岁以上的老年人和未成年人等所需个人缴费部分，由政府给予补贴。

（二）基本医疗保险医疗费用的结算

参保人员在协议医疗机构发生的医疗费用，符合基本医疗保险药品目录、诊疗项目、医疗服务设施标准以及急诊、抢救的医疗费用的，按照国家规定从基本医疗保险基金中支付。参保人员医疗费用中应当由基本医疗保险基金支付的部分，由社会保险经办机构与医疗机构、药品经营单位直接结算。企业职工在医疗期内，其病假工资、疾病救济费和医疗待遇按照有关规定执行。

社会保险行政部门和卫生行政部门应当建立异地就医医疗费用结算制度，方便参保人员享受基本医疗保险待遇。

（三）不列入医疗费用结算的情形

根据《社会保险法》第三十条的规定，下列医疗费用不纳入基本医疗保险基金支付范围：

（1）应当从工伤保险基金中支付的；

（2）应当由第三人负担的；

（3）应当由公共卫生负担的；

（4）在境外就医的。

医疗费用依法应当由第三人负担，第三人不支付或者无法确定第三人的，由基本医疗保险基金先行支付。基本医疗保险基金先行支付后，有权向第三人追偿。

（四）医疗保险的续缴及转移

参加职工基本医疗保险的个人，达到法定退休年龄时累计缴费达到国家规定年限的，退休后不再缴纳基本医疗保险费，按照国家规定享受基本医疗保险待遇；未达到国家规定年限的，可以缴费至国家规定年限。

个人跨统筹地区就业的，其基本医疗保险关系随本人转移，缴费年限累计计算。

四、工伤保险

职工应当参加工伤保险，由用人单位缴纳工伤保险费，职工不缴纳工伤保险费。

职工所在用人单位未依法缴纳工伤保险费，发生工伤事故的，由用人单位支付工伤保险待遇。用人单位不支付的，从工伤保险基金中先行支付。从工伤保险基金中先行支付的工伤保险待遇应当由用人单位偿还。用人单位不偿还的，社会保险经办机构可以依照相关法律规定追偿。

职工因工作原因受到事故伤害或者患职业病，且经工伤认定的，享受工伤保险待遇；其中，经劳动能力鉴定丧失劳动能力的，享受伤残待遇。职工因工死亡，或者伤残职工在停工留薪期内因工伤导致死亡的，其近亲属享受从工伤保险基金领取丧葬补助金、供养亲属抚恤金和一次性工亡补助金的待遇。

五、失业保险

（一）失业保险的主体及缴费主体

职工应当参加失业保险，由用人单位和职工按照国家规定共同缴纳失业保险费。

（二）领取失业保险金的条件

根据《社会保险法》的规定，具备下列条件的失业人员可以领取失业保险金：

（1）失业前用人单位和本人已经缴纳失业保险费满 1 年的；

（2）非因本人意愿中断就业的；

（3）已经进行失业登记，并有求职要求的。

六、生育保险

（一）生育保险的缴纳

职工应当参加生育保险，由用人单位按照国家规定缴纳生育保险费，职工不缴纳生育保险费。

（二）生育保险待遇

用人单位已经缴纳生育保险费的，其职工享受生育保险待遇；职工未就业配偶按照国家规定享受生育医疗费用待遇。所需资金从生育保险基金中支付。

生育保险待遇包括生育医疗费用和生育津贴。生育医疗费用包括下列各项：

（1）生育的医疗费用；

（2）计划生育的医疗费用；

（3）法律、法规规定的其他项目费用。

职工有下列情形之一的，可以按照国家规定享受生育津贴：

（1）女职工生育享受产假；

（2）享受计划生育手术休假；

（3）法律、法规规定的其他情形。

生育津贴按照职工所在用人单位上年度职工月平均工资计发。

模块小结

本模块主要介绍了劳动合同法、社会保险法的相关内容。通过学习本模块，学生可以掌握劳动合同的订立、解除和终止的相关规定，熟悉劳动合同的内容，尤其需要明确确认劳动关系的重要手段就是订立劳动合同；掌握劳动合同解除和终止时的经济补偿；了解劳动争议的解决办法，能明确劳动合同争议解决的途径，并依据实际情况选择有效的解决方法；熟悉基本养老保险、基本医疗保险、工伤保险、失业保险和生育保险的主要内容，理解社会保险的基本内容，切实保护自己的基本权益。

实训练习

一、应知考核

（一）单项选择题

1. 下列情形中，订立劳动合同的当事人具备主体合法性的是（　　）。

A. 未满 16 周岁的小张与某餐厅签订的劳动合同

B. 未满 16 周岁的小李与某杂技团签订的劳动合同

C. 未满 16 周岁的小王与某快递公司签订的劳动合同

D. 未满 16 周岁的小赵与某保安公司签订的劳动合同

2. 2018 年 3 月 1 日，甲公司与韩某签订劳动合同，约定合同期限为 1 年，试用期为 1 个月，每月 15 日发放工资。韩某 3 月 10 日上岗工作。甲公司与韩某建立劳动关系的起始时间是（　　）。

A. 2018 年 3 月 1 日　　B. 2018 年 3 月 10 日

C. 2018 年 3 月 15 日　　D. 2018 年 4 月 10 日

3. 孙某与甲公司签订了为期 3 年的劳动合同，月工资 1 200 元（当地最低月工资标准为 800 元）。期满终止合同时，甲公司未向孙某提出以不低于原工资标准续订劳动合同的意向。甲公司应向孙某支付的经济补偿金额为（　　）元。

A. 800　　B. 1 200

C. 2 400　　D. 3 600

4. 下列情形中，用人单位不得解除劳动合同的是（　　）。

A. 在本单位连续工作满十年

B. 在本单位连续工作满十年，且距法定退休年龄不足五年

C. 在本单位连续工作满十五年

D. 在本单位连续工作满十五年，且距法定退休年龄不足五年

5. 在某直辖市工作的张某工作年限是 18 年，2019 年张某所在的公司因申请重整而与之解除劳动合同，当时张某的月工资为 9 800 元。假设该直辖市人民政府公布的本地区 2018 年度职工月平均工资为 2 700 元，张某可以得到的经济补偿金为（　　）元。

A. 132 400　　B. 117 600

C. 97 200　　D. 80 500

（二）多项选择题

1. 根据劳动合同法律制度的规定，下列各项中，除劳动者提出订立固定期限劳动合同外，用人单位与劳动者应当订立无固定期限劳动合同的情形有（　　）。

A. 劳动者在该用人单位连续工作满十年的

B. 连续订立两次固定期限劳动合同，继续续订的

C. 国有企业改制重新订立劳动合同，劳动者在该用人单位连续工作满十五年且距法定退休年龄不足五年的

D. 用人单位初次实行劳动合同制度，劳动者在该用人单位连续工作满十年且距法定退休年龄不足十年的

2. 根据劳动合同法律制度的规定，下列劳动争议中，劳动者可以向劳动仲裁部门申请劳动仲裁的有（　　）。

A. 确认劳动关系争议　　B. 工伤医疗费争议

C. 劳动保护条件争议　　D. 社会保险争议

3. 竞业限制条款适用范围限定为负有保守用人单位商业秘密义务的劳动者，其中包括（　　）。

A. 所有管理人员　　B. 所有技术人员

C. 高级管理人员　　D. 高级技术人员

4. 下列对于无固定期限劳动合同的说法，正确的有（　　）。

A. 用人单位自用工之日起满 1 年不与劳动者订立书面劳动合同的，视为用人单位与劳动者已订立无固定期限劳动合同

B. 无固定期限的劳动合同无论出现何种情况都不得解除、终止

C. 劳动者在同一用人单位连续工作满 10 年以上，劳动者同意续订劳动合同的，提出订立无固定期限的劳动合同，应当订立

D. 若出现法律规定或双方约定的可以解除、终止劳动合同的条件，该劳动合同可以解除、终止

5. 试用期属于劳动合同的约定条款，对此，下列说法正确的有（　　）。

A. 劳动合同期限 1 年以上不满 3 年的，试用期不得超过 2 个月

B. 以完成一定工作任务为期限的劳动合同或者劳动合同期限不满 3 个月的，不得约定试用期

C. 劳动合同仅约定试用期的，试用期不成立，该期限为劳动合同期限

D. 劳动者在试用期间被证明不符合录用条件的，用人单位可以解除劳动合同，但应当向劳动者说明理由

二、应会考核

（一）案例分析题

1. 王某和公司签订劳动合同后的第四个月，突然接到公司经理孙某的电话，称公司为了进一步开拓市场，需要派王某前往 A 市考察。第二天，王某就乘汽车前往 A 市考察。途中，由于长途汽车驾驶员驾驶不慎，发生了交通事故。经医院紧急抢救，王某脱离了生命危险，但花去医药费 9 万余元。事后，王某以与公司订立了劳动合同为由，要求公司承担工伤赔偿责任。但公司以未建立劳动关系为由，拒绝了王某的单方要求。于是，双方发生了争议。

思考：该案应如何处理?

2. 李某应聘到 A 公司工作。A 公司在待遇方面提出：如果李某坚持要求办理社会保险的话，李某的工资将会减少 300 元。李某觉得还是工资多拿一些更好，遂决定不缴纳社会保险。李某和 A 公司签订了 2 年的劳动合同，在合同中约定了月工资为 1 800 元，劳动者主动放弃让用人单位缴纳社会保险的权利。1 年后，李某因为和 A 公司在工资支付上发生争议，以用人单位不为其缴纳社会保险为由，通知用人单位解除劳动合同，同时要求支付经济补偿。公司以双方有明确约定为由，同意双方终止劳动关系，但是不同意支付经济补偿。于是，李某提起劳动争议仲裁。

思考：用人单位可以不为职工办理社会保险吗？

（二）实践操作

对劳动合同和劳务合同的相关法律性质进行分析，明确两者的区别。

任务要求：

（1）以小组为单位，为大学生小王拟定一份劳动合同和劳务合同；

（2）对劳动合同与劳务合同的相关法律性质进行分析。

考核要求：小组拟定的劳动合同与劳务合同条款是否完备、准确。在对比中明确在何种用工关系中使用何种形式的合同能更好地维护自身权益。

模块七　经济纠纷处理法律制度

◆ 知识目标

1. 了解解决纠纷的途径；
2. 理解仲裁与诉讼是两种不同的公力救济方法。

◆ 能力目标

1. 正确选择解决纠纷的方式和途径；
2. 能书写简单的法律文书。

◆ 素养目标

1. 具备沟通能力，能顺利进行跨部门沟通；
2. 具备严谨的逻辑思维能力；
3. 具备认真细致的观察能力；
4. 树立法律意识和法治观念，正确选择最有效的维权方式。

市场主体在经营过程中不可避免地会与合作伙伴、竞争对手、消费者发生经济纠纷，因此需要及时、妥善地解决。当自己的合法权益受到侵害时，当事人应毫不犹豫地拿起法律武器，为自己讨回公道。

在法治社会里，处理和解决经济活动中发生的纠纷必须遵循法律规则。通常而言，解决经济纠纷的方法有协商、调解、仲裁和诉讼。诉讼是依据国家法律由司法机关裁判和执行，具有严格的规范性、权威性和强制性；而仲裁是由民间仲裁机构对纠纷作出的裁决，具有契约性、自治性、民间性和准司法性的特点。从商业的角度来讲，运用仲裁的方法有助于当事人在保护商业秘密的同时，以较少的费用和较短的时间便捷地解决经济纠纷，增强了解决纠纷的可预见性。

单元一 民事诉讼

一、民事诉讼法概述

民事诉讼是人民法院在当事人和其他诉讼参与人的参加下，审理和解决民事案件的活动以及在这种活动中产生的各种法律关系的总和。民事诉讼活动表现为人民法院、当事人及诉讼参与人的各种诉讼行为；诉讼法律关系表现为人民法院与各诉讼参与人之间在民事诉讼过程中形成的各种权利义务关系。《中华人民共和国民事诉讼法》（以下简称《民事诉讼法》）规定：经当事人同意，民事诉讼活动可以通过信息网络平台在线进行。民事诉讼活动通过信息网络平台在线进行的，与线下诉讼活动具有同等法律效力。

（一）民事诉讼法的基本原则

民事诉讼法的基本原则是指在民事诉讼的整个过程中，或者在重要的诉讼阶段，起指导作用的准则。它体现民事诉讼法的精神实质，为人民法院的审判活动和诉讼参与人的诉讼活动，指明了方向，概括地提出了要求，对民事诉讼具有普遍的指导意义。

1. 当事人诉讼权利平等原则

当事人诉讼权利平等原则包含以下几方面的内容：双方当事人的诉讼地位平等，也就是诉讼权利和义务平等；双方当事人有平等地行使诉讼权利的手段，同时，人民法院平等地保障双方当事人的诉讼权利；双方当事人在适用法律上一律平等。

2. 同等原则和对等原则

同等原则即指《民事诉讼法》给予在人民法院起诉、应诉的外国人、无国籍人、外国企业和组织，与中华人民共和国公民、法人和其他组织同等的诉讼权利义务。

我国《民事诉讼法》第五条第二款规定："外国法院对中华人民共和国公民、法人和其他组织的民事诉讼权利加以限制的，中华人民共和国人民法院对该国公民、企业和组织的民事诉讼权利，实行对等原则。"实行对等原则是维护国家主权的需要，也是保护我国公民、法人和其他组织合法权益的需要。

3. 法院调解自愿和合法原则

我国《民事诉讼法》第九条规定："人民法院审理民事案件，应当根据自愿和合法的原则进行调解；调解不成的，应当及时判决。"这一原则包含以下两层意思：人民法院受理民事案件后，应当重视调解解决；法院的调解要在自愿和合法的基础上进行。

4. 辩论原则

辩论原则是指在人民法院的主持下，当事人有权就案件事实和争议问题，各自陈述自己的主张和根据，互相进行反驳和答辩，以维护自己的合法权益。

5. 诚实信用原则

民事诉讼中的诚实信用原则，是指法院、当事人以及其他诉讼参与人在民事案件和进行民事诉讼时，必须公正、诚实、善意。

6. 处分原则

我国《民事诉讼法》规定的处分原则，是指民事诉讼当事人有权在法律规定的范围内，处分自己的民事权利和诉讼权利。

民事权利即民事实体权利。当事人对实体权利的处分表现在起诉时可以自由地确定请求司法保护的范围和方法；诉讼开始后，可以变更诉讼请求；在诉讼中，可以放弃或承认诉讼请求，可以要求或拒绝调解，可以自行和解等。

当事人对诉讼权利的处分主要表现在：纠纷发生后，可以自愿决定是否起诉；起诉后，原告也可以撤回起诉；一审判决后，对未生效的判决自愿决定是否上诉，对已生效的判决也可以决定是否申诉等。

7. 支持起诉原则

我国《民事诉讼法》第十五条规定："机关、社会团体、企业事业单位对损害国家、集体或者个人民事权益的行为，可以支持受损害的单位或者个人向人民法院起诉。"支持起诉必须具备三个要件：支持起诉的主体是机关、社会团体、企业事业单位；支持起诉的前提是法人或者自然人有损害国家、集体或者个人民事权益的违法行为；支持起诉的时机必须是受损害的单位或个人造成了损害，而又不能、不敢或者不便诉诸法院。

经当事人同意，民事诉讼活动可以通过信息网络平台在线进行。民事诉讼活动通过信息网络平台在线进行的，与线下诉讼活动具有同等法律效力。

（二）民事诉讼法的基本制度

民事诉讼法的基本制度是指在民事诉讼活动过程中的某个阶段或某几个阶段对人民法

院的民事审判起重要作用的行为准则。我国《民事诉讼法》的基本制度有：合议制度、回避制度、公开审判制度、两审终审制度。

1. 合议制度

合议制度是指由若干名审判人员组成合议庭对民事案件进行审理的制度。按合议制度组成的审判组织，称为合议庭。

我国《民事诉讼法》规定，人民法院审理第一审民事案件，由审判员、人民陪审员共同组成合议庭或者由审判员组成合议庭；审理第二审民事案件，由审判员组成合议庭。合议庭的成员人数，必须是单数。

2. 回避制度

回避制度是指为了保证案件的公正审判，而要求与案件有一定的利害关系的审判人员或其他有关人员，不得参与本案的审理活动或诉讼活动的审判制度。该项制度的基本内容有：

（1）回避适用的对象。根据我国《民事诉讼法》的规定，适用回避的人员包括：审判人员（包括审判员和人民陪审员）、法官助理、书记员、司法技术人员、翻译人员、鉴定人、勘验人员等。

（2）适用回避的情形。根据《最高人民法院关于适用〈中华人民共和国民事诉讼法〉的解释》第四十三条的规定，审判人员有下列情形之一的，应当自行回避，当事人有权申请其回避：1）是本案当事人或者当事人近亲属的；2）本人或者其近亲属与本案有利害关系的；3）担任过本案的证人、鉴定人、辩护人、诉讼代理人、翻译人员的；4）是本案诉讼代理人近亲属的；5）本人或者其近亲属持有本案非上市公司当事人的股份或者股权的；6）与本案当事人或者诉讼代理人有其他利害关系，可能影响公正审理的。

同时规定，审判人员有下列情形之一的，当事人有权申请其回避：1）接受本案当事人及其受托人宴请，或者参加由其支付费用的活动的；2）索取、接受本案当事人及其受托人财物或者其他利益的；3）违反规定会见本案当事人、诉讼代理人的；4）为本案当事人推荐、介绍诉讼代理人，或者为律师、其他人员介绍代理本案的；5）向本案当事人及其受托人借用款物的；6）有其他不正当行为，可能影响公正审理的。

学中做 7-1

2021 年 5 月，赵红卫因合同纠纷将张国强诉至滨城区人民法院。同年 6 月 5 日，法院判决赵红卫败诉。6 月 10 日，赵红卫听人闲聊，发现审理自己案件的审判长居然是张国强的弟媳妇。赵红卫觉得吃亏了，当时自己由于不知道这个关系未提出申请，要求审判长回避。

讨论：赵红卫能提出申请回避吗？为什么？

3. 公开审判制度

公开审判制度是指人民法院审理民事案件，除法律规定的情况外，审判过程及结果应当向群众、社会公开。

根据法律规定，开庭审理也有例外。下列案件可以不公开审理：涉及国家秘密的案件，涉及个人隐私的案件。另外，离婚案件、涉及商业秘密的案件，当事人申请不公开审理的，可以不公开审理。无论是公开审理的案件，还是不公开审理的案件，宣判时一律公开。

4. 两审终审制度

两审终审制度是指一个民事案件经过两级人民法院审判后即告终结的制度。

依两审终审制度，一般的民事诉讼案件，当事人不服一审人民法院的判决、允许上诉的裁定，可上诉至二审人民法院，二审人民法院对案件所作的判决、裁定为生效判决、裁定，当事人不得再上诉。

但是，最高人民法院所作的一审判决、裁定，即为终审判决、裁定，当事人不得上诉。根据我国《民事诉讼法》的规定适用特别程序的案件，实行一审终审。

二、民事诉讼管辖

民事诉讼中的管辖是指各级人民法院之间和同级人民法院之间受理第一审民事案件的分工和权限，它是在人民法院内部具体落实民事审判权的一项制度。

我国《民事诉讼法》将管辖分为级别管辖、地域管辖、移送管辖、指定管辖四大类。其中，地域管辖又进一步分为六小类，即一般地域管辖、特殊地域管辖、专属管辖、共同管辖、选择管辖和协议管辖。此处着重介绍级别管辖和地域管辖。

（一）级别管辖

1. 级别管辖的概念

级别管辖是指按照一定的标准，划分上下级人民法院之间受理第一审民事案件的分工和权限。我国的人民法院有四级，并且每一级都受理一审民事案件，因此需要运用级别管辖对四级人民法院受理一审民事案件的权限进行分工。我国《民事诉讼法》是根据以下三个方面的标准来确定案件的级别管辖的：一是案件的性质，二是案件的繁简程度，三是案件的影响范围。

2. 各级人民法院管辖的第一审民事案件

（1）基层人民法院管辖的第一审民事案件。我国《民事诉讼法》第十八条规定："基层人民法院管辖第一审民事案件，但本法另有规定的除外。"由于我国《民事诉讼法》规定由其他各级人民法院管辖的案件为数较少，因此这一规定实际上把大多数民事案件都划归基层人民法院管辖。基层人民法院是我国人民法院系统中最低一级人民法院，它们数量多、分布广，遍布各个基层行政区域，当事人的住所地、争议财产所在地、纠纷发生地一般都处在特定的基层人民法院的辖区之内，由基层人民法院管辖一审民事案件，既便于当事人参与诉讼，又便于人民法院审理案件。

（2）中级人民法院管辖的第一审民事案件。根据我国《民事诉讼法》的相关规定，中级人民法院管辖的第一审民事案件有三类：一是重大的涉外案件，即争议标的额大，或者案情复杂，或者居住在国外的当事人人数众多的涉外案件；二是在本辖区有重大影响的案件；三是最高人民法院确定由中级人民法院管辖的案件，目前主要有海事海商案件、专利纠纷案件、重大的涉港澳台民事案件以及诉讼标的额大或者诉讼单位属省、自治区、直辖市以上的经济纠纷案件。

（3）高级人民法院管辖的第一审民事案件。高级人民法院管辖的第一审民事案件的数量是相当少的，根据我国《民事诉讼法》的规定，高级人民法院管辖在本辖区有重大影响的第一审民事案件。从当前的情况看，各地一般都是把诉讼标的额大的民事案件作为在本辖区内有重大影响的案件，具体数额则由各高级人民法院根据本地的情况作出规定后报最高人民法院批准。

（4）最高人民法院管辖的第一审民事案件。最高人民法院管辖的第一审民事案件有两类：一类是在全国有重大影响的案件；另一类是认为应当由本院审理的案件。在四级人民法院中，由最高人民法院管辖的第一审民事案件的数量最少。

学中做 7-2

甲某于2019年6月10日向A市中级人民法院递交起诉状称，被告某便利店于2015年11月租用其商铺一间，每月租金为5 000元，租期为3年。现租期已过，甲某欲收回商铺或者提高租金，而便利店不同意租金上涨，并以还没找到合适的地方为由拒不搬出。A市中级人民法院告知甲某，本院对此案无管辖权，让其到区法院起诉。甲某想不通，认为他出租的商铺就在中级人民法院旁边，而且，其认为中级人民法院的法官水平较高，能公正地审理案件，不愿去区法院起诉。

讨论：甲某的想法错在哪里？

（二）地域管辖

1. 地域管辖的概念

视频：在线诉讼规则

地域管辖是指按照各人民法院的辖区和民事案件的隶属关系来划分的诉讼管辖。我国《民事诉讼法》通过级别管辖将民事案件在四级人民法院中作了分配，划定了各级人民法院受理第一审民事案件的权限，但至此仍然不能划定某些诉讼案件具体由哪个人民法院受理，因为除最高人民法院外，在同一级中仍然有许多个人民法院，所以还需要进行第二次分配，将已划归同级人民法院管辖的一审案件在各个人民法院之间进行分配。这一任务是由地域管辖完成的。

从我国《民事诉讼法》的规定来看，确定地域管辖的标准主要有两个：一是诉讼当事人所在地与法院之间的联系，二是诉讼标的物或法律事实与法院之间的联系。所在地、诉讼标的物等在某一法院辖区内时，诉讼就由该地区的人民法院管辖。

2. 一般地域管辖

一般地域管辖是指以当事人所在地与人民法院的隶属关系来确定的诉讼管辖。我国《民事诉讼法》是以被告所在地人民法院管辖为原则、以原告住所地人民法院管辖为例外来确定一般地域管辖的。

（1）被告所在地人民法院管辖。被告是公民的，由被告住所地人民法院管辖，被告住所地与经常居住地不一致的，由经常居住地人民法院管辖。公民的住所地是指公民的户籍所在地，法人或者其他组织的住所地是指法人或者其他组织的主要办事机构所在地。公民的经常居住地是指公民离开住所地至起诉时已连续居住一年以上的地方，但公民住院就医的地方除外。被告为法人或其他组织，由被告住所地人民法院管辖。法人或者其他组织的住所地是指法人或者其他组织的主要办事机构所在地。法人或者其他组织的主要办事机构所在地不能确定的，法人或者其他组织的注册地或者登记地为住所地。对没有办事机构的个人合伙、合伙型联营体提起的诉讼，由被告注册登记地人民法院管辖。没有注册登记，几个被告又不在同一辖区的，被告住所地的人民法院都有管辖权。

（2）原告住所地人民法院管辖。下列民事诉讼，由原告住所地人民法院管辖；原告住所地与经常居住地不一致的，由原告经常居住地人民法院管辖：对不在中华人民共和国领域内居住的人提起的有关身份关系的诉讼；对下落不明或者宣告失踪的人提起的有关身份关系的诉讼；对被采取强制性教育措施的人、被监禁的人提起的诉讼；追索赡养费、抚育费、扶养费案件的几个被告住所地不在同一辖区，可以由原告住所地人民法院管辖。

3. 特殊地域管辖

特殊地域管辖，又称特别管辖，是指不仅以被告所在地，而且以引起诉讼的法律事实的所在地、诉讼标的物所在地来确定的诉讼管辖。我国《民事诉讼法》规定了十种属于特殊地域管辖的诉讼。

第一，因合同纠纷提起的诉讼，由被告住所地或者合同履行地人民法院管辖。

第二，因保险合同纠纷提起的诉讼，由被告住所地或者保险标的物所在地人民法院管辖。

第三，因票据纠纷提起的诉讼，由票据支付地或者被告住所地人民法院管辖。

第四，因公司设立、确认股东资格、分配利润、解散等纠纷提起的诉讼，由公司住所地人民法院管辖。

第五，因铁路、公路、水上、航空运输和联合运输合同纠纷提起的诉讼，由运输始发地、目的地或者被告住所地人民法院管辖。

第六，因侵权行为提起的诉讼，由侵权行为地或者被告住所地人民法院管辖。

第七，因铁路、公路、水上和航空事故请求损害赔偿提起的诉讼，由事故发生地或者车辆、船舶最先到达地、航空器最先降落地或者被告住所地人民法院管辖。

第八，因船舶碰撞或者其他海事损害事故请求损害赔偿提起的诉讼，由碰撞发生地、碰撞船舶最先到达地、加害船舶被扣留地或者被告住所地人民法院管辖。

第九，因海难救助费用提起的诉讼，由救助地或者被救助船舶最先到达地人民法院管辖。

第十，因共同海损提起的诉讼，由船舶最先到达地、共同海损理算地或者航程终止地的人民法院管辖。

学中做 7–3

浙江省杭州市下城区的赵江于 2016 年 9 月 10 日向邻居钱红借款 10 万元开店经商，双方约定 2017 年年底赵江连本带利偿还钱红 11 万元。2016 年 10 月，赵江来到杭州市滨江区，加盟了一个水果超市，并在滨江区租了一套房屋长期居住。到了 2017 年年底，赵江没有如期向钱红偿还欠款。钱红多次向赵江要钱，但赵江都以手头紧为由拒不还钱。2018 年 4 月，钱红向下城区人民法院起诉，要求赵江偿还其欠款及利息共计 11 万元。下城区人民法院裁定不予受理。

讨论：下城区人民法院为什么不予受理？

4. 专属管辖

专属管辖是指法律规定某些特殊类型的案件专门由特定的人民法院管辖。专属管辖与一般地域管辖和特殊地域管辖的关系是：凡法律规定为专属管辖的诉讼，均适用专属管辖，不得适用一般地域管辖或特殊地域管辖。根据我国《民事诉讼法》的规定，下列案件属专属管辖：因不动产纠纷提起的诉讼，由不动产所在地人民法院管辖；因港口作业中发生纠纷提起的诉讼，由港口所在地人民法院管辖；因继承遗产纠纷提起的诉讼，由被继承人死亡时住所地或者主要遗产所在地人民法院管辖。

5. 共同管辖与选择管辖

共同管辖与选择管辖实际上是一个问题的两个方面。共同管辖是从法院角度说的，指法律规定两个以上的法院对某类诉讼都有管辖权；选择管辖则是从当事人角度说的，指当两个以上的法院对诉讼都有管辖权时，当事人可以选择其中一个提起诉讼。

对共同管辖的诉讼，原告只能作单一的选择。原告在向某一法院提起诉讼后，选择权便因行使而消灭，管辖也因其选择而确定。我国《民事诉讼法》规定，原告向两个以上有管辖权的人民法院起诉的，由最先立案的人民法院管辖。《最高人民法院关于适用〈中华人民共和国民事诉讼法〉的解释》规定，两个以上人民法院都有管辖权的诉讼，先立案的人民法院不得将案件移送给另一个有管辖权的人民法院。人民法院在立案前发现其他有管辖权的人民法院已先立案的，不得重复立案；立案后发现其他有管辖权的人民法院已先立案的，裁定将案件移送给先立案的人民法院。

6. 协议管辖

我国《民事诉讼法》规定，合同或者其他财产权益纠纷的当事人可以书面协议选择被告住所地、合同履行地、合同签订地、原告住所地、标的物所在地等与争议有实际联系的地点的人民法院管辖，但不得违反本法对级别管辖和专属管辖的规定。

三、民事诉讼证据

（一）民事诉讼证据的概念和种类

1. 民事诉讼证据的概念

通常认为，证据是指能够证明案件真实情况的客观事实。民事诉讼证据是指在民事诉讼过程中用于证明案件事实的根据。根据我国法律的规定，凡是能证明民事纠纷案件真实情况的一切事实都是民事诉讼证据。

2. 民事诉讼证据的种类

根据我国《民事诉讼法》的相关规定，证据包括：当事人的陈述、书证、物证、视听资料、电子数据、证人证言、鉴定意见、勘验笔录。

（二）举证责任

举证责任是指当事人对自己提出的诉讼请求所依据的事实或者反驳对方诉讼请求所依据的事实有责任提供证据加以证明。它的基本含义是：第一，当事人对自己提出的主张，应当提出证据；第二，当事人对自己提供的证据，应当予以证明，以表明自己所提供的证据能够证明其主张；第三，若当事人对自己的主张不能提供证据或证据不足以证明自己的主张，将可能导致法院对自己不利的裁判。

1. 举证责任的负担

举证责任的主体是民事诉讼当事人，具体某一事实由谁举证，这就是我们所说的举证责任的负担问题。根据我国《民事诉讼法》的有关规定，遵循“谁主张，谁举证”的原则，这意味着，无论是原告、被告，共同诉讼人、诉讼代表人，还是有独立请求权的第三人，都有责任对自己的主张提供证据并加以证明。只有法律规定无须举证证明的事实，当事人方可不负举证责任。

2. 举证责任的倒置

在一般情况下，举证责任是“谁主张，谁举证”，起诉方负举证责任。但对于某些特殊案件，在某些特殊情况下，由于提出主张的一方当事人限于客观原因难以或者无法提供证据证明自己的主张，若仍采取举证责任的一般规定，势必损害原告一方当事人的合法权益，难以维持公正。为此，需要作出特别规定，将引起权利发生的个别法律事实交由对方负举证责任，以证明其不存在，否则即推定该事实存在。也就是将某些举证责任反过来，由否定原告主张的另一方当事人负责举证，这是举证责任分配的特殊规则。实行举证责任倒置的目的，是加重行为人的责任，限定过错责任的适用范围，从而使受害人获取更多的补救机会与可能。

学中做 7-4

甲某曾借人民币 30 000 元给乙某，因为二人是朋友，甲某没有要求乙某出具借条。当甲某索要时，乙某拒不承认曾有借款一事。甲某向人民法院提起诉讼。开庭过程中，甲某拿出乙某写给他的一封信，称在该信中乙某提及借款一事，可以作为借款的证据。而乙某辩称，该信不是他写的，信上的字迹可以为证。甲某又拿出一盒磁带，两人在咖啡店争吵中提到乙某承认向甲某借过钱的事实。乙某辩称，这属于私自录音，是非法证据，不具有证明效力。

讨论：信件、磁带是否可以作为本案的证据？

四、诉讼程序

（一）第一审程序

依照法律规定，我国人民法院审判民事案件实行四级两审终审制，所以民事诉讼中的审判程序便有第一审程序和第二审程序的分别设置。第一审程序包括普通程序和简易程序。第一审程序的启动是当事人的起诉与法院的受理，如果当事人不起诉或者起诉不符合条件，那么当事人之间的民事纠纷就不能进入诉讼程序，所以第一审程序是其他程序开启的前提。

1. 普通程序

普通程序是我国《民事诉讼法》规定的人民法院审理第一审民事案件通常所适用的程序，也是民事案件的当事人进行第一审民事诉讼通常所遵循的基本程序。普通程序在民事诉讼程序和民事审判程序中处于十分重要的地位，具有其他程序无法取代的功能和作用。普通程序的规定在我国《民事诉讼法》中具有程序通则的作用。

普通程序的各个阶段如下：

（1）起诉与受理。起诉是指公民、法人和其他组织在其民事权益受到侵害或与他人发生争议时，向人民法院提起诉讼，请求人民法院通过审判予以司法保护的行为。起诉是当事人获得司法保护的手段，也是人民法院对民事案件行使审判权的前提条件。当事人的起诉要得到人民法院的受理，必须符合我国《民事诉讼法》的相关起诉条件：第一，原告必须是与本案有直接利害关系的公民、法人或其他组织；第二，有明确的被告；第三，有具体的诉讼请求和事实、理由；第四，属于人民法院受理民事诉讼的范围和受诉人民法院管辖。起诉必须同时具备上述四个条件，这是起诉的实质要件。起诉的形式要件是：起诉应当向人民法院递交起诉状，并按照被告人数提出副本。

受理是指人民法院通过对当事人的起诉进行审查，对符合法律规定条件的，决定立案审理的行为。当事人的起诉行为只有与法院受理行为相结合，才能引起民事诉讼程序的开始。通常而言，民事纠纷如果当事人起诉、法院立案受理，就意味着民事诉讼程序的开始，由此会产生一系列的法律后果。人民法院对案件的审判权和审理职责由此产生。根据我国《民事诉讼法》的相关规定，人民法院收到起诉状或者口头起诉，经审查，认为符合起诉条件的，应当在七日内立案，并通知当事人；认为不符合起诉条件的，应当在七日内作出裁定书，不予受理。

（2）审理前的准备。审理前的准备是指人民法院接受原告起诉并决定立案受理后，在开庭审理之前，由承办案件的审判员依法所做的各项准备工作。审理前的准备是在普通程序中，为保证开庭审理的顺利进行以及案件及时、正确地审理而设立的必经程序，也是民事诉讼过程中的一个必经阶段。

根据我国现行《民事诉讼法》和有关司法解释的规定，审理前的准备工作主要有：送达起诉状副本和提出答辩状；告知当事人诉讼权利和义务及合议庭组成人员；审阅诉讼材料，调查收集必要的证据；当事人的追加。

（3）开庭审理。开庭审理是指在人民法院审判人员的主持下，在当事人和其他诉讼参与人的参加下，在法院固定的法庭上或法律允许设置的法庭上，依照法定的程式和顺序，对案件进行实体审理，从而查明案件事实、分清是非，并在此基础上对案件作出裁判的全部过程。

开庭审理是普通程序中最重要和最中心的环节。开庭审理由几个既相对独立又相互联系的阶段组成：开庭审理前的准备，包括通知、发布公告；开庭审理，包括准备开庭、法庭调查、法庭辩论、评议和宣判。

2. 简易程序

简易程序是基层人民法院审理简单民事案件时适用的一种独立的诉讼程序。简易程序是与普通程序并存的独立的第一审程序之一。简易程序以诉讼成本较低、审理周期较短、诉讼方式简便、适用范围较广等特点在当前的民事审判实践中发挥着重要作用。

根据我国《民事诉讼法》的相关规定，基层人民法院和它派出的法庭审理事实清楚、权利义务关系明确、争议不大的简单的民事案件，适用简易程序。基层人民法院和它派出的法庭审理《民事诉讼法》第一百五十七条规定以外的民事案件，当事人双方也可以约定适用简易程序。但根据《最高人民法院关于适用简易程序审理民事案件的若干规定》第一条的规定，有下列情形之一的案件除外：起诉时被告下落不明的；发回重审的；共同诉讼中一方或者双方当事人人数众多的；法律规定应当适用特别程序、审判监督程序、督促程序、公示催告程序和企业法人破产还债程序的；人民法院认为不宜适用简易程序进行审理的。同时，人民法院在审理过程中发现不宜适用简易程序的，应当将案件转入普通程序审理。

（二）第二审程序

1. 第二审程序的概念

第二审程序是指由于民事诉讼的当事人不服地方各级人民法院未生效的第一审裁判而在法定期间内向上一级人民法院提起上诉而引起的诉讼程序，是第二审级的人民法院审理上诉案件所适用的程序。一个案件经过二审程序审理并作出裁判后，诉讼即告终结，二审作出的判决立即发生法律效力。因此，二审程序又称为终审程序。

第二审程序并不是民事诉讼的必经程序，也不是人民法院审理案件的必经程序。如果当事人在案件一审过程中达成了调解协议或者在上诉期内未提起上诉，一审法院的裁判就发生法律效力，第二审程序也因无当事人的上诉而无从发生。因此，当事人的上诉是第二审程序发生的前提，当然当事人的上诉还必须和法院的受理相结合。

2. 上诉的提起和受理

上诉的提起是指当事人对一审法院裁判不服，向该法院的上一级法院依法提起上诉的行为。提起上诉必须具备一定的条件，并遵守一定的程序。

（1）提起上诉的条件。根据我国《民事诉讼法》的规定，提起上诉应具备以下条件：

第一，提起上诉的主体必须合格。根据我国《民事诉讼法》的规定及最高人民法院的司法解释，第一审程序原告、被告、共同诉讼人、有独立请求权的第三人，由于对诉讼标的有实体上的权利或义务而享有上诉权，可以作为上诉人。

第二，提出上诉的客体必须是依法允许上诉的裁判，即必须是未生效的一审裁判。

第三，必须在法定的期限内上诉。我国《民事诉讼法》第一百七十一条规定：“当事人不服地方人民法院第一审判决的，有权在判决书送达之日起十五日内向上一级人民法院提起上诉。当事人不服地方人民法院第一审裁定的，有权在裁定书送达之日起十日内向上一级人民法院提起上诉。”

第四，必须提交上诉状。上诉不能采用口头方式，必须向人民法院提交上诉状。上诉状是上诉人表示不服第一审人民法院的裁判，要求第二审人民法院撤销或变更第一审裁判的诉讼文书。在一审宣判时，当事人虽口头表示上诉，但在上诉期内未提交上诉状的，视为未提出上诉。

提起上诉只有同时具备以上四个条件，上诉才能成立，才能引起第二审程序的发生。此外，当事人还应依法交纳上诉案件诉讼费用。

上诉成立后，产生如下效力：阻碍第一审裁判的生效，将案件由第一审人民法院移至第二审人民法院。

（2）上诉的受理。根据我国《民事诉讼法》的相关规定，上诉的受理通常应依以下程序进行：

第一，当事人通过原审人民法院提交上诉状，并按照对方当事人或者代表人的人数提出上诉状副本。

第二，原审人民法院在收到上诉状后，应当在五日内将上诉状副本送达对方当事人，并告知其在十五日内提出答辩状。

第三，原审人民法院收到上诉状、答辩状后，应当在五日内连同全部案卷和证据，报送第二审人民法院。第二审人民法院应当对上诉请求的有关事实和适用法律进行审理。

（三）再审程序

在我国，再审程序即审判监督程序，是指对已经发生法律效力的判决、裁定、调解书，人民法院认为确有错误，当事人基于法定的事实和理由认为有错误，人民检察院发现存在应当再审的法定事实和理由，而由人民法院对案件再行审理的程序。再审程序只是纠正生效裁判错误的法定程序，它不是案件审理的必经程序，也不是案件的必经审级。

再审程序的提起可由以下几个主体作出：

（1）人民法院。各级人民法院院长对本院已经发生法律效力的判决、裁定、调解书，发现确有错误，认为需要再审的，应当提交审判委员会讨论决定。

最高人民法院对地方各级人民法院已经发生法律效力的判决、裁定、调解书，上级人民法院对下级人民法院已经发生法律效力的判决、裁定、调解书，发现确有错误的，有权提审或者指令下级人民法院再审。

（2）当事人。根据我国《民事诉讼法》的规定，当事人申请再审符合以下条件的，才能引起再审程序的发生：

第一，申请再审的主体必须合法。根据我国《民事诉讼法》的规定，有权提出申请再审的主体是当事人及其法定代理人与案外人。

第二，申请再审的对象是确有错误的生效判决、裁定，以及违反自愿原则或者内容违法的调解书。

第三，申请再审必须在法定期限内提出。根据我国《民事诉讼法》的规定，当事人申请再审，应当在判决、裁定发生法律效力后六个月内提出。

第四，申请再审必须符合法定的事实和理由。根据我国《民事诉讼法》的相关规定，当事人的申请符合下列情形之一的，人民法院应当再审：有新的证据，足以推翻原判决、裁定的；原判决、裁定认定的基本事实缺乏证据证明的；原判决、裁定认定事实的主要证据是伪造的；原判决、裁定认定事实的主要证据未经质证的；对审理案件需要的主要证据，当事人因客观原因不能自行收集，书面申请人民法院调查收集，人民法院未调查收集的；原判决、裁定适用法律确有错误的；审判组织的组成不合法或者依法应当回避的审判人员没有回避的；无诉讼行为能力人未经法定代理人代为诉讼或者应当参加诉讼的当事人，因不能归责于本人或者其诉讼代理人的事由，未参加诉讼的；违反法律规定，剥夺当事人辩论权利的；未经传票传唤，缺席判决的；原判决、裁定遗漏或者超出诉讼请求的；据以作出原判决、裁定的法律文书被撤销或者变更的；审判人员审理该案件时有贪污受贿，徇私舞弊，枉法裁判行为的。

（3）人民检察院。我国《民事诉讼法》规定，人民检察院有权对民事诉讼和民事执行活动实行法律监督。根据我国《民事诉讼法》的规定，最高人民检察院对各级人民法院已经发生法律效力的判决、裁定，上级人民检察院对下级人民法院已经发生法律效力的判决、裁定，发现有《民事诉讼法》规定情形的，或者发现调解书损害国家利益、社会公共利益的，应当提出抗诉。地方各级人民检察院对同级人民法院已经发生法律效力的判决、裁定，发现有《民事诉讼法》规定情形的，或者发现调解书损害国家利益、社会公共利益的，可以向同级人民法院提出检察建议，并报上级人民检察院备案，也可以提请上级人民检察院向同级人民法院提出抗诉。

（四）其他程序

1. 督促程序

督促程序是一种迅速、简便的保护债权人合法权益的非讼程序，是指法院以债权人单方提出的债权文书为根据，督促债务人限期履行义务的程序。督促程序的设立，使债权人获得了一种实现债权最为迅速、便利的方式，同时节约了诉讼成本。

2. 公示催告程序

公示催告程序是一种非讼程序，是指法院根据申请人的申请，以公示的方式告知并催促利害关系人在法定期限内申报权利，如逾期无人申报，则根据申请人的请求作出除权判决的程序。

（五）执行程序

执行是指人民法院的执行组织依照法定的程序，对发生法律效力的法律文书确定的给付内容，以国家的强制力为后盾，依法采取强制措施，迫使义务人履行义务的行为。执行程序是指保证具有执行效力的法律文书得以实施的程序。执行程序是实现民事权利义务关系的程序，是保证审判程序的任务得以实现的有力手段。

1. 执行管辖

根据《民事诉讼法》和有关司法解释的规定，发生法律效力的民事判决、裁定，以及刑事判决、裁定中的财产部分，由第一审人民法院或者与第一审人民法院同级的被执行的财产所在地人民法院执行。发生法律效力的实现担保物权裁定、确认调解协议裁定、支付令，由作出裁定、支付令的人民法院或者与其同级的被执行财产所在地的人民法院执行。法律规定由人民法院执行的其他法律文书，由被执行人住所地或者被执行的财产所在地人民法院执行。

2. 申请执行和申请执行的期限

发生法律效力的民事判决、裁定、调解书和其他应当由人民法院执行的法律文书，当事人必须履行。一方拒绝履行的，对方当事人可以向人民法院申请执行。申请执行，应向人民法院提交下列文件和证件：申请执行书；生效法律文书副本；申请执行人的身份证明；继承人或权利承受人申请执行的，应当提交继承或承受权利的证明文件；其他应当提交的文件或证件。

申请执行的期间为两年。申请执行时效的中止、中断，适用法律有关诉讼时效中止、中断的规定。前述规定的期间，从法律文书规定履行期间的最后一日起计算；法律文书规定分期履行的，从最后一期履行期限届满之日起计算；法律文书未规定履行期间的，从法律文书生效之日起计算。

学中做 7-5

2020 年 6 月 5 日，14 岁的金某放学回家途经汤某家门前，被汤家的狗咬伤，当即被送往医院，被诊断为左下肢皮肤撕裂伤。金某住院治疗 30 多天并花去医疗费 23 000 多元。因赔偿问题协商不成，金某的父母诉至法院，请求判令汤某赔偿经济损失共计人民币 37 000 多元。法院经审理后，于 2020 年 8 月 12 日判决汤某赔偿 37 000 元。判决于 2020 年 9 月 1 日生效，双方当事人均未上诉。汤某应在 2020 年 9 月 10 日前履行该判决确定的赔偿义务。官司打赢了，金某的父母松了一口气，汤某也信誓旦旦地表示，一定会履行判决。但是由于最近一段时间生意不好，手头比较紧，汤某请金某父母宽限几天，一旦有钱马上就还。金某父母想想大家都是邻居，现在生意也难做，所以就答应宽限一段时间。然而，一晃快两年过去了，汤某还是未给付赔偿金，金某父母找汤某要钱，汤某态度很好，可还是推托手头紧。这样，金某父母索要了多次都没结果。2022 年国庆节过后，金某父母找到当时承办这个案件的法官，要求帮助讨钱。

讨论：你认为金某父母能要回这笔钱吗？为什么？

3. 执行措施

执行措施即人民法院依照法定程序，强制执行生效法律文书的方法。我国《民事诉讼法》和《最高人民法院关于人民法院执行工作若干问题的规定（试行）》对强制执行措施作出了明确而详细的规定，主要包括：

（1）被执行人财产报告制度。根据我国《民事诉讼法》的相关规定，被执行人未按执行通知履行法律文书确定的义务，应当报告当前以及收到执行通知之日前一年的财产情况。被执行人拒绝报告或者虚假报告的，人民法院可以根据情节轻重对被执行人或者其法定代理人、有关单位的主要负责人或者直接责任人员予以罚款、拘留。

（2）对金钱债权的执行措施。

1）查封、冻结、划拨被执行人的存款。人民法院有权向有关单位查询被执行人的存款、债券、股票、基金份额等财产情况。人民法院有权根据不同情形扣押、冻结、划拨、变价被执行人的财产。人民法院查询、扣押、冻结、划拨、变价的财产不得超出被执行人应当履行义务的范围。

2）扣留、提取被执行人的收入。被执行人未按执行通知履行法律文书确定的义务，人民法院有权扣留、提取被执行人应当履行义务部分的收入，但应当保留被执行人及其所扶养家属的生活必需费用。

3）查封、扣押、冻结、拍卖、变卖被执行人的财产。被执行人未按执行通知履行法律文书确定的义务，人民法院有权查封、扣押、冻结、拍卖、变卖被执行人应当履行义务部分的财产，但应当保留被执行人及其所扶养家属的生活必需品。

4）搜查。被执行人不履行法律文书确定的义务，并隐匿财产的，人民法院有权发出搜查令，对被执行人及其住所或者财产隐匿地进行搜查。

（3）对交付财产和完成行为的执行。法律文书指定交付的财物或者票证，由执行员传唤双方当事人当面交付，或者由执行员转交，并由被交付人签收。有关单位持有该项财物或者票证的，应当根据人民法院的协助执行通知书转交，并由被交付人签收。有关公民持有该项财物或者票证的，人民法院通知其交出。拒不交出的，强制执行。

对判决、裁定和其他法律文书指定的行为，被执行人未按执行通知履行的，人民法院可以强制执行或者委托有关单位或者其他人完成，费用由被执行人承担。

（4）强制被执行人迁出房屋或者退出土地。强制迁出房屋或者强制退出土地，由院长签发公告，责令被执行人在指定期间履行。被执行人逾期不履行的，由执行员强制执行。强制迁出房屋被搬出的财物，由人民法院派人运至指定处所，交给被执行人。被执行人是公民的，也可以交给他的成年家属。因拒绝接收而造成的损失，由被执行人承担。

（5）其他执行措施。被执行人不履行法律文书确定的义务的，人民法院除对被执行人予以处罚外，还可以根据情节将其纳入失信被执行人名单，将被执行人不履行或者不完全履行义务的信息向其所在单位、征信机构以及其他相关机构通报。

单元二 仲 裁

一、仲裁概述

（一）仲裁的概念和特点

仲裁又称公断，是指双方当事人将其争议交付第三者居中评判是非并作出裁决，该裁决对双方当事人均具有拘束力的一种解决纠纷的方式。

仲裁是一种重要的非司法诉讼解决争议的方式。作为一种解决财产权益纠纷的民间性裁判制度，仲裁既不同于解决同类争议的司法、行政途径，又不同于当事人的自行和解，具有自愿性、专业性、灵活性、保密性、快捷性的特征。

（二）仲裁的适用范围

根据《中华人民共和国仲裁法》（以下简称《仲裁法》）第二条和第三条的规定，平等主体的公民、法人和其他组织之间发生的合同纠纷和其他财产权益纠纷，可以仲裁。

下列纠纷不能仲裁：一是婚姻、收养、监护、扶养、继承纠纷；二是依法应当由行政机关处理的行政争议。同时，根据《仲裁法》的规定，有关劳动争议、农业集体经济组织内部的农业承包合同纠纷的仲裁不适用《仲裁法》。

（三）仲裁的基本原则

根据我国《仲裁法》的规定，仲裁应当坚持以下基本原则：

1. 自愿原则

仲裁是当事人自愿将其争议提交给中立的第三者裁判的争议解决方式，因此自愿原则是仲裁制度中的基本原则，也是仲裁制度赖以存在和发展的基石。

我国《仲裁法》在当事人自愿仲裁这一原则问题上，作了详细的规定：第一，当事人采用仲裁方式解决纠纷，应当双方自愿，达成仲裁协议。没有仲裁协议，一方当事人申请仲裁的，仲裁机构不能受理。第二，向哪个仲裁机构申请仲裁，应当由当事人协议选定，任何仲裁机构不能强迫当事人违反其意志在本仲裁机构仲裁。第三，组成仲裁庭的仲裁员由当事人在仲裁员名册中自主选定，也可以委托仲裁机构主任代为指定，仲裁庭的人数和组成形式也可以由当事人约定。第四，当事人可以约定仲裁解决的争议范围。第五，在仲裁审理过程中，当事人可以约定审理方式、开庭形式等重要事项。第六，当事人可以约定由仲裁员充任调解员调解案件，如果当事人经过仲裁员的调解能够达成和解协议，则仲裁员可以制作调解书结案，也可以按照和解协议的内容制作裁决书结案。

2. 独立仲裁原则

独立仲裁原则是指仲裁机构的设置、仲裁机构的相互关系以及仲裁审理纠纷的过程都具有法定的独立性，其他任何机关、社会团体和个人不能干预。

3. 依据事实、符合法律规定、公平合理解决纠纷原则

我国《仲裁法》第七条规定："仲裁应当依据事实，符合法律规定，公平合理地解决纠纷。"这一规定既符合我国长期坚持的以事实为根据、以法律为准绳的法律原则，又对这一法律原则作了新的拓展。也就是说，在法律没有规定或法律规定不完备的情况下，仲裁庭可以按照公平合理的一般原则来解决经济纠纷。仲裁庭适用公平合理的原则，实际上是对法律适用原则的一个重要补充，其目的在于填补法律缺漏，同时为仲裁员行使法律规定的自由裁量权指引了恰当的范围。

（四）仲裁的基本制度

1. 协议仲裁制度

当事人申请仲裁和仲裁机构受理仲裁案件都必须依据当事人之间订立的有效的仲裁协议。仲裁协议是仲裁机构受理案件的前提条件，如果当事人之间没有仲裁协议或者仲裁协议无效，仲裁机构就不能受理该案件。

2. 或裁或审制度

我国《仲裁法》规定，当事人选择仲裁或选择诉讼是相互排斥的，有效的仲裁协议排除法院的管辖权。没有仲裁协议或者仲裁协议无效的，法院可以行使管辖权。或裁或审制度意味着法院和仲裁机构之间不能就同一事项重复处理，也就是通常所说的“一事不再理”原则。如果当事人之间存在仲裁协议，但双方当事人放弃仲裁协议而同意进行诉讼的，法院可以受理，这是当事人对仲裁协议的变更，而不是对协议仲裁制度的违反。

3. 一裁终局制度

仲裁的一个重要优势就是程序简便、结果确定，能够减少当事人的讼累，为当事人创造有效率的商业竞争条件。为此，我国《仲裁法》第九条规定：“仲裁实行一裁终局的制度。裁决作出后，当事人就同一纠纷再申请仲裁或者向人民法院起诉的，仲裁委员会或者人民法院不予受理。”这就是通常所说的一裁终局制度。一裁终局意味着裁决书一经作出，即为终局，裁决自作出之日起生效。除非由于法定事由裁决书被撤销，裁决书在实体问题上的决定对当事人产生既判力和约束力，法院可以根据当事人的申请，强制执行裁决裁定的实体内容。

二、仲裁机构、仲裁规则与仲裁协议

（一）仲裁机构

仲裁机构是仲裁委员会。仲裁委员会可以在直辖市和省、自治区人民政府所在地的市设立，也可以根据需要在其他设区的市设立，不按行政区划层层设立。仲裁委员会由前述市的人民政府组织有关部门和商会统一组建。设立仲裁委员会，应当在省、自治区、直辖市的司法行政部门登记。

（二）仲裁规则

1. 仲裁规则的概念和作用

仲裁规则是指规范仲裁活动的具体程序及此程序中相应的仲裁法律关系的规则。

仲裁规则不同于仲裁法，它可以由仲裁机构制定，某些内容甚至允许也可以由当事人自行约定，但是，仲裁规则不得违反我国《仲裁法》中对程序方面的强制性规定。

一般来讲，仲裁规则是仲裁机构事先制定好的或由当事人在具体仲裁活动开始前约定或选定好的，它为具体的仲裁活动提供了行为规则，直接影响仲裁活动的顺利进行，任何不遵守仲裁规则的情况，均会影响仲裁裁决的效力。

2. 仲裁规则的制定

一般来讲，仲裁规则由仲裁委员会自行制定。根据我国《仲裁法》的规定，我国仲裁委员会的仲裁规则的制定分两种情况：国内仲裁机构的仲裁规则，由中国仲裁协会统一制定，在中国仲裁协会制定仲裁规则前，各仲裁委员会可以依照我国《仲裁法》和《民事诉讼法》的有关规定制定各自的仲裁暂行规则；涉外仲裁机构的仲裁规则，则由中国国际商会制定，如现在已有《中国国际经济贸易仲裁委员会仲裁规则》和《中国海事仲裁委员会仲裁规则》。

（三）仲裁协议

1. 仲裁协议的概念和类型

仲裁协议是指双方当事人自愿把他们之间已经发生或者将来可能发生的合同纠纷及其他财产性权益争议提交仲裁解决的书面约定。仲裁协议是仲裁制度的基石，它既是争议当事人将其争议提交仲裁的依据，也是仲裁机构对某一特定案件取得管辖权的前提。

关于仲裁协议有以下问题需要注意：仲裁协议须以书面形式作出；仲裁协议只能由有利害关系的双方当事人订立；仲裁协议须是双方当事人共同的意思表示；仲裁协议具有独立性，即合同的变更、解除、终止或者无效，不影响仲裁协议的效力。

根据法律的规定和司法实践来看，仲裁协议的类型主要有仲裁条款、仲裁协议书、其他文件中包含的仲裁协议三种。

2. 仲裁协议的内容

仲裁协议的内容是指一份完整、有效的仲裁协议必须具备的约定事项。我国《仲裁法》第十六条规定：“仲裁协议应当具有下列内容：请求仲裁的意思表示、仲裁事项、选定的仲裁委员会。”

3. 仲裁协议的效力

仲裁协议的效力是指一项有效的仲裁协议对有关当事人和机构的作用或约束力。仲裁协议是一种特殊的合同，其效力不仅及于双方当事人，对双方当事人产生约束力，而且延伸至仲裁机构、仲裁员和相关法院。仲裁协议产生效力的前提是该仲裁协议本身必须合法有效。

（1）对当事人的效力——排斥起诉权。仲裁协议一经合法成立，首先对双方当事人直接产生法律效力，当事人因此丧失了就特定争议向法院起诉的权利，而相应地承担着将争议提交仲裁并服从仲裁裁决的义务，除非双方当事人又另外达成协议而变更原仲裁协议。

（2）对仲裁机构的效力——取得管辖权。有效的仲裁协议是仲裁员或仲裁机构受理争议案件的依据，也就是说，仲裁机构的仲裁权来自当事人的授权，来自当事人签订的有效的仲裁协议。

（3）对法院的效力——排斥司法管辖。仲裁协议对法院的效力，是其法律效力的重要体现。一份有效的仲裁协议，对法院的效力首先表现为排斥了法院对该案件的管辖权，也就是说任何一方当事人不得随意撤销已成立的仲裁协议，不得就有关仲裁协议中约定事项的争议向法院起诉，法院也不得受理有仲裁协议的争议案件。

4. 无效的仲裁协议

根据我国《仲裁法》和司法解释的相关规定，当事人之间订立的仲裁协议在下列情况下无效：以口头方式订立的仲裁协议无效；将不可仲裁的事项提交仲裁的，仲裁协议无效；无行为能力人或限制行为能力人订立的仲裁协议无效；通过胁迫手段订立的仲裁协议无效；仲裁事项未约定或约定不明确，当事人不能达成补充协议明确仲裁事项的，仲裁协议无效；仲裁机构未约定或约定不明确，当事人不能达成补充协议明确仲裁机构的，仲裁协议无效；约定的仲裁事项超出法律规定的仲裁范围的，仲裁协议无效。

三、仲裁裁决的撤销与执行

（一）仲裁裁决的撤销

撤销仲裁裁决是指对符合法定应予撤销情形的仲裁裁决，经由当事人提出申请，人民法院组成合议庭审查核实，裁定撤销仲裁裁决的行为。这一概念包含以下几层意思：

第一，撤销仲裁裁决是法院的职权，只能由法院为之。

第二，从程序上讲，法院不能主动撤销仲裁裁决，必须由当事人提出撤销仲裁裁决的申请。

第三，从撤销原因上讲，仲裁裁决有法律规定的应予撤销的情形。

第四，法院必须对当事人提出的申请进行审查核实，才能作出撤销仲裁裁决的行为。

我国《仲裁法》规定，仲裁实行一裁终局的制度，仲裁裁决一经作出，即发生法律效力，当事人不能就同一纠纷再向仲裁委员会申请仲裁，也不能就同一纠纷向人民法院起诉或上诉。然而，由于受到各种因素的影响，有些仲裁裁决可能出现不同程度的偏差或错误。我国《仲裁法》中设置了申请撤销仲裁裁决程序这样一种监督机制，对确保仲裁裁决的合法性和正确性具有非常重要的意义。

申请撤销仲裁裁决由仲裁案件的当事人自收到裁决书之日起六个月内向仲裁委员会所在地中级人民法院提出申请，申请人须提供证据证明裁决有法定的应予撤销的情形。当事人申请撤销仲裁裁决，需具有法定的理由。根据我国《仲裁法》第五十八条的规定，当事人提出证据证明裁决有下列情形之一的，可以申请撤销裁决：没有仲裁协议的；仲裁的事项不属于仲裁协议的范围或者仲裁委员会无权仲裁的；仲裁庭的组成或者仲裁的程序违反法定程序的；裁决所依据的证据是伪造的；对方当事人隐瞒了足以影响公正裁决的证据的；仲裁员在仲裁该案时有索贿受贿、徇私舞弊、枉法裁决行为的。根据我国《仲裁法》的规定，除上述几项外，如果仲裁裁决违背社会公共利益，人民法院应裁定撤销该裁决。

（二）仲裁裁决的执行

我国《仲裁法》规定，仲裁裁决书自作出之日起发生法律效力，当事人应当履行。仲裁调解书与仲裁裁决书具有同等的法律效力；调解书经双方当事人签收，当事人就应该像对待裁决书一样，自觉予以履行。通常情况下，当事人协商一致将纠纷提交仲裁，将会自觉履行仲裁裁决。但实际上，由于种种原因，败诉方不自动履行仲裁裁决的情况并不少见，胜诉的当事人需要请求法院执行仲裁裁决。仲裁裁决执行的相关规定，和前述的《民事诉讼法》中执行的法律规定是相同的，因此不再赘述。

学思之窗

商事活动中仲裁的诚信原则体现

甲、乙两公司签订设备买卖合同。合同约定，乙公司向甲公司购买一批办公设备，甲公司应在乙公司支付第一笔货款后的3日内发货。合同签订后，乙公司依合同约定向甲公司支付第一笔货款3万元，但此后甲公司一直未发货。乙公司多次联系甲公司发货，但均无法取得联系。无奈之下，乙公司向甲公司住所地法院起诉，要求解除合同，甲公司退还货款3万元。经审查，甲、乙两公司签订的设备买卖合同中约定，双方发生争议后，友好协商；协商不成的，由某仲裁委员会裁决。对此，原告乙公司认为，此项仲裁约定应属无效。理由是此份合同是甲公司提供的格式合同，乙公司并未注意到存在管辖约定；此外，这份合同并没有实际履行，甲公司并未供货，所以不应以此份合同确定管辖权。乙公司认为受案法院对该案应依法受理。依照《民事诉讼法》第一百二十七条第二项的规定，当事人在书面合同中订有仲裁条款，或者在发生纠纷后达成书面仲裁协议，一方向人民法院起诉的，人民法院应当告知原告向仲裁机构申请仲裁，其坚持起诉的，裁定不予受理，但仲裁条款或者仲裁协议不成立、无效、失效、内容不明确无法执行的除外。

双方在商事活动中需根据自愿、诚信的基本原则订立仲裁协议，一旦订立，则需按或裁或审的制度执行，而不能随意更改，这是商事活动中诚实信用原则的体现。

模块小结

本模块主要介绍了民事诉讼和仲裁两种纠纷解决方式的内容。

民事诉讼部分介绍了民事诉讼法的基本原则和基本制度；明确了民事诉讼管辖中的级别管辖、地域管辖等相关内容；对证据的种类、举证责任的负担、诉讼程序等进行了介绍。

仲裁部分主要介绍了仲裁适用范围和仲裁的基本制度，以及仲裁协议的内容和效力；明确了仲裁裁决的撤销和执行的相关内容，引导学生依法运用仲裁程序。

实训练习

一、应知考核

（一）单项选择题

1. 经济审判中地域管辖的一般原则是指（　　）。

A. 当事人自愿选择原则　　B. 两审终审原则

C. 法律事实所在地原则　　D. 原告就被告原则

2. 当事人不服地方人民法院第一审判决的，有权在判决书送达之日起（　　）内向上一级人民法院提起上诉。

A. 十日　　B. 十五日

C. 二十日　　D. 三十日

3. 申请执行的期间为（　　）。

A. 六个月　　B. 一年

C. 二年　　D. 三年

4. 根据我国《仲裁法》的规定，仲裁裁决书自（　　）起发生法律效力。

A. 收到裁决书之日　　B. 作出之日

C. 送达十五日　　D. 送达十日

5. 下列有关仲裁事项的表述中，不符合仲裁法律制度规定的是（　　）。

A. 申请仲裁的当事人必须有仲裁协议

B. 仲裁庭由一名或三名仲裁员组成

C. 仲裁庭可以自行搜集证据

D. 仲裁均公开进行

6. 申请撤销仲裁裁决由仲裁案件的当事人自收到裁决书之日起（　　）内向仲裁委员会所在地中级人民法院提出申请。

A. 三个月　　B. 六个月

C. 一年　　　　　　　　　　　D. 二年

（二）多项选择题

1. 合同的双方当事人可以在书面合同中协议选择（　　）等人民法院管辖，但不得违反我国《民事诉讼法》对级别管辖和专属管辖的规定。

A. 被告住所地　　　　　　　B. 合同履行地

C. 合同签订地　　　　　　　D. 标的物所在地

2. 因侵权行为提起的诉讼，由（　　）人民法院管辖。

A. 侵权行为地　　　　　　　B. 被告住所地

C. 原告住所地　　　　　　　D. 当事人约定地

3. 根据我国《仲裁法》的规定，下列各项中，属于当事人申请仲裁应当符合的条件是（　　）。

A. 有仲裁协议　　　　　　　B. 有具体的仲裁请求

C. 有具体的事实、理由　　　D. 属于仲裁委员会的受理范围

4. 下列纠纷中，不能适用我国《仲裁法》仲裁解决的是（　　）。

A. 婚姻纠纷　　　　　　　　B. 买卖合同纠纷

C. 收养纠纷　　　　　　　　D. 继承纠纷

5. 下列有关经济纠纷的仲裁和诉讼的陈述中，正确的有（　　）。

A. 当事人申请仲裁必须有仲裁协议，而提起诉讼不需要双方自愿

B. 仲裁庭审理经济纠纷一般不公开，而法院审理经济纠纷一律公开

C. 仲裁不实行级别管辖，而诉讼实行级别管辖

D. 仲裁不实行地域管辖，而诉讼实行地域管辖

二、应会考核

（一）案例分析题

A 市实达公司与 B 市发电厂在 B 市订立买卖汽轮发电机组合同。合同约定：由 A 市实达公司提供给 B 市发电厂汽轮发电机组一套，并负责安装调试，安装调试地为 B 市发电厂。合同签订后，A 市实达公司当天下午又在 B 市与 C 市电机总厂签订购销合同，约定由 C 市电机总厂供给 A 市实达公司汽轮发电机组一套，安装调试地为 B 市发电厂。汽轮发电机安装完毕且投入运营后，因 B 市发电厂进行改制，迟迟没有按照合同约定向 A 市实达公司付款，致使 A 市实达公司也未能向 C 市电机总厂付款。于是，C 市电机总厂向 B 市某区人民法院起诉。

思考：B 市某区人民法院对该案有无管辖权？为什么？

（二）实践操作

撰写一份民事起诉状或仲裁申请书。

任务要求：

（1）设计一组引起纠纷的法律关系；

（2）以小组为单位撰写一份民事起诉状或仲裁申请书。

考核要求：

文书内容完整、格式符合规范，文书中的事实、理由部分撰写符合常理，阐述清晰，能够满足民事起诉状和仲裁申请书的提交要求。

REFERENCE

参考文献

[1] 卓泽渊 . 法理学 [M]. 2 版 . 北京：法律出版社，2016.

[2] 魏振瀛 . 民法 [M]. 8 版 . 北京：北京大学出版社，高等教育出版社，2021.

[3] 刘银良 . 知识产权法 [M]. 2 版 . 北京：高等教育出版社，2014.

[4] 黄武双 . 知识产权法：案例与图表 [M]. 北京：法律出版社，2010.

[5] 潘慧明 . 经济法 [M]. 杭州：浙江大学出版社，2019.

[6] 北京市律师协会 . 反垄断与反不正当竞争法律实务精解 [M]. 北京：北京大学出版社，2012.

[7] 财政部会计资格评价中心 . 经济法基础（2023 年度全国会计专业技术资格考试辅导教材）[M]. 北京：经济科学出版社，2023.